教育部人文社会科学研究青年基金项目（18YJC710032）

山东省社会科学普及应用研究项目（2017-SKZZ-20）

山东科技大学学生工作创新团队支持计划（SKDXGTD-201601）

山东科技大学教育教学研究"群星计划"项目（QX2018M75）

接受视域下大学生
全面发展的理论与实证研究

THEORETICAL AND EMPIRICAL STUDY ON THE INTEGRATED DEVELOPMENT
OF COLLEGE STUDENTS FROM THE PERSPECTIVE OF ACCEPTANCE

李淑娜　郭洪波　著

中国海洋大学出版社

·青岛·

图书在版编目（CIP）数据

接受视域下大学生全面发展的理论与实证研究／李
淑娜,郭洪波著.—青岛：中国海洋大学出版社，
2018.11

ISBN 978-7-5670-1485-5

Ⅰ.①接… Ⅱ.①李…②郭… Ⅲ.①大学生－全面
发展（教育）—研究—中国 Ⅳ.① G640

中国版本图书馆 CIP 数据核字（2018）第 270094 号

出版发行	中国海洋大学出版社			
社　　址	青岛市香港东路 23 号		邮政编码	266071
出 版 人	杨立敏			
网　　址	http://www.ouc-press.com			
电子信箱	zhanghua@ouc-press.com			
订购电话	0532-82032573（传真）			
责任编辑	张　华		电　　话	0532-85902342
装帧设计	青岛汇英栋梁文化传媒有限公司			
印　　制	北京虎彩文化传播有限公司			
版　　次	2018 年 11 月第 1 版			
印　　次	2018 年 11 月第 1 次印刷			
成品尺寸	170 mm × 240 mm			
印　　张	14.5			
字　　数	223 千			
印　　数	1～1000 册			
定　　价	36.00 元			

如出现印装问题，请致电 010-84720900 与印刷厂联系。

前言

　　习近平总书记在全国教育大会上强调,思想政治教育是学校各项工作的生命线,并指出要把思想政治工作做在日常、做到个人。若想把思想政治工作做实做细,就必须了解学生、走进学生心里。任何教育的方法都必须以教育目标的心理特点为基础。脱离大学生心理特点的思想政治教育也将是"无本之木、无源之水"。在开展思想政治教育之前,首先应该了解大学生的心理特点,从感觉、知觉、意识、记忆、思维、情绪、人格等方面,了解他们的特点,才能在理论研究中做到有的放矢。在了解大学生心理特点的基础上,全面明晰思想政治教育的内容、目的、途径、方法,才能在实际工作中做到明若指掌。

　　笔者具有心理学硕士学位和思想政治教育学博士学位,十余年来一直从事大学生心理健康研究和思想政治教育研究。在工作实践中,鉴于大学生思想政治教育成效不高的现实,笔者一直思考将心理学与思想政治教育学实现真正的"跨界"融合,找寻两个学科的公共地带,探索符合大学生心理特点的思想政治教育方法,以实现大学生"心理"和"思想"的全面发展、提升。

　　关于思想政治教育学和心理学的关系,有很多学者进行了研究、探讨。但很多讨论都是基于两者之间关系的思辨研究,如思想政治教育与大学生心理健康教育的关系、积极心理学视角下的思想政治教育等。如何找到心理学和思想政治教育学结合研究的关键点、突破点,将两个学科切实紧密联系起来,发挥心理学的微观实证优势和思想政治教育宏观思辨优势,全面开展研究,成为笔者工作、学习中一直思考的问题。

在一次师门谈论会中，在导师的启发下，"接受"二字进入了笔者的脑海。长久以来思索的问题，似乎终于找到了答案。当前，大学生思想政治教育效果有一定欠缺，正是忽视了学生的心理特点，造成学生不接受，课程的"供给"与学生的"需求"之间是有距离、有错位的。从学生接受入手，在接受视域下，可以将心理学与思想政治教育学有机结合起来。自此，笔者在这一方向开展了持续的研究。

本书是笔者在接受视域中，依据心理学和思想政治教育学相关理论基础，结合开展大学生心理与思想政治教育工作、研究的实践，对这一命题的阶段性总结。全书共分六章，第一章对意识、思想、心理的概念和关系进行讨论，并界定了"大学生全面发展"的含义。第二章、第三章是以笔者所在学校为例，对当前大学生心理状况进行实证调查，理解心理特点；同时，对有效的大学生心理健康教育体系构建的经验进行了总结。第四章、第五章是在理论认识和实践认识的基础上，对大学生的思想政治教育现状进行了实证研究分析。第六章是在以上认识的基础上，提出了思想政治教育与心理教育融合的途径，以促进大学生精神世界的全面发展。

本书仅是笔者所做研究的阶段性成果，还存在许多不足，还有许多内容需要进一步的思考、讨论、研究。笔者将以本书出版为新的起点，在科学研究的道路上继续求索。

作　者

2018 年 11 月

目录

第一章

接受视域下大学生全面发展的理论基础

心理不是人所独有的,动物也有心理。但意识和思想是人所独有的。意识是心理的高级反映形式,意识的基础是心理,高级心理现象即表现为人类的意识。思想的基础是意识,动物不需要思想,因为动物还没有产生意识。思想是人类思维的结果,是人类意识发展过程形成的经验性和总结性内容。人类意识活动中的精华或者被大家认可的理性思维内容,可以称之为思想。个体只有达到心理与思想的有机统一才能称之为完整的个体。接受视域下大学生的全面发展指大学生的科学文化素质、思想道德素质和心理健康素质的和谐统一发展。

第一节 关于意识的理论概述

目前,意识的概念在哲学、医学、心理学、生物学、伦理学等学科中都有不同角度的界定。就心理状态而言,"意识"意味着清醒、警觉、觉察、注意集中等。就心理内容而言,"意识"包括可用语言报告出来的东西,如对幸福的体验、对周围环境的知觉、对往事的回忆等。从行为水平上,意识意味着受意愿支配的动作和活动。在哲学水平上,意识是一种与物质相对立的精神实体。

一、意识的哲学研究

(一)意识的哲学概念

意识在哲学层面上的研究起步较早。笛卡尔的认识论提出,"我思故我在"①,精神实体比身体更重要,他认为精神界和物质界是平行而独立的,精神不推动肉体,心灵和身体是两个本质不相同的东西。笛卡尔偏向于把物质看成唯有从我们对于精神的所知、通过推理才可以认识。

洛克将笛卡尔作为批评的目标之一,但其理论也将人格定义为脱离人而存在的精神性抽象物,其理论观点跟笛卡尔有相似之处,大体可以概括为"我意识故我统一"②。洛克对意识进行了明确的解释:"意识就是一个人对自己思想里发生了什么的认识。"洛克认为意识不仅"能使人人成为他所谓的自我,而且能使此一个人同别的一切能思想的人有所区别,因此,人格同一性(或有理性的存在物的同一性)就只在于意识"。

胡塞尔侧重于研究意识本身,尤其是意向性活动或意向关系。对某物的意识就是意识的本质存在——"意识总是对某物的意识"③。胡塞尔主要研究对象在意识中的显现方式。他认为,先验自我是意识和意向结构的最深核心,同时也是推动心理活动和引发知识结构的总根源。

黑格尔一般性地把意识规定为一方面既是关于对象的意识,另一方面又是关于它自己的意识。意识的对象的内在本质实际上为意识自身,意识看起来像是在认识某种别的事物,实际上它在认识它自己。④

柏格森认为人的生命是意识之绵延或者意识之流,是一个整体,不可分割成因果关系的小单位。自我的意识状态是有机统一的境界,每个意识状态既包括之前的所有意识状态,也预示着产生新的意识状态。

不同的哲学家对意识的分析和理解也不相同,因而形成了意识研究的不同观点。我们可以将哲学家不同角度的分析分为意识的结构本体论、意识的认识论和意识的方法论三个方面,进一步进行深入分析。

---

① 〔法〕笛卡尔.笛卡尔思辨哲学[M].尚新建,译.北京:九州出版社,2004:368,374.
② 〔英〕罗素.西方哲学史(下)[M].吉林:长春大学出版社,2005:717.
③ 〔德〕胡塞尔.哲学作为严格的科学[M].北京:商务印书馆,1999:99.
④ 〔加拿大〕查尔斯·泰勒.黑格尔[M].张国清,朱进东,译.南京:译林出版社,2002:226.

（二）意识研究的不同观点

1. 意识的结构本体论

意识的本体论是沿着物质和精神的关系，或者说是存在和意识的关系来探究意识的本质。笛卡尔的二元论、精神的一元论等都是传统意识本体论的观点。

（1）二元论。

二元论的概念被提出的时间比较晚，但在古希腊就有二元论的观点，其典型代表就是柏拉图，主张世界有物质和意识两个独立本原。典型的二元论的哲学家代表是17世纪法国哲学家笛卡尔。笛卡尔认为精神界和物质界是平行而独立的，灵魂和肉体有分别，灵魂不需要肉身也可以自己思想。笛卡尔认为："我仔细考察'我'是什么……我知道我一实体，而他的全部本质，知识思想而已，其存在，不需要什么地域，也不需要什么物质为其凭借。如此，这个我，即灵魂，是我之所以为我的理由。他和肉体完全不同，也比肉体更易认识，而且假使肉体不存在了，仍然不停止他本来的存在。"[①]笛卡尔的二元论被许多哲学家提出了质疑，精神如何脱离物质而独立存在？物质和心灵如何交互作用？这是二元论必须要面对的问题，也是二元论被质疑的原因。

（2）一元论。

一元论的主要观点是把世界万物归结为一种本原的哲学学说。

唯心一元论：17世纪荷兰哲学家斯宾诺莎提出了与二元论相对立的一元论学说。斯宾诺莎的形而上学是所谓的"逻辑一元论"的最好实例。"逻辑一元论"即主张宇宙整体是单一实体，按逻辑讲它的任何部分不能独自存在。贝克莱否定物质的存在，他认为物质对象无非由于被感知而存在。他认为："凭看，我们只感知光线、颜色和形状；凭听，只感知声音……"物质的实在性是因为被感知，即"存在是一回事，被感知是另外一回事"。黑格尔、叔本华、胡塞尔、罗素、柏格森等知名的哲学家都持唯心一元论的观点，他们强调意识是为了更好地建构存在。

唯物一元论：唯物主义只承认物质的存在，并且通过支配和能量之间的交互作用来解释意识的本质。唯物主义一元论对意识的研究主要在心理学、

---

① 〔法〕笛卡尔. 笛卡尔思辨哲学[M]. 尚新建，译. 北京：九州出版社，2004：32.

人工智能等学科中有体现。例如,行为主义心理学家认为通过一定实验条件即可预见和控制外显的"行为",并不需要了解大脑的意识,人的主观内省报告是不科学的,应该以行为实验研究为基础。其"S(刺激)-R(反应)"的研究模式使其向自然科学靠近。

(3)唯物主义的"两面论"。

当前西方意识哲学研究中出现了一种唯物主义的"两面论"。查尔莫斯继承了斯宾诺莎的观点,他企图将物质和精神两种实体改造成一种实体的两个方面,建立新形式的一元论。查尔莫斯认为世界根本性的存在是信息,信息具有物质和意识两种属性,并且精神和物质具有共同本原。查尔莫斯提出了非还原的唯物主义,将意识问题分为"容易问题"和"困难问题"[①]。"容易问题"指那些可以用认知科学方法来解释和还原的现象,例如觉醒与睡眠的差异、个体对感觉刺激的不同反应等等。"困难问题"指经验问题,用神经科学难以解释的意识过程,例如如何解释大脑中的物理学过程和人的主观意识感受的关系。其中"困难问题"说明意识是不可还原的。查尔莫斯对问题进行困难和容易区分的观点引起了广泛的共鸣。查尔莫斯对第一人称研究方法的肯定,进一步强调了意识的实在地位,并且支持非还原特性的本体论和方法论观点。

2. 意识的认识论

(1)意识本质的主观性。

斯佩里对大脑两个半球的研究,解开了大脑两半球的秘密,推翻了之前人们的传统观点,并因此与人共获诺贝尔生理学和医学奖。斯佩里立足于20多年分离脑研究的科学研究成果,另一方面在系统理论的基础上解释意识的起源与发展,提出了心理—脑相互作用理论。他认为:"主观的精神现象是首位的、因果性的有效的实在,并且他们能被主观地经验到。"[②] 斯佩里辩证地提出了意识的分离和统一,发现了大脑右半球的意识功能以及意识和脑的相互作用。意识是脑过程突现的产物,只有在大脑高层次活动中突现出来的

---

① 曾向阳. 查尔莫斯的意识理论评析 [J]. 自然辩证法研究,2011,17(3):8-9.

② SPEERY RW. Turn About on Consciousness -a Mentalist View. The Journal of Mind and Behavior, 1992, 3:259-280.

某些动力的整体特性才是意识现象。精神事件不只是相关性的,而且是因果性的。

(2)意识本质的主观性和客观性无法统一。

美国哲学家内格尔提出一个著名的哲学问题:"成为一只蝙蝠会有什么感觉?"[①] 即使我们把自己想象成一只蝙蝠,按照蝙蝠的生活方式去体验,我们也只能根据自己的主观感受去推断。但是这无法代表蝙蝠的感受,我们的经验是在人类的生活世界得到的,我们无法体验蝙蝠倒挂在屋顶上、视力极差、捕食昆虫、昼伏夜出的内在体验。这是超出我们想象范畴的。内格尔的关于意识的观点就是"感受到什么"。意识是主观性的,客观研究无法解释意识。内格尔认为,"要联合或者统一所有这些特殊的方面和看法乃是不可能的。而且甚至在某些特殊领域的范围之内,也都根本不存在普遍承认的科学原则"[②]。于是关于意识本体论的难题就出现了:主观意识与客观事件是如何匹配的?意识如何与大脑的活动过程相匹配?

澳洲哲学家杰克逊设计了著名的"黑白玛丽"问题。玛丽从小生活在只有黑白两种颜色的房间里,她从来没有走出过这个房间。玛丽对物理学、神经生理学等内容都有深入的研究,尤其熟悉颜色知觉的机制。当有一天,玛丽走出黑白色的世界,来到了真实生活中,会有什么反应?杰克逊认为,玛丽会获得可感受特性的新知识。虽然在黑白世界里,玛丽也获得了关于其他颜色的知识,但是这种知识是物理知识;只有玛丽走出黑白房间,看到真实的颜色时,才获得现象性的或可感受性的知识。例如,玛丽虽然知道关于颜色"黄色"的所有物理知识,但是当玛丽走出屋外,真正看到黄色时,依然会有"原来黄色是这个样子,我从来没见过黄色"的反应。

"成为一只蝙蝠会有什么感觉"和"黑白玛丽"这两个哲学命题遭到了一些哲学家的反对。刘易斯等人认为玛丽所谓的感受性知识和物理知识并不正确,而是玛丽获得的想象、辨认和记忆的能力。邱恰兰德等人认为物理命题和感官经验属于不同类型的表征方式,但表征的是同一事物。主体性如

---

① Thomas Nage. "What It Is Like To Be A Bat"[J]. The Philosophical Review, 1974, 83(4): 345-450.

② 〔美〕内格尔. 人的问题 [M]. 万以,译. 上海:上海译文出版社,2000:177.

何才能进行客观和科学测量呢？在这一问题上，内格尔和杰克逊都面临着同样的困难，即生理过程如何与意识心理相互作用。查尔莫斯认为，解决这个意识难题"需要以一种统一的主客观标准来描述①"。

（3）意识的主观性和客观性相统一。

约翰·塞尔是当今世界最具影响力的心灵哲学的领军人物，他以"生物学的自然主义"（biological naturalism）来消解意识研究中的二元隔阂鸿沟。塞尔认为："我们必须超越对于心——身理解的二元分裂的形而上学观点。"②塞尔认为意识的本质研究中最重要的一个区别是"心智与物理之间的区别"，只有修正了传统的特征，我们才能把心智事件识别为物理事件，避免二元论。"当二元论说存在着不可还原的心灵现象时，这是对的。但当它说心灵现象是分离于我们所生活于其中的物理世界的东西，它们是在它们的物理基质之外的东西时，也同样陷入了谬误的泥潭。"③他认为心智也具有物理特征，通过物理特征来解释心智特征，这与唯物主义的观点相同，即通过大脑的物质过程来解释意识是如何产生的。塞尔批判还原论，认为还原是一个容易产生误导的概念，对于意识不能做消除式还原和本体论还原，只可以做因果还原。

3.意识的方法论

（1）非还原论。

非还原论认为意识的主观性是客观存在的，而且是不可还原的。卡西尔认为人的本性是不能用探测物理事物本性的方法来研究的，物理事物可以用客观属性进行描述，但人只能根据意识来描述和定义。④内格尔认为心理现象具有非物理的属性，物理属性是不能推断出心理现象的规律的；并且基本粒子的物理术语不能解释心理状态，心理现象具有心理属性，不等同于身体状态，与物理属性有着无法跨越的鸿沟；情绪、感觉、知觉或动机等心理状态

---

① Chalmers, D. What is a Neural Correlate of Consciousness? Neural Correlates of Consciousness: Empirical and Conceptual Questions. MIT Press. 2000: 12.

② 〔美〕约翰·塞尔. 心灵、语言和社会 [M]. 上海：上海译文出版社, 2001: 76.

③ 〔美〕约翰·塞尔. 心灵导论 [M]. 徐英瑾, 译. 上海：上海人民出版社, 2008: 112.

④ 〔德〕卡西尔. 人论 [M]. 徐英瑾, 译. 上海：上海译文出版社, 1986: 8.

是不能被还原为物理属性的,构成有机体的物质成分都具有心理属性。

（2）第一人称方法与第三人称方法。

意识的本质研究可以分为两种不同的方法:主观的第一人称方法和客观的第三人称方法。第一人称方法是指主观内省的方法,要求被试把自己的内心活动和感受报告出来,然后进行分析和推理。用内省法古已有之,在《论语·颜渊》中,孔子曰:"内省不疚,夫何忧何惧。"内省法可以使个人清楚自己的观念,甚至可以预测个体的认识变化。内省法分为自我观察法和实验内省法。自我观察法是指个人通过审视自身的某些状态和活动来认识自己。实验内省法是要求个体报告自己的内心活动,然后分析报告得出某种结论。在心理学中,通常采用实验内省法。但在20世纪50年代随着计算机科学、神经生物科学等学科的迅速发展,内省法逐渐被忽略和取代。查尔莫斯虽然赞同第一人称方法,但也认为:"在方法学上,对第一人称的数据分析正在向更精确严密的方向发展……这是现在意识科学面临的最大挑战。"[①] 到了20世纪90年代,第一人称方法又逐渐被接纳,并和神经科学等方法相结合,共同阐释意识的发生过程。

第三人称方法提出,意识是否能够用自然科学的研究范式进行研究? 这个问题困扰着很多学者。因为意义是主观性的,很多学科曾经将意识逐之门外,包括心理学在内。随着20世纪50年代计算主义的发展,许多认知科学家、哲学家开始对意识研究更加乐观。第三人称方法强调认知的可计算性,通过输入输出符号进行信息处理,这种观点极大地推动了认知科学的哲学解释,给予心灵哲学巨大的启迪。

（3）现象学方法。

胡塞尔认为个体的真实体验比科学的抽象性更重要,在研究中仅仅对主体性的经验进行系统性的研究,把外部世界和身体悬置起来。胡塞尔认为"现象学研究的彻底性和纯粹性取决于:① 对自然主义观点的排斥;② 现象是否完全被还原到自身之上,以便使它们可以在其单纯的单一性中被直

---

① Chalmers. D J. Consciousness and its place in nature, In Philosophy of mind: classical and Contemporary Readings [M]. Oxford University Press, 2002: 12.

观到并且在直接的概念中被描述出来。"[①]胡塞尔认为现象具有可以把握的本质,而本质研究是对意识行为的分析,对经验进行陈述的判断是绝对有效的认识,但是要想通过新经验对它进行论证则是悖谬的。胡塞尔分析在本质上与每个意向状态相关的意向对象,从而详细说明经验的形式和内容构造的结构特点。胡塞尔研究的意识已经脱离了人脑、身体和环境,在方法上过分依赖于对精神表征的分析,忽略了身体的作用,因此是片面的认知方法论。

总之,意识问题是哲学领域研究的传统主题,也是哲学领域研究的难题。意识的研究范式也在不断发生变化。尤其是 20 世纪 50 年代以来,由于认知科学的加入,哲学家在对人类心智的运转过程也提出了新的构思和设想。意识怎样被物质性的人脑实现、意识的起源、意思的研究方法等,是哲学家长期以来试图努力解答的问题,也是意识研究的基础性前提。在 400 多年的近代意识哲学研究中,哲学家们积累了许多有益的经验,为意识研究留下了精神遗产和元理论基础。

二、马克思的意识概念

(一)意识是人脑的机能

意识不是从来就有的,而是物质世界发展到一定程度而产生的,是人脑的机能或属性。这是辩证唯物主义的基本观点。一方面,它否定了各种唯心主义的意识论,另一方面,它还同庸俗唯物主义的意识论划清了界限。人脑是高度发达的物质系统,是意识活动的生理基础。意识活动是通过人脑对外界刺激的一系列反射活动实现的。意识是人特有的。人脑是自然界长期发展的产物,所以意识归根到底也是自然界长期发展的产物。正如恩格斯指出的:"什么是思维和意识,它们是从哪里来的,那么就会发现,它们都是人脑的产物,而人本身是自然界的产物,是在他们的环境中并且和这个环境一起发展起来的。不言而喻,人脑的产物,归根到底亦即自然界的产物,并不同自然界的其他联系相矛盾而是相适应的。"

---

① 〔德〕胡塞尔. 哲学作为严格的科学 [M]. 倪梁康,译. 北京:商务印书馆,1999:85.

（二）意识是社会的产物

马克思认为："意识一开始就是社会的产物，而且只要人们存在着，它就仍然是这种产物。"[①] 意识的发展是社会实践即生产劳动的结果。只有揭示劳动在人的意识产生和发展过程中发挥的作用，才能更好地理解意识是社会的产物。意识的产生和发展离不开人类的生产劳动。劳动创造了人，使猿脑变成了人脑，并且在劳动基础上产生的语言促进了大脑的发展。劳动促进意识的发展，使其内容更加丰富和深化，在劳动的基础上产生的生产关系对人的意识产生了深刻影响。总之，意识随着人类社会的产生而产生，随着人类社会的发展而发展，离开了社会，就不可能有人的意识。

（三）不是意识决定生活，而是生活决定意识

马克思从科学的实践观点出发，指出了社会存在决定社会意识的观点，划清了与唯心史观和唯物史观的原则界限。这一观点也阐释了"不是意识决定生活，而是生活决定意识"这一命题。社会存在决定社会意识，社会意识对社会存在具有反作用。社会存在是社会意识的根源，社会意识是社会存在的反映。

（四）语言是一种实践的意识

马克思认为："语言也和意识一样，只是由于需要，由于他人的交往的迫切需要才产生的。"[②] 从这里可以看出，语言是在人与人的关系中由于交往的需要而产生的。在马克思对语言的概念中，有以下几层意思：一是语言具有实践性。语言是在实践活动中产生的。二是语言就有社会性，是以社会关系存在为前提的，既为他人存在，也为主体自身存在。三是语言是意识的现实体现。马克思说，"语言是思想的直接现实"[③]。意识的呈现通过语言来表达，从而使语言成为现实的意识。

---

① 马克思恩格斯选集. 第1卷 [M]. 北京：人民出版社，1995：181.
② 马克思恩格斯选集. 第1卷 [M]. 北京：人民出版社，1995：81.
③ 马克思恩格斯全集. 第3卷 [M]. 北京：人民出版社，1965：525.

三、意识的心理学研究

（一）意识的心理学概念

广义的意识概念指人的精神因素的总和，包括感觉、知觉、情绪、动机等内容。狭义的意识概念即认识到、察觉和觉知。我国汪云九院士认为意识一方面是一种主观体验，另一方面是精神因素的总和。[①]心理学家维果斯基也指出心理与意识是不同质的两种反映水平，各种心理机能与意识的关系就是整体与部分的关系。上述两种观点都属于广义的概念。有些国内心理学家也指出意识即为个体清醒时而觉察到的心理现象，这属于狭义的意识概念。

（二）意识的心理学研究

1. 意识研究的主导阶段

（1）内容心理学与意识。

1879 年，冯特在德国莱比锡大学建立了第一个心理学实验室，成为科学心理学诞生的标志。意识成为心理学最初的研究对象。冯特认为心理学研究的是人类的直接经验——意识，而自然科学研究的是间接经验。[②]冯特运用实验内省的方法研究人的意识，他让被试向内反省自己，并且让被试描述对自己心理活动的看法，并且创造了训练被试的特殊方法，使被试不过分地解释自己的心理过程，并且可以更客观地看待自己。冯特希望通过内省实验法使心理学也成为自然科学的一个分支，而在当时，心理学更多地被认为是哲学的一个分支。

（2）构造心理学与意识。

铁钦纳的构造心理学是在继承了冯特的内容心理学基础上产生的。他认为意识是某一瞬间人的经验的总和，而构造心理学就是用观察或内省的方法研究人的意识经验。铁钦纳对内省方法要求更为精致和定型，要求被试必

---

① 汪云九，杨玉芳．意识与大脑——多学科研究及其意义 [J]．北京：人民出版社，2003：7．

② 〔德〕威廉·冯特．人类与动物心理学讲义 [M]．叶浩生，译．太原：山西人民出版社，2003：280．

须是训练有素的,并且在精神状态良好的情况下才可以使用记录仪器进行内省观察。他认为心理学的研究目的有三个方面,一是把意识分解为简单和基本的要素;二是确定意识的基本要素的结合法则;三是意识的基本要素需要与神经生理过程相联系。

(3)意动心理学与意识。

布伦塔诺是意动心理学的创始人,他主张心理学的研究对象为意动(意识运动或心理活动),与冯特的观点是针锋相对的。布伦塔诺认为意动与内容是有本质区别的,例如,我闻到一种香味,香味是内容,闻到则是意动;我看见一棵绿树,绿树是内容,看见则是意动。①意动是心理现象,内容是物理现象,他认为冯特错误地把内容这一物理现象作为心理学的研究对象。布伦塔诺认为意动分为三种:一是表象的意动,包括感觉和想象;二是判断的意动,包括知觉、认识和回忆;三是爱憎的意动,包括情感、决心、意志和欲望。在研究方法上,布伦塔诺主张有两种。一种是观察法,即观察别人的言语、动作和行为等表现,类似于自然观察法。另一种是反省(retrospection)或者内部知觉(inner perception),指对刚发生过的仍然处于兴奋状态的心理活动的观察。这与冯特的内省有本质的区别,冯特的内省实验法是指让被试自省即时即刻的心理活动。而布伦塔诺认为内省是不可能的,如人在生气时观察其内心的愤怒心理,当意识到自己在愤怒时,这时往往愤怒就会消失。而布伦塔诺的事后内省则避免了这种干扰。

(4)机能主义心理学与意识。

美国心理学家威廉·詹姆斯促进了意识研究由哲学向科学过渡,是意识研究的开拓者,被称为“意识研究之父”。詹姆斯提出了“意识场”的观点,勾勒出了意识的图景。他认为意识活动是一个场域,意识内容不是孤立的元素,而是连续的现象之流,是各种关系集合的整个过程。并且意识场之间有边界,边界可以发生变化,不同意识场在边界之间可以相互转化。在研究方法上,詹姆斯主张实验法、内省法和比较法等多元方法并行,为意识研究提供了更广阔的研究视角,并且使意识的现象学与经验实证科学的方法自然结合,实

---

① Brentano F. Psychology from an Empirical Standpoint[J]. Routledge & Kegan Paul, 1993.

现了第一人称研究和第三人称研究方法的互惠研究。此外,詹姆斯提出了宗教意识体验的科学,他认为宗教体验也是一种心理现象,也同样具备心理功能和心理体验,与其他心理现象的研究没有本质区别。

2. 当代心理学对意识的研究

(1)行为主义与意识研究。

美国心理学家华生一直将意识研究排除在心理学研究之外,并试图用客观行为来代替意识,并且认为心理学的研究对象就是"行为"。行为主义即实证主义的,其研究都是通过外在观察到的行为作为研究基础。新行为主义者托尔曼认为华生的"刺激—反应"联结难以准确解释人的行为,引入了中介变量的概念。中介变量是人的内部机制,虽然无法直接观察测量,但可以用间接的方式使其量化。后期的新行为主义者不再坚持绝对的环境决定论,承认人的主观能动性,并重新将意识纳入了研究体系,逐渐与认知心理学相结合,形成认知行为主义学派。

(2)人本主义与意识研究。

人本主义起源于20世纪五六十年代,人本主义反对行为主义忽略了人的本性的研究,把人等同于动物;也反对弗洛伊德只关注精神病人的研究;人本主义更多地关注人的尊严、价值和自我实现,因而被称为心理学的第三种运动。传统心理学在意识研究中大多从意识元素分析,走下行路线。而人本主义心理学将意识经验和社会生活联系在一起,走上行路线。人本主义的意识研究扩大了心理学研究的领域,丰富了关于精神生活研究的含义,包括生活意义、人的价值、超越自我等等。

(3)认知主义与意识研究。

20世纪五六十年代,认知心理学才逐渐开始兴起,之前心理学界是行为主义占据主流。信息加工是早期认知心理学的主要研究内容。计算机科学的发展对于认知心理学的推动起到了重要的决定作用。认知心理学家认为人脑处理信息的过程和计算机有着相似之处。认知心理学通过计算机模拟研究心理活动过程,并提出了一系列的认识模型。认知心理学将人和机器等同起来,认为人的心理活动过程是可以通过计算机的信息处理过程进行模拟的。

（三）心理学研究意识历程的反思

意识研究的复兴是心理学的一个重要事件，是一种"否定之否定"的发展过程。意识缺少统一的研究范式和元理论假设，使意识面临着理论同一性危机。

一是心理学研究的主流无法规避意识研究。心理学研究的主流方向受到两个方面的影响，一是社会发展的需求，二是科学技术方法的进步。当历史处于重大转折和发展期时，关于人的问题就会被挖掘出来重新审视。心理学是研究人的心理和行为的科学，而人的意识活动是心理学不可回避的重要研究对象。行为主义学派虽然强调对行为进行科学的量化研究，但最终还是要回归到从心理活动上解释人的行为和心理现象，其实就是对意识间接的肯定。当代认识神经心理学试图对意识和无意识进行分离和加工研究，为用科学的方法研究意识提供了更多的依据。

二是如何界定意识的本质。世纪之交，意识研究重新回到心理学研究中，但也面临着如何在心理学范式之下回答意识的实质这一关键问题。20世纪80年代初，希尔加德就提出"意识回到心理学研究中产生的问题"。潘菽提到："现在新兴的心理学派所面临的一个严重问题就是如何对待时隔已久又回来的意识。"仅仅把它请回来还不行，还要好好考虑怎样正确对待它才行。如今心理学学科中意识概念的问题并没有完全同意，有关意识实质理解、意识与无意识的相互作用关系问题中的理论盲区问题也没有得以消除。①

三是对"意识研究的科学性"的不懈追求。用客观科学的方法来研究意识问题是心理学家追求的目标和梦想。意识的主观性我们无法回避，如何解决这一难题，使意识研究具有"科学标准"，是心理学家们一直努力的方向。意识的研究一开始就同自然科学、人文社会科学两种相隔的文化纠缠在一起。这说明心理学关于意识的研究发展难以在学科内部单独进行，必须适应各门科学通用的规则才能取得研究进展。

---

① 霍涌泉．现代心理学基本理论研究［M］．西安：陕西师范大学出版社，2011：200．

（四）当代多学科范式的意识研究方向

1. 意识的物质属性的探讨 —— 意识的神经相关物（NCC，Neural Correlate of Consciousness）

1994 年 4 月，关于意识问题的第一次科学会议在美国召开，来自认知心理学、神经生物学、人工智能学、计算机科学及机器人等不同领域的 300 多名代表参加了会议，从此拉开了意识的科学研究序幕。1998 年 6 月，在德国不莱梅举办了第二次意识科学研究会，会议的主题是"意识的神经相关物，经验和理论的争论"。在 1990 年，诺贝尔奖得主克里克就明确提出，现在是使用自然科学的方法进行意识研究的时候了。之前他曾与华森一起发现了 DNA 双螺旋结构。近年来，意识的神经相关物成为意识科学的一个重要课题，在各种意识科学研讨会中都会被探讨。有些科学家认为，意识的神经相关物的研究是解决意识之谜的重要步骤，但却不是万能钥匙。因为脑神经只是意识状态的物质基础，但意识过程还受到社会历史环境、心理状态等因素的影响。

2. 意识的突现论观点

在突现主义思想中，作为"高阶层实体因果性的影响其阶层次组成部分作用"的下向因果关系被认为是突现概念中的普遍性关系。最初，下向因果关系是用于诠释复杂的生物系统，突现论将其作为因果关系的一种，用于解释高层次生物学组织系统的突现现象。

英国哲学家布罗德奠定了英国突现论者的高峰，其著作《心智及其在自然中的地位》是突现论的代表性著作。布罗德认为各种生物学、化学和精神属性都是突现属性，因此，他对于突现论思想的表述非常直接，堪称古典："突现论思想主张存在某种整体，其组成部分 A，B，C，相互关系为 R；那么所有以关系 R，组成部分为 A，B，C 的整体都会具有某种特质属性（characteristic properties）；当然 A，B，C 也可组成其他类型的整体，但相互关系不再是 R；该整体 R（A，B，C）的特质属性，即使从理论上我们都不可能单独从关于其组成部分 A，B，C 具有的属性的完备知识中演绎出来，或是从其他不是 R（A，B，C）这样形式的整体中演绎出来。"[①] 布罗德认为突现论者是物质一元

① Broad C D. The Mind and Its Place in Nature[M]. London：Routledge，1925：61.

论者,即突现论者认为只存在一种基本原料。他认为不同阶层的现象集结是物质层次化的体现,使不同种类的物质归属于不同的层次。

金在权对突现论的论证具有较大的影响,他提出了物理领域的因果闭合法则(The Causal Closure of the Physical Domain)、因果排他性原则(Principle of Causal Exclusion)和决定排他性原则(Principle of Determinative/Generative Exclusion)。物理领域的因果闭合法则直接否认了心灵具有非物质性属性的论断,认为因果关系只能在物理领域实现,在因果关系中起作用的现象或事件都是物质性的。因果排他性原则指当某一事件有充足的因果解释时,其他的独立支撑的因果解释则被明显排除。金在权的最终结论是:"上向因果关系假设了下向因果关系和同层因果关系;或者低层的因果关系可以取代下向因果关系和同层因果关系。"[1] 因此,任何高阶层现象将统一还原为物理世界,最基础的层次是物理世界,微观物理世界成为真正的存在,其因果关系是完全封闭的。

3. 意识的计算主义观点

计算主义是认知科学中的代表性观点。意识的计算主义认为意识过程是可以计算的,甚至有些极端的观点认为,"人是具有精神软件的机器人"。古典认知科学即符号主义认为,人的认知系统就像电脑程序序言,通过计算机的编程是可以揭示人的意识过程的。联结主义认为人类大脑结构的重要特征可以通过计算机模型表现出来。动力主义认为人的认知系统主要是动力系统,通过揭示心理活动状态在不同时间的变化过程来了解意识过程。

人的意识有很多层面,包括文化层面、心理层面和生理层面,文化层面包括宗教、艺术和科学等内容;心理层面包括感觉、知觉、思维、个性、动机、情绪等内容;生理层面包括神经网络的运动等等。[2] 现在人工神经网络的研究,虽然可以依靠符号系统模拟大脑的计算和推理,但无法解决实际环境中人的情感变化、语境变化和意向性等因素。人工神经网络不足以表达大脑的复杂性,这种复杂性恰恰是在人的意识过程中起到决定作用的。

---

① Jaegwon Kim. Making Sense of Emergence[J]. Philosophical Studies, 1999, 95: 3-36.
② 郑祥福. 日常化认识与人工智能研究 [J]. 自然辩证法研究, 2005, 21(2): 23-24.

4. 意识的量子力学观点

神经科学的研究结果已经表明,意识具有高度整合性和高度分化性的特点。意识描述的是神经元运动的整体性突现效应,最终表现为个体的主观感受。意识的产生是大量的神经元群聚合、动态变化的整合结果,单一脑区或者某一神经类型不具备形成意识活动的能力,体现了意识的高度整合性。意识具有动态变化性的特点,在大脑外部刺激作用下,不仅意识场景会随时发生变化,整个大脑系统的状态也都会受到影响而发生变化。量子与意识在概念方面有相似的特性,量子关联的非定域特性与意识高度的分化性和整合性有相通的地方。20 世纪 30 年代,冯·诺依曼首次用量子力学的相关理论描述大脑神经的生理活动过程。意识的量子理论观点普遍认为,意识是大脑微观世界中的量子力学现象。量子理论认为,对整个系统中的一个粒子的测量,会对整个系统的状态产生扰动[①],这与意识的高度分化性是相似的。但也有科学家和哲学家对意识的量子视域观点持怀疑态度,认为是"量子神秘主义"。因为量子力学本质上是物质性的角度,但意识不一定是完全物质的;从逻辑角度看,量子力学是概率性的实然陈述,而意识问题包含应然陈述;量子力学可以预计结果的概率分布,但意识不遵从概率约束的自由度。尽管如此,量子和意识在概念上具有相似性,量子力学为意识研究提供了全新的研究道路,推动了意识科学研究的发展。

第二节　关于心理的理论概述

关于心理的本质问题从古至今一直存在着唯物主义和唯心主义两种世界观的对立。心与物的区别——这在哲学上、科学上和一般人的思想里已经成为常议了——有着一种宗教上的根源,并且是从灵魂与身体的区别开始的。[②] 心理是生命物质进化到一定阶段产生的反映形式,是大脑的机能、活动过程或运动,是对客观现实的主观反映。

---

① 万小龙. 全同粒子的哲学问题 [J]. 哲学研究,2005(2):112-117.

② 〔英〕罗素. 西方哲学史(下)[M]. 张作成,译. 长春:吉林大学出版社,2005:836.

一、心理的哲学争论

唯心主义的哲学家认为,心理是一种特殊精神实体,物质是由它派生的。《斐多篇》告诉我们,哲学家不应该沉溺于物质和客观环境的快乐,而应该全心全意关怀着灵魂,而不是身体——"他愿意尽量地离弃身体而转向灵魂"。苏格拉底说,当心灵沉潜于其自身之中而不为声色苦乐所扰的时候,当它摒弃身体而向往着真理的时候,这时的思想才是最好的。柏拉图认为灵魂是不朽的,真正哲学家的灵魂在生时就已经从肉欲的束缚下解放出来了。

辩证唯物主义认为,心理是物质大脑的机能,精神实体必须依赖于物质而存在。心理是物质生命发展到一定程度和阶段才出现的,随着神经系统和大脑的完善和发展,在与物质生命体和客观环境相互作用下形成和发展的。

从本体论的观点来看,心理同大脑相关联,是大脑的机能和特性。无论是高级和低级的心理活动,还是复杂和简单的心理活动,都是大脑对外部客观世界的反射活动。从认识论的观点来看,心理是跟外部客观现实密切联系的,是主体和外部世界相互作用的结果,是主体对外部世界的反映,这种反映的内容是心理内容,是作为观念而出现的第二性的东西。这种把心理作为脑对外部世界的反映的观点,能够克服心理和生理相互关系中的各种不正确的提法。例如,有的观点把心理和生理割裂开来,把心理看作纯精神的内容,有的观点把心理也归结为生理的内容;有的则把心理和生理看成平行的关系,得出二元论。

二、心理的起源

(一)心理是生命物质进化到一定阶段产生的反映形式

心理现象没有独立发展史,它是物质进化的结果。列宁指出:"假定一切物质都具有本质上跟感觉相近的特性,反映的特性,这是合乎逻辑的。"反映是物质形态的特性,包括无生命的反映形式和有生命的反映形式。无生命的反映形式是指机械的、物理的或者化学的反映,如风力推动物体、夏天下雨、冬天下雪、氧化反应,等等。有生命的反映形式,是物质进化的结果,产生了生物的反映形式,具有选择性地对外界刺激做出反映的特点,具有自我调节的能力。

（二）感应性与感受性

感应性是生命体的基本特性，而感受性是心理的反应形式。感应性包括植物和动物等所有生命体形式，例如，向日葵随着太阳移动位置，变形虫在饱食和饥饿的状态下对食物的反应。而感受性是动物在进化过程中，不仅对具有生物意义的外界产生反应，对中性的且具有信号意义的刺激也产生反应，这种对信号刺激发生反应的能力，标志着动物心理反应形式的发生。一般认为心理的起源从环节动物开始，它们已经能建立比较稳定的条件反射。动物心理的发展从无脊椎动物的感觉阶段，到脊椎动物的知觉阶段，再到灵长类动物的思维萌芽阶段。

三、心理的发生

（一）心理与大脑的关系

心理是大脑的机能、活动过程或运动。心理活动离不开大脑，脑缺陷婴儿不能发展出健全的心理。大脑的不同区域有不同的分工，是一个极其复杂的机能系统，例如，脑桥是维持机体平衡的中枢，中脑是视听的反射中枢，下丘脑是情绪反应的重要中枢，等等。心理是脑的机能，但大脑如何产生心理？关于心理与大脑的机制有定位说、整体说、机能系统学说和模块说四种学说。

一是定位说。定位说始于对失语症病人的研究，1861年，布洛卡研究发现一位左侧额叶受到损伤的失语病人，智力正常，但没有健全的言语能力。1874年，威尔尼克发现一位颞叶受伤的失语病人说话流畅，但不能理解词语含义；病人听觉正常，但是不能理解别人言语的含义。上述研究结果表明，语言功能是大脑特定区域的功能。进入20世纪，科学家们进一步验证了定位说，例如有研究发现记忆功能可能定位在颞叶，进食和饮水与下丘脑有关等等。这些研究进一步验证了定位学说。

二是整体说。整体说起源于科学家对动物进行的局部毁损法的实验，整体说认为大脑功能的定位说不成立，功能的丧失与皮层切除的大小有关，与大脑的特定区域无关。如果大脑皮层都被切除，各种智力功能都会丧失；如果有足够的组织保留下来，所有的功能可以慢慢恢复。20世纪中叶，科学家根据大白鼠的实验，发现了大白鼠走迷宫的障碍与脑损伤的部位无关，与损伤面本身的大小有密切关系,进一步证明了整体说。

三是机能系统说。科学家鲁利亚发现,大脑一定部位的损伤不仅仅会引起某一心理机能的丧失,还会引起一系列过程的障碍。脑是一个相互联系的动态结构,当某个环节受损伤的时候,与之相关联的高级心理机能也会受到影响。大脑共分为三个相互联系的机能系统。一是动力系统,即调节激活与维持觉醒状态的机能系统。二是信息系统,主要是信息接收、加工和储存的系统。三是调节系统,是编制行为程序、调节和控制行为的系统。人的心理活动是三个机能系统相互作用、协同活动的结果。

四是模块说。模块说在 20 世纪 80 年代中期出现,是认知科学中出现的重要理论。模块说认为大脑由相对独立的模块组成,这些模块在认知和功能上是高度专门化的,模块之间的巧妙结合实现了人类复杂的心理活动。

总之,大脑与人的心理有着密切的联系。大脑与心理犹如硬件与软件的关系,大脑是物质范畴,心理属于精神范畴。大脑是心理活动进行的平台,没有大脑,就没有心理活动的产生。心理是大脑的功能,是大脑内部活动的体现。

(二) 心理与语言的关系

语言是人类进行沟通和交流的符号系统,它具有巩固认识和表达思想的功能。动物没有语言,只有本能行为。只有人类把无意义的语音进行组合形成话语和文字,用来表达丰富的含义。语言是形象思维发展到抽象思维的中介,产生于抽象思维之前。随着人类文化的发展,语言也在不断发展变化,也形成了一些新形式,如符号和人工语言等。语言的产生,对人类心理的发展有巨大的推动作用,使人类的心理产生了质的飞跃。首先,语言促使了人类意识和自我意识的发生。当人类的祖先开始用语言符号来表示事物的属性和行为时,与自然界区分开来,意识就产生了。其次,语言促使抽象思维的产生。例如当人类在开始会使用归类的划分时,抽象思维就产生了。例如苹果、梨、桃子概括为水果;斧子、锯子等概括为工具。再次,语言促进人类的认识,使人类的认识范围和内容都在不断扩大。语言的产生使人们在传递和学习信息方面摆脱了时间和空间的限制。

（三）心理与劳动的关系

恩格斯说，"劳动创造了人类本身"。劳动是人自觉地有目的地改造自然的社会化活动。劳动促使人类祖先四肢的分化，使人类开始直立行走，使手成为劳动的器官。劳动是工具的使用和创造，只有人类才能使用工具并且可以自己制造工具。人类的祖先在劳动过程中，逐渐认识到工具的性质和功能、劳动对象的特点、工具和劳动对象之间的关系等内容，并且逐渐可以按照计划和目的制造工具，并按照其用途来使用和保存工具。在这一过程中，人类的祖先不断认识和了解外部世界，并且观察能力、抽象思维能力和想象能力得到发展，操纵物理的运动技能也得到发展，人类的心理也在这一过程中逐渐产生了。在社会化劳动中，劳动工具是社会实践的产物，凝结了人们的社会劳动经验。个体参加劳动时，需要通过训练和学习而习得使用工具或创造工具的技能，这就产生了传递经验的新形式，这与动物靠本能遗传来传递经验有着本质区别。新生一代可以在较短时间里掌握前辈的知识经验，让心理得到最大限度的发展。

（四）心理是对客观现实的主观反映

心理是大脑的机能。但只有物质的大脑，还不能完成产生心理的条件。当大脑的机能活动与客观现实相结合时，才会产生真正的心理。无论是人的低级心理活动还是高级心理活动，都受到客观现实的制约。例如我们之所以会产生嗅觉、味觉、大小、远近等感知觉，并以各种形式反映客观现实，都是因为客观环境的刺激物对我们的感觉器官产生作用。我们产生社会知觉，是社会环境中的各种刺激和信息对我们产生作用。例如艺术创作中的灵感和创造力也都是来源于我们的客观现实。

其次，脱离客观现实的大脑不会产生人类的心理。1929 年，在印度加尔各答东北的米德纳波尔，人们常看到一种神秘的动物出没于森林。一到晚上，有一个四肢走路的怪物尾随在四只大狼的后面。后来，人们打死了大狼，在狼窝里发现了两个怪物，原来是两个由母狼养大的裸体女孩，大的有七八岁，小的只有两岁。她们的生活习性像狼，吃生食，爬行，不会说话，不会思维，只会像狼一样嚎叫，常常在晚上出来觅食。虽为人所生，但由于她们的生活环境长期与人类社会活动脱离，所以没有形成人的意识，学不会人类的语言，达不到正常的智商,更无法适应人类社会的生存方式。她们只有人的生物属性,但没有心理属性。

四、心理的结构

(一)弗洛伊德的精神分析观点

弗洛伊德将人的心理结构分为潜意识、前意识和意识三个部分。意识是指人们可以直接感知到的心理,是一种对客观现实的高级心理反映形式。意识代表我们认识到自己的存在,代表着个体的独立性,是主观存在的独特坐标。潜意识指潜藏在意识下面的一股神秘力量,是人们不能认知到的部分,是个体的本能需求和原始冲动,是相对于"意识"的一种思想,也有人称其为"宇宙意识""右脑意识"。潜意识当中存在着个体未被开发和利用的信息和能力,人类在进化过程中的生存密码都潜藏在潜意识中,因此,潜意识蕴含的能力是巨大的。前意识介于意识和潜意识之间,前意识和意识可以相互转化,前意识可以转化为意识,并且时刻监督着潜意识的活动,防止代表着本能和欲望的潜意识进入意识的层面,是一个"监督者"的角色。意识也可以转化为前意识,个体会把一些不为个体所接纳的内容从意识层面转化到前意识,进而压抑到潜意识中去。在认知心理学的概念中,前意识指存在于长时记忆中的信息,只有在回忆时才能从前意识层面转为意识层面,被个体所感知到。

(二)心理现象的结构

心理学一般把心理看作心理活动的简称,是感觉、知觉、记忆、思维、想象、注意、意志、动机、兴趣、能力、气质和性格等心理现象的总和。心理现象包括心理过程和个性心理特征。心理是脑的特性,是主体对客观世界的反映。心理过程包括认识、情感和意志,其中认识包括感觉、知觉、记忆和思维等内容。个性心理特征包括兴趣、能力、性格和气质。感觉是人脑对直接作用于感觉器官的客观事物的个别属性的反映,知觉是对直接作用于感觉器官的客观事物的整体属性的反映。感觉包括味觉、听觉、视觉、嗅觉、触觉、内脏觉、痛觉、平衡觉、运动觉等多种现象。例如,人们品尝到味道、嗅到气味、看到颜色等都是感觉现象。感觉是最简单的心理现象,是认识活动的开始。

（三）心理二元论

心理二元论是反省心理学的理论观点。反省心理学成立于 2007 年,以"反省"作为获取心理现象的主要研究方法,起源于对天才以及天才教育的研究,后来又将研究扩大至普通人。反省心理学已经成为一个独立的新的心理学派,和精神分析、人本主义、行为主义、认知主义等心理学派一样。反省心理学派认为人的心理是二元的,包括"第一心理"外知心理和"第二心理"内知心理。外部心理主要指反映、把握和控制外部世界,内部心理主要指反映、把握和控制第一心理。内知和外知心理都由智力、情感和需要三要素组成,内知心理来源于三要素的内部,外知心理来源于三要素的外部。通过内知心理中的智力活动可以了解心理和思维之谜,这也告诉我们,心理的"黑箱"是可以打开的。心理二元论也告诉我们,人脑高级思维是可以用计算机模拟的,预示着人工智能发展的未来。

第三节　关于思想的理论概述

思想来源于社会实践,是大脑的机能,属于精神领域的范畴,是由实践到认识过程中形成的理性认识的成果。思想意识包含人格判断力中的思想道德力量、智慧力量和反省力量,几乎包含人格判断力的全部,在人格动机和行为选择及判断中具有决定性作用和影响。

（一）马克思论思想

马克思认为,"思想是物质关系的直接产物……是物质生活过程的必然升华物","直接参与人们的物质活动,与人们的物质交往……交织在一起"。[①]凯恩认为解释马克思所说的"共产主义不是现实应当与之相适应的理想,而是历史上的实际运动"需要有一种新的方法,这种方法就是"实证科学"的方法。[②]这种方法从物质基础的角度出发去解释思想产生的条件,而不是从思想的角度出发去解释物质条件。思想是随着物质运动生产和现实世界的变化而确定和变化的。在脑力劳动和体力劳动分开以后,思想看起来是独

---

① 马克思恩格斯全集. 第 3 卷 [M]. 北京:人民出版社,1965:7.
② 〔美〕凯恩. 马克思论思想 [J]. 国外社会科学,1982(11):2.

立的,但事实不然。马克思认为思想虽然看起来是独立的,但事实上也是由生产力和生产关系的相互作用所决定的。思想离不开物质条件,但思想不是完全由物质条件所决定,即思想可以被其他的思想——统治阶级的思想所影响。统治阶级的思想是"占统治地位的物质关系在观念上的表现,其表现为思想占统治地位的物质关系"。马克思反对唯心主义"思想是现实的独立领域,认为思想是现实的本质,一切外在世界的物质基础都离不开思想而存在"的观点,也反对传统唯物主义"思想都是物质的,是与物质条件相关的副现象"的观点。马克思应该被称为自然主义者,即一切观点都需要用科学的方法加以研究。自然主义认为思想和物质都属于自然领域,所谓物质决定思想,只是表明自然现象之间的关系,并不是代表思想是物质的,或者不如物质具有现实性。

(二)关于思想的哲学分析

巴门尼德最早提出"思想与存在是同一的"这一古老命题。在其之后,亚里士多德对这一命题进行了详尽的探讨。亚里士多德将思想进行了分类,有些事例中,知识是思想对象;在制造学中,事物之"其所是的是"为思想对象;在理论学术中,思想活动或公式为思想对象。亚里士多德认为:"在非物质事例上,思想不异于思想活动,思想便合一于思想对象。"[①] 即亚里士多德认为思想与思想对象的同一性的条件是"非物质事例"。

思想顾名思义,包括"思"和"想"。张曙光教授认为,"思"指的是理性思维,想指的是"想象力的培养或者想象力的运作方式",并且思想是有方向的,并将其概括为"寻根究底"和"超凡脱俗"。[②]"寻根究底"是按时间的顺序进行回溯。当发现事物的时候,我们总喜欢追溯其本来状态和产生原因。原因就是对事物最好的解释,事物都有在因果链条中,有因必有果。而"超凡脱俗"是回答我们向哪里去,即自由的取向。思想的产生意味着我们可以冲破当下的世界去物外遨游。张曙光教授认为人类生存的基本逻辑和思想的逻辑都是在时间的维度上构成的。逻辑这个东西在很大程度上超越了历史

---

① 〔希腊〕亚里士多德. 形而上学 [M]. 吴寿彭,译. 北京:商务印书馆,1997:254.
② 张曙光. 思想及其当代意义 [J]. 思想政治工作研究,2014(4):19.

的经验。

思想本身充满着矛盾，例如笛卡尔的"我思故我在"，按照经验主义意识，则会得出"我在故我思"。这两个对立命题，一个是经验主义，一个是思想和经验的逻辑。思想不是重复性的，能够不断批判过去和创新内容。人类的很多思想都是围绕着我们"在"而展开的。思想能不能超越生命而存在，是我们一直争议的话题。感知觉离不开肉体的存在，例如我们闻气味、看颜色、尝味道都离不开身体的基本结构，因而肉体的存在制约了感性的认识。那么理性认识是否能够摆脱肉体制约呢？思想力求摆脱肉体的制约体现其纯粹性，从而进入自然科学的范畴；但是思想必然是由肉体产生的。所以，思想能不能超越肉体、超越生理的生命而存在是值得我们思考的问题。

笛卡尔认为"我思"是思想的主体对其自身存在的意识。"我思"即"我看"，我看见我在思想；"我在"应该是"思想"的存在，"我在"之存在，和我的"思想"及思想的动态有关联，和"怀疑""了解""感觉"以及我的一切内在意识生活有关系。① 对于笛卡尔来讲，没有意识的思想是不存在的，笛卡尔将思想定义为："我们意识到在自己心中操作的一切，这就是何以不但了解、意愿、想象是思想，而感觉在此亦同样是思想。"②

康德在《纯粹理性批判》中提出了"二律背反"，即困于两个相互矛盾的命题，每个都是显然能够证明的。思想的内在矛盾亦是如此。假若你带着蓝色眼镜，你可以肯定看到的一切东西都是蓝色的，同样你在精神上老是带着一副空间眼镜，你一定永远看到一切东西都在空间中。③ 理性试图超越现象进入本体界，康德给我们揭示了思想的内在矛盾。

黑格尔提出了思想的开显和掩蔽的命题。黑格尔认为思想的矛盾恰恰是推动我们延伸的动力，思想矛盾会变成推动力或者称为思想的张力。荀子《解蔽》篇中提到"孔子仁知且不蔽，故学乱术足以为先王者也"。荀子批判庄子道"蔽于天而不知仁"。荀子认为遮蔽是开显的结果，"凡万物异则莫不相为蔽"。这是荀子认识论思想的重要文章。海德格尔认为思想是对某物的

---

① 〔法〕笛卡尔. 笛卡尔思辨哲学［M］. 尚新建，译. 北京：九州出版社，2004：367.

② 〔法〕笛卡尔. 笛卡尔思辨哲学［M］. 尚新建，译. 北京：九州出版社，2004：368.

③ 〔英〕罗素. 西方哲学史（上）［M］. 张作成，译. 长春：吉林大学出版社，2005：153.

表象,把某物在其作为共相或普遍者的理念中表象出来,也就是对一般某物的表象。在表述思想中,有两种错误的估计,一种是高估,人们只想要为自己节省追问的态度,期待直接的答案;一种是低估,思想通常是根据表象而被衡量的,而在时间—空间基础上的思想力量,被低估和错认了。①

海德格尔认为"思想来自开端",开端乃是遮蔽者。海德格尔从四个方面解释开端性思想的含义:"一是让存有处于把握性词语的静默言说而耸突入存在着之中,二是通过对另一开端的准备而为这种建造做好准备,通过在其更为原始的重演中与第一开端的争辩,把另一开端提升起来,它本身就是默秘学(sigetisch)的,在最明确的沉思中恰恰是静默的。"② 海德格尔提出了"思想之无力"的观点。如果有力意味着直接作用和直接贯彻的力量,那么思想的无力是显而易见的。其原因是多重的:"一是目前根本没有一种本质性的思想得到实行而且是可实行的。二是谋制与体验要求成为唯一起作用的、因而"有力的"东西,并且没有给真正的强力提供任何空间。三是假如一种本质性的思想会获得成功,我们依然根本没有理想向其真理开启自身……"海德格尔认为"无力"并非是对"思想"的直接抗辩,而是对蔑视思想者的责难。

(三)关于思想的社会学分析

从社会学角度来讲,思想包括两种基本类型:关于价值的思想和关于事实的思想。关于事实的思想表现为阐释性和揭示性的看法,即对存在现象的看法;关于价值的思想表现为宣告性和指向性的话语,即对解决问题的看法。③ 大部分人习惯于把关于价值的思想归入思想的范畴,这是不全面的。例如,马克思提出的"全世界无产者联合起来"是对解决问题的看法;而其"资本主义社会中人的异化现象"则是对存在现象的看法;这两种都属于思想的范畴。"事实"与"价值"是思想中难以分开的一对范畴,并且关于事实的思想与关于价值的思想是会发生转换的。譬如,当一种研究观点提出,对

---

① 〔德〕海德格尔. 哲学论稿 [M]. 孙周兴,译. 北京:商务印书馆,2012:66.

② 〔德〕海德格尔. 哲学论稿 [M]. 孙周兴,译. 北京:商务印书馆,2012:64.

③ 吴康宁. 关于"思想"的若干问题:一种社会学分析 [J]. 教育理论与实践,2005,25(12):1.

当时的某个领域的理论是一种挑战或者革命,那么这就是关于价值的思想。随着社会进步和科学发展,当这种思想成为一种常识的时候,便会又转换成为关于事实的思想。

吴康宁将"谁在言说"和"谁在思想"合并为"谁在言说思想",来表述思想的言说类型,并将言说思想分为"我言我思""我言共思""我言他思"和"他言他思"四种类型。[①]"我言我思"指我在言说自己的原创思想,"我言共思"指我在言说大家的"混合思想","我言他思"指我在言说"借用的思想","他言他思"指我在言说"贩卖的思想"。

从社会学角度分析,思想是需要根基的,这种根基主要来源于社会、个人以及社会和个体的交互作用三个方面。思想是历史的产物,以特定文化和社会境脉为基础,只有在特定的社会和文化的时间领域和空间领域内,才会产生特定的思想。例如,为什么我国会形成中国特色社会主义的理论思想? 这是在当时中国开始了"由阶级斗争到向自然界斗争,由革命到建设,由过去的革命到技术革命和文化革命"[②]的转变的特有的历史背景下,以毛泽东为代表的中国共产党人对中国发展道路的探索,即如何让一个经济文化落后的东方大国尽快地巩固、建设与发展社会主义。思想同样来源于个体的自身体验。例如,为什么尼采提出了日心说,并颂扬权力意志? 为什么毛泽东会鄙视权威? 这些都同个体的自身经历有密切关系。思想最终应该是社会和个体相互作用的产物,即思想是由在一定社会背景下有特定经历和体验的人提出的特定的观点和想法。例如,孔子的儒家学说、杜威的"儿童发展为本"的教育思想、笛卡尔的"我思故我在"思想等,这些思想都是社会生活和个人生活相互作用的结果。

二、关于思维

(一)关于思维的哲学研究

笛卡尔的观点即"我思故我在"。他认为,当我思维的时候"我"存在,

---

① 吴康宁. 关于"思想"的若干问题:一种社会学分析 [J]. 教育理论与实践, 2005, 25(12):2.

② 毛泽东文集. 第 7 卷 [M]. 北京:人民出版社, 1999:289.

而且只有当我思维时"我"才存在；若我停止思维，"我"的存在便没有证据了。"我"作为思维的实体，其全部本性或本质在于思维作用，而且为了它存在并不需要有场所或物质性事物。① 笛卡尔认为思维即是怀疑、理解、设想、肯定、否定、意欲、想象和感觉之类的东西。思维是精神的本质，精神必定永远在思维。② 笛卡尔认为，有神、精神、物质三个实体。

在柏拉图的哲学中，思维即指人的认识本身或者人的意识活动，并且思维包括感觉和理性。柏拉图强调了理性的作用和感觉的局限性，人应当通过理性将感觉集纳成一个统一体，从而认识理念。柏拉图认为："由思维能达事物之存在与事物之理，由感受则不能。"③ 柏拉图在解释思维与存在的关系时，更深刻地解读了思维的含义，他认为思维是主体的理性通过感觉的触发把心灵中的固有理念客观回忆起来，而不是主观能动地反映。存在内在于思维的主体，思维是主体的理性回忆。

康德认为经验论把感性认识同理性思维混为一谈是错误的。感官的直接对象"现象"与理性思维的对象"自在之物"两者是不同的。感官直接接触到的是认识主体建立的现象，现象背后必定有某种东西是不能直接感知的，需要理性去把握。康德认为人具有感性、知性和理性三种认识能力。三者是层层递进的关系，感性直观先开始初步的认识活动，再经过知性思维，最后进入理性理念。康德进一步论证了它们之间的关系："思维无概念是空的，直观无概念是盲的。"④ 感性的直观认识只能是零碎表象，只有通过知性整理感性直观材料，才能形成真理性认识。

黑格尔认为"精神"是唯一的实在，"精神"的思想借自我意识向自身中映现。黑格尔认为构成事物的东西的基础是理念，也就是柏拉图意义上的理念、思想、共相。⑤ 黑格尔提到了"绝对理念"的概念，并认为"绝对理念"是

① 〔英〕罗素．西方哲学史（下）[M]．张作成，译．长春：吉林大学出版社，2005：671.
② 〔英〕罗素．西方哲学史（下）[M]．张作成，译．长春：吉林大学出版社，2005：672.
③ 北京大学哲学系外国哲学史教研室．西方哲学原著选读 [M]．北京：商务印书馆，1981：22.
④ 北京大学哲学系外国哲学史教研室．十八世纪末—十九世纪初德国哲学 [M]．北京：商务印书馆，1960：30.
⑤ 〔加拿大〕查尔斯·泰勒．黑格尔 [M]．张国清，朱进东，译．南京：译林出版社，2002：540.

思维者自身的思想,即自己思想自己的理念。黑格尔认为思维与存在的同一是本体论、认识论、价值论和实践论的同一。从本体论上讲,黑格尔认为思维与存在同一于思维,思维是事物的本质,事物是思维的表现。黑格尔断言:"思想不但构成外界事物的实体(Substanz),而且构成精神性东西的普遍实体。"① 从认识论上讲,黑格尔认为,思维可以认识客观事物,思维可以认识存在与事物中的客观思想。所有事物都处于人类可能的知识之中。人类认识可以通达任何事物,可以揭示存在于事物中的理性。从价值论上讲,黑格尔有一个著名的观点:"凡是合乎理性的东西都是现实的,凡是现实的东西都是合乎理性的。"② 从价值论的角度来看,事物是受理性支配的,理性是存在的实体。从实践论上来讲,黑格尔认为思维与存在同一于思维,并通过实践活动达到主观与客观的同一。其中实践活动包括主观目的、工具和目的性活动、客观实在。主观目的和客观实在通过工具和活动达到主客观的同一。黑格尔从本体论、认识论、价值论和实践论等哲学的各个领域解释了思维与存在的同一性原则。贺麟先生曾提道:"思有合一是黑格尔哲学起点,也是终点。"我们可以将黑格尔的思想理解为"思维与存在的无限同一"。

(二)马克思关于思维的观点

马克思在《1844 年经济学哲学手稿》中指出:思维是对于自己的现实生活的自觉意识。马克思没有明确地把思维和意识区别开,在解释存在和思维的关系时,思维基本是和意识等同的概念。思维不仅指人的抽象的概念思维,也包括想象和直观等内容。除了意识之外,马克思还用"意愿"来解释人的思维,即马克思所理解的人的思维包括意识和意愿两个方面的内容,思维是按照主体的生活的意愿和意识,才赋予生命活动以自觉性。马克思在《关于费尔巴哈的提纲》中说:"人的思维是否具有客观的真理性,这并不是一个理论的问题,而是一个实践的问题。人应该在实践中证明自己思维的真理性,即自己思维的现实性的力量,亦即自己思维的此岸性。关于思维——离开实践的思维是否现实的争论,是一个纯粹经院哲学的问题。"③ 马克思以全新的

---

① 〔德〕黑格尔. 小逻辑 [M]. 贺麟,译. 北京:商务印书馆,2003:80.

② 〔德〕黑格尔. 法哲学原理 [M]. 范扬,张企泰,译. 北京:商务印书馆,2007:11.

③ 马克思恩格斯全集. 第 3 卷 [M]. 北京:人民出版社,1960:7.

方式论述了思维和存在之间的辩证关系,既肯定了思维与存在的异质性,又肯定了存在的始源性作用;既肯定了思维与存在的关系必须通过媒介加以解读,又明确指出这一媒介就是实践活动。

(三)思维的当代研究

思维的定义有多种,不同的角度给了不同的定义。从字义上讲,它与思考、思索等都是同义词。从生理学上讲,思维是一种高级生理现象,是产生第二信号系统的源泉;从功能上讲,思维被定义为"人类个体反映、认识、改造世界的一种心理活动",为了避免思维划入心理学的范畴,也有人定义为"人脑的认识活动";从机制上讲,思维是精神与物质的一种转换形式。①

在思维研究中,田运教授将思维的本质总结为三个命题:① 思维是一种可派生出和可表现为高级意识活动的物质运动;② 思维是脑对对象深层远区的穿透性反映;③ 思维是在特定物质结构中以特殊方式发生的信息变化。②③田运曾经拿饰演毛泽东的演员古月举例,来说明思维是高级意识活动的物质运动。古月的大脑可以通过言语和肢体工作表现毛泽东的思想,但却派生不出毛泽东的思想,即思维这种高级意思活动可以通过外在形式表现,但却不能派生。例如电脑可以在一定范围内表现高级意识活动,但却不能派生。派生高级意识活动的物质基础是人脑,派生高级意识活动的物质运动即为思维。

张大军教授在思维研究中提出,思维是由意识而产生的并且为脑所调节和控制的思维波的活动过程,意识是脑作为阳性物质的正物质和阴性物质的负物质的矛盾对立统一体,思维波是超光速的,通过"心—脑连接着自身和外部的阴性物质世界相互交换信息和检索密码"④。张大军提出了思维时空,指出生命由肉身、灵魂和意识的三位一体构成,并存在阳性物质的负物(阳-)、阳性物质的正物(阳+)、阴性物质的正物(阴+)、阴性物质的负物(阴-)四种

---

① 高隆昌,卢淑和,李宗昉. 思维科学概论 [M]. 成都:西南交通大学出版社,2004:20-21.

② 田运. 思维是什么 [J]. 北京理工大学学报(社会科学版),2000,2(2):31.

③ 田运. 关于思维的本质 [J]. 浙江树人大学学报,2005,5(3):87.

④ 张大军. 论思维的本质 [J]. 理论前沿,2001(16):17.

物质。灵魂由(阳－)和(阴＋)组成,人脑是具有特殊功能的(阳＋)。灵魂中的(阴＋)和意识中的(阴－)构成阴性物质世界,全息着宇宙和人类的信息和密码。人脑通过思维波使灵魂中的(阴＋)和意识中的(阴－)相互吸引和联结,因而人脑对于自身具有无限的认识。

总的来说,学术界对思维的概念描述各有不同,具体见表 1-3-1。

表 1-3-1　思维概念的不同观点 [①]

同一论	思维是脑的机能,与意识同义
理性论	思维发生于人的认识的理性阶段,思维一旦发生,又可以反过来渗透于感性阶段
中介论	思维是连接主体与客体的中介和手段
过程论	思维是意识活动的过程
抽象论	思维是人对客观事物抽象的反映
间接论	思维是人脑对客观事物的间接的概括的反映
穿透论	思维是脑对对象深层远区的穿透性反映
独有论	思维是人类独有的一种能力,动物只有"思维"的萌芽

(四)心理学关于思维的研究

心理学一般把思维界定为人脑对客观事物间接的和概括的反映。思维是人在认识活动过程中的高级心理活动,是智力的核心成分。思维使人认识"我"与"非我"、"人我"与"物我"的关系。

概括的反映是指反映一类事物的共同的本质特征,而不是个别事物或个别特征。例如树木、鸟、家具等,这些客观现实的事物是形色各不相同的。一般表象中的鸟,总是有翅膀、羽毛,会飞等特征,包含着规定这一类事物为鸟的本质特征,从而舍弃了大小、颜色等非本质特征。思维的概括功能使我们理解世界更加简洁和直接,每一类事物中形形色色的区别都需要我们进行思维活动来区分的话,我们的思维开展将非常困难。在原始民族中,概括性的词很少。例如因纽特人对不同的风雪进行不同的命名,如降雪、积雪、漂流的雪等,但缺少了掌握事物概括的意义。随着思维的发展,出现了高水平的概括。越是高水平的概括,越能够深入地反映事物的内部本质特征。

思维的间接性体现为不直接作用于人感官的事物,而是在一定知识经验

① 马林.思维科学知识读本 [M].北京:中共中央党校出版社,2009:5.

的基础上,通过语言、动作和表象等对客观事物进行间接的反映。例如我们不能直接了解一个人的内心想法,但是通过个人的肢体动作、语言、表情等内容,大体可以判断出对方的态度;我们无法体验古代人的生活情景,但是通过研究历史、电视报道、古代文物等,便可以了解古代人的生活环境。思维的间接性可以让人们通过感知觉更多的超越事物本身的信息,了解没有直接感知到的事物及其属性。

思维与语言的关系是学术界研究的重要课题,并且产生了不同的观点,有的是关于语言和思维发生先后的问题,有的是关于语言和思维决定性作用的问题。这些观点更加有助于我们梳理思维和语言的辩证关系,两者既有联系,也有区别。首先思维和语言有着密切的联系。思维之所以能对客观事物进行间接和概括的反映,就是通过语言来实现的。语言是人们交流思想的手段,是思维的工具。但语言不是思维唯一的工具,符号系统、手势、表象等内容也是人们交流思想的手段、思维的工具。例如,聋哑人即使丧失了语言功能,借助于手势和表象也可以进行沟通。从思维的结果和内容来看,当客观事物不在眼前时,思维借助于语言来实现;语言随着时代的变化不断丰富和发展,也是思维的结果。其次,思维和语言存在区别。思维是包含物质内容的心理现象。语言是信息符号系统,是包含精神在内的物质现象,是思维的直接现实。

三、思想与思维的关系

心理学家潘菽认为,思想包括思维和思虑两个方面。[1] 思维和思虑是两种不同的思想活动。思维是一种认识活动,思虑是一种意向活动,属于认识活动的思想,即思维包括思考、推断、联想等内容,即弄清楚事物之间的相互联系和区分。属于意向活动的思想即思虑,包括构思、计划、打算等内容,即考虑如何影响、改变或造成某种客观的或将成为现实的客观事物的思想活动。思维和思虑在思想活动中常常结合在一起而构成一个整体活动的不同方面。

也有观点认为思维和思想都是人脑能动地反映客观事物的过程,并且是

---

[1] 潘菽. 潘菽全集. 第五卷 [M]. 北京:人民教育出版社,2007:30.

这一过程中相辅相成的两个方面。[①] 从心理学角度讲,思维是认识活动的高级形式,或者说是高级的反映过程,包括分析、综合、抽象、概括和推理等过程。思想是思维活动的结果,思想通过思维等活动获得经验和认识。思想可以从很多角度进行区分,比如简单和复杂、理性和感性、个体和社会、形象和抽象、低级概括和高级概括等等。思想反映了主体对客观事物的认识、态度和意向,例如趋向和背向、肯定和否定、明白和疑问等等。

有观点认为思维和思想虽然都是人脑的产物,但思维是物质的,思想是精神的,思维是人脑物质的属性,而思想则是物质通过思维的派生物。[②] 思维是物质和精神的桥梁,如果没有进化出能够思维的物质大脑,则不会产生意识、精神、思想等这些思维的派生物。

也有观点认为思想是思维的形式之一,思维通常表现为判断,一个判断就是一个思想。[③] 思想与思维的其他形式如概念、推理等的区别在于,思想指对客体深刻而全面的认识,以及人改造客体的目的和计划。思想和思维同属认识范畴,但思想侧重于结果和目的,思维侧重于过程和方法。

在哲学中,哲学家们并没有把思想和思维做明显的区分,例如笛卡尔所说的"我思故我在",其中的"思",实际上包括思维和思想两个方面,或者说直接没有将二者加以区分。在哲学中,它们经常与意识一起作为精神现象的同一概念而使用。思维和思想是相辅相成的,没有无思维的思想,也没有无思想的思维。总之,两者互为条件,相互制约,辩证统一地渗透于认识活动中,并且能动地指导和推进人类社会的发展。

四、思想的本质

(一)什么是思想

不同学科以及不同学者从不同的角度对思想进行了界定。按《现代汉语词典》(1996 年版)的解释,思想有三层含义:一是指客观存在反映在人的

---

① 吴元润. 思维与思想的辩证统一是意识的基本内涵 [J]. 淮阴师专学报(社会科学版),1983(4):21.

② 刘怀惠. 论思维的哲学本质 [J]. 郑州大学学报,1993(4):89.

③ 张桂祥. 精神意识心理认识思维思想观念等概念的差异 [J]. 华东石油学院学报(社会科学版),1988(1):64.

意识中经过思维活动而产生的结果;二是指念头和想法;三是指思量。按《简明社会科学词典》(1982 年版)的解释,思想亦称观念,是相对于感觉、印象的一种认识成果,属于理性认识。从哲学角度来看,思想是与存在相对应的,社会存在决定人们的思想,思想是物质关系的产物,并且随着物质运动生产和现实世界的变化而确定和变化。从社会学角度来看,思想是历史的产物,是社会、个体以及社会和个体的交互作用三个方面相互作用的结果。从思维科学角度来看,思想是思维的结果,思维是思想的基础,两者是相辅相成的。从自然科学角度来看,思想就是大脑产生的信息,是大脑中的特定分子的碰撞,产生电流并引起脑细胞运动的活动。从思想政治教育的角度来看,陈秉公认为,在思想政治教育工作中,思想指思想意识。在人格动力结构中,思想意识在人格三级结构(人格需要力、人格判断力、人格动机与行为)中主要存在于人格判断力内,是人格判断力的基本组成部分。思想意识包含人格判断力中的思想道德力量、智慧力量(主要指其中的社会科学知识力量和创造性思维方式等)和反省力量,几乎包含人格判断力的全部,在人格动机、行为选择和判断中具有决定性作用和影响。

关于思想的内涵,目前有以下理解:一是思想是一种理论体系,如马列主义、毛泽东思想、邓小平理论等。二是思想为理性认识的过程及其成果。人们在社会实践中对客观事物的认识,开始是感性认识。毛泽东曾经指出:"这种感性认识的材料积累多了,就会产生一个飞跃,变成理性认识,这就是思想。"三是把思想理解为理性认识的过程,即认为思想与思考相通。如黑格尔曾经指出:"当精神一走上思想的道路……它可以立即发现,只有(正确的)方法才能够规范思想,指导思想去把握实质,并保持于实质中。"[1]这里把思想看作动态的过程。四是把思想理解为一个多要素的综合系统,认为其"有直接支配人的行为的因素——动机系统,包括需要、兴趣、动机等;有调节人们行为动机的系统——心理过程系统,包括认识、情感、信念、意志、习惯等;有指导人们行为动机的因素——观念系统,即人们的认识内容和认识水平"[2]。

总之,结合上述思想,作者认为思想来源于社会实践,是大脑的机能,属于

---

① 〔德〕黑格尔. 小逻辑:第 2 版 [M]. 贺麟,译. 北京:商务印书馆,1980:5.
② 陆庆壬. 思想政治教育学原理 [M]. 北京:高等教育出版社,1991:3.

精神领域的范畴,并且是由实践到认识过程中形成的理性认识的成果。

(二)思想的结构

1.从内容和形态进行划分

有学者将人的思想从内容和形态两个角度划分,具体如下。① 从内容上来划分,思想的结构包括认知和需求两大类。一是认知类。认知类主要是指主体对客体本身在固有面貌、本质和规律等方面的认知水平的标识,包括世界观、方法论和各种具体认知观等内容。① 世界观,也被称为宇宙观,指人们对世界的根本看法,世界观的基本内容包括世界的物质属性和精神属性;世界存在的发展与静止;世界范围的无限性和有限性;世界未来的可知性和不可知性。在认知系统中,世界观处于"总管"地位。② 方法论指人们认知和改造世界的思想方法和工作方法。方法论制约着人们的认识水平和工作能力。③ 各种具体认知观是指人对客体的主观看法,包括是非判断、喜恶、褒贬等。例如历史观是指对社会历史的看法;国家观是指对国家的看法;政治观是指对政治的看法。李屏南认为认知还有其他角度的划分,例如理性认识与表征认识;抽象认识与具象认识等等。二是需求类。需求类主要指客体对主体的需要,具体可以分为理想系列和价值系列。① 理想系列指主体对客体的憧憬、展望和追求,具体包括社会理想、道德理想、职业理想和生活理想等内容。② 价值系列指客体对主体的有用性,包括客体的物质价值、精神价值和人的价值等内容。李凯城也认为,所谓思想,主要指人的需求系统和认知系统以及二者的结合。②

从形态上来划分,思想的结构主要有四个,即多向性、多层性、多面性和多点性。③ ① 多向性指个人思想的构成因子不是单向和同向的,每个主体的思想结构都具有多种属性的因子。例如我们肯定或者否定一个人,主要看其

---

① 李屏南. 论人的思想结构 [J]. 湖南师范大学学报(社会科学版),1997,26(5):24-25.

② 李凯城. 红色管理:毛泽东管理思想的当代应用 [M]. 北京:当代中国出版社,2012:152-153.

③ 李屏南. 论人的思想结构 [J]. 湖南师范大学学报(社会科学版),1997,26(5):24-26.

主导的思想属性,但肯定还有其他异向的思想因子。② 多层性指思想可以分为多个层次,就像阶梯式的目标。例如社会理想包括祖国统一、实现现代化、坚持党的基本路线、努力建设有中国特色的社会主义等阶梯式的层次和目标,最后一级的目标就是为实现共产主义而奋斗。③ 多面性指思想像一个棱柱体,由多面投射组成。一种本质思想的投射虽然具有多面性,但具有相互对应的一致性。④ 多点性中的点指感知,感知上升到理性认识需要多次感知的实践。思想的这四点形态结构体现的是从点—面—层—向的一个过程。关于思想的结构图见图 1-3-1。

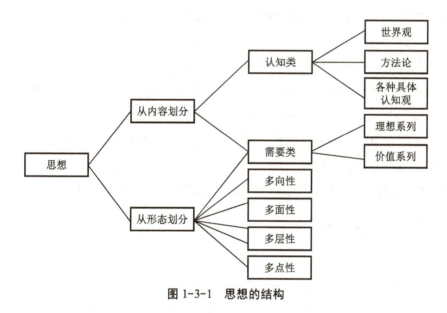

图 1-3-1　思想的结构

2. 思想系统的自组织

有学者认为思想发展是在由社会存在和人的实践决定的基础上,在思想的矛盾推动之下,通过思想的自组织活动即不断自我构造来实现的过程,思想系统的自组织活动的基本内容包括:思想自组织活动的基础、内在动力、实现机制、基本过程和目的。① ① 思想自组织活动的基础是外来信息与已有思想系统以实践为中心的相互作用。已有的思想系统存在于人的大脑中,是各

① 罗剑明. 论人的思想系统的自组织 [J]. 湖南师范大学学报(社会科学版),1992(1):116-119.

种思想要素相互结合形成的统一体。已有的思想系统不是一成不变的，而是不断发展变化的，变化的源泉则是外来信息。大脑对外来信息的选择和整理是已有思想系统对信息的规范和解释的过程，并吸纳到已有思想系统中去，使思想系统保持相对稳定性，并适应外部环境。② 思想自组织活动的内在动力是思想系统的内部矛盾。思想系统的内部矛盾具体表现为思想的涨落，根据涨落对稳定性的影响可以分为微涨落和巨涨落。微涨落指使思想系统发生微弱变化，不影响其整体性和稳定性；巨涨落指影响思想系统的整体稳定性的一种形式。① 根据涨落对思想的发展方向和作用，可以分为正向涨落和反向涨落。正向涨落是指能够推动人的思想发展的涨落形式；反向涨落是指阻碍思想系统进化发展的涨落形式。③ 思想自组织活动的实现机制是主体意识的我对客体意识的我进行充实、修正、调整或重组的过程。这一过程包括自我认识、自我评估、自我调整和自我控制四个内容和步骤。④ 思想自组织活动的基本过程包括思想的同化和顺应。思想的同化指组织外来信息使其成为原有思想结构的组织部分，是思想发展的量变阶段。思想的顺应指外来信息使原有思想结构发生变化并且形成新的思想结构的一个过程。⑤ 思想自组织的目的是使思想从无序到有序，从低级有序到高级有序。

（三）思想的类型

1.狭义的划分

从思想政治教育的角度，分为思想认识与思想意识两大类。② 从个体层面的划分即狭义的角度，每种类型又可以分为几种形式，具体如下：

思想认识是指人们对客观世界的认知水平。思想认识形式主要有世界观、人生观和价值观三种，它们的评价方式是正确与否。世界观指人们对世界或宇宙的基本看法和观点。人生观指在社会实践中形成的人们对于人生目的和意义的根本看法。价值观指人认定事物、辩定是非的一种思维或取向。世界观是人生观、价值观的理论基础和方法论基础，世界观是事实判断和价

① 罗剑明．论人的思想系统自我构成的辩证过程［J］．社会科学，1991（6）：44-48.
② 教育部社会科学研究与思想政治工作司．思想政治教育学原理［M］．北京：高等教育出版社，2004：72.

值判断的统一,而人生观的核心是价值观。

思想意识主要包括动机、理想和品质。[①] 思想动机指人们为了满足一定的需要、愿望,实施某种行为是激励人们行为发生的内在动力。理想是指对未来的现实要求,是主体有目的、有意识地对客观现实的再创造和对主体自身的再塑造,是主体的价值目标和价值追求。品质指个体通过语言和行为等内容表现的思想意识和道德品行的本质,它是社会或阶级的思想政治原则和道德规范对个人要求的体现。

2. 广义的划分

从广义上来分,思想划分为政治思想、社会思想和个人思想三种类型。政治思想指社会成员在政治范畴中所形成的个体的观点,它受到上层建筑的影响,是人们对政治活动、政治现象、政治关系及其矛盾运动的自觉反映,是政治文化的一种表现形态。社会思想是人们在社会实践中形成的关于社会生活、生活问题、生活模式的观念、构想或理论,这属于理论社会学的范畴。个人思想主要是个体将理论知识与社会实践融会贯通,形成的具有一定社会规范约束性的社会化的思想。

第四节 接受视域下大学生全面发展的含义

一、接受视域下关于心理、意识与思想的哲学探讨

黑格尔认为,"意识是一种第三者的东西"[②]。意识既不是存在也不是思维,而是两者结合产生的第三者。马克思和恩格斯也指出:"意识在任何时候都只能是意识到了的存在。"列宁则说:"意识是反映存在的,这是整个唯物主义的一般原理。"[③] 上述这些论述都揭示了意识的本质,意识作为对存在的反映,也就是对思维认识的定格。在认识活动中思维形成了对某种事物的代

---

① 教育部社会科学研究与思想政治工作司. 思想政治教育学原理 [M]. 北京:高等教育出版社, 2004:73.

② 〔德〕黑格尔. 小逻辑:第2版 [M]. 贺麟,译. 长春:吉林出版社, 1982:13.

③ 〔苏〕列宁. 唯物主义和经验批判主义 [M]. 中共中央马克思恩格斯列宁斯大林著作编译局,译. 北京:人民出版社, 1960:324.

号和编码,这种过程使意识明晰化和稳定化。

(一)意识与思想的关系

思想同意识具有一致性。洛克认为,"意识同思想是离不开的",而且"意识是思想绝对必需的,因为人既然发生知觉,则他便不能不知觉到自己知觉的"。思想和意识作为人脑的产物,都是人脑思维对客观现实的一种反映。国内学者吴元润提出意识是思维与思想的辩证统一,即在能动的思维基础上所体现的思想运动与在思想指导下进行的思维运动的辩证统一,构成了意识的基本内涵。[①] 刘怀惠认为意识、思想、精神都是思维的派生物。意识作为对存在的反映,是对思维认识的定格。[②] 意识通过思维体现其能动性,通过思想体现其自觉性。黑格尔说:"思想,是思维与存在的统一。"[③] 思想不是一般的意识,是主体反映客观现实的一种态度,它体现了主体的喜恶偏见。同样的事物,不同人看待的观点不同,原因不是事物本身的差别,而是主体在反映中态度的差别。

(二)心理与意识的关系

很多哲学家没有区分意识和心理的概念,而是作为同义语来使用。意识与心理活动的密切关系,不是隶属于心理活动的分类关系,而是统领的关系。马克思曾经提出:"观念的东西不外是移入人的大脑并在人的头脑中改造过的物质的东西而已。"这段话也印证了意识本身不是物质性的,而是人脑形成的主观性的内容,是人经过心理活动形成的东西。意识和心理具有统一性。人的心理活动是自觉能动地反映和改造客观世界,而动物的一切心理活动都是本能的,是在消极适应环境中形成的。因而"在社会历史领域内进行活动的人,全是具有意识的"人,意识是人性之本,是心理活动的核心。离开意识就无从探讨人的心理的实质,也无法揭示人的心理活动规律。

---

① 吴元润. 思维与思想的辩证统———是意识的基本内涵 [J]. 淮阴师专学报(社会科学版),1983(4):21.

② 刘怀惠. 论思维的哲学本质 [J]. 郑州大学学报,1993(4):88.

③ 〔德〕黑格尔. 哲学史讲演录 [M]. 贺麟,王太庆,译. 北京:商务印书馆,1978:292.

二、接受视域下心理、意识与思想的心理学探讨

不同学派的心理学家对心理学的研究对象的观点也不相同,在对意识与心理的关系的看法上存在着差异。19世纪末,以冯特为代表的构造主义学派,主要用实验内省法研究意识经验,他们认为意识经验可以分为感觉、意象和感情三个基本因素,心理活动是这些基本因素的整合。心理学则是研究心理、意识事实的经验科学。以詹姆士为代表的机能主义学派则认为,心理学是描述和解释意识状态的科学。意识是动态的、持续的过程,也可以成为意识流。构造主义强调意识的结构,机能主义强调意识的机能,两者的观点不同。行为主义心理学派则摒弃了内省法的意识研究,主张用刺激—反应的公式去研究行为,将意识排除在心理学研究范围之外。格式塔心理学派把意识经验和行为都作为心理学的研究内容,但研究的对象是整体,探讨心理的内在规律的完整历程。精神分析学派则认为意识分为意识和潜意识。潜意识不能为人们所感知到,包括原始的本能和欲望。精神分析心理学派强调潜意识的重要性,认为心理学的研究对象主要是各种潜意识的精神过程和内容。人本主义学派提出了自我实现论,主张心理学应该研究健康正常的人,探讨如何发挥人类的潜能。20世纪50年代末兴起的认知主义学派则主张以信息加工的特点揭示内部心理机制。现代心理学一般把心理作为心理现象或心理活动的简称,并且认为心理是一个不同水平、不同层次和不同功能的动力系统。心理学不仅研究有意识的心理活动,也研究无意识的心理活动,既要研究内部心理机制,也要研究外部行为和生理机制,并且把意识和行为统一起来进行研究。

心理学没有专门探讨思想的概念,但是深入地探讨了思维这一认知活动。思维在心理学中的概念是人脑对客观事物间接和概括的认识过程。它和感知觉一样,都是人脑对客观现实的反映,是心理活动的一部分。思维属于心理活动中的认知过程,反映事物内在规律和本质特征。思维是在感知觉的基础上发展起来,不但不会脱离社会现实,反而会更深刻地反映客观现实。正如毛泽东所说:"理性认识依赖于感性认识,感性认识有待于发展到理性认识。"思维和思想的关系,正如上述,思维包括理性和感性思维,而思想就是上升到理性的思维内容,是思维的结果和精华。也有人把思想理解为思维中

的判断,一个判断即代表一个思想,思想不仅包括对客体的内部规律和本质的认识,还包括人改造客观世界的目的和计划。① 总之,思维是思想的基础,思想是思维活动的结果,是思维的形式之一,思维和思想是密切联系在一起的。在心理学中,思想是属于思维的范畴。

综上所述,心理学的研究内容是心理现象或心理活动,而意识是心理的一部分。心理即包括动物心理,也包括人的心理;而人的心理活动即包括意识层面的心理活动,也包括无意识层面的心理活动。我们这里所谓的意识是意识层面的心理活动,包括知、情、意等内容。思想属于思维的范畴,思维属于心理过程中的认知活动,而认知活动则属于有意识的心理活动。思想、意识与心理的关系如图 1-4-1 所示。

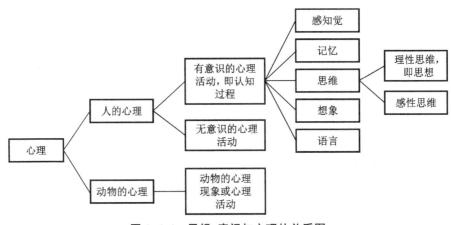

图 1-4-1　思想、意识与心理的关系图

三、接受视域下心理、意识与思想的密切联系

(一)心理、意识与思想产生的物质基础都是人的大脑

哲学家约·狄慈根认为,"思想是脑机能与某种对结合而生之子"②。恩格斯指出,研究"什么是思维和意识,它们是从哪里来的,那么就会发现,它们

---

① 张桂祥. 精神意识心理认识思维思想观念等概念的差异 [J]. 华东石油学院学报(社会科学版),1988(1):64.

② 〔德〕狄慈根. 狄慈根哲学著作选集 [M]. 杨东莼,译. 北京:生活·读书·新知三联书店,1978:20.

都是人脑的产物"。列宁也曾指出："心理的东西、意识等等是物质（即物理的东西）的最高产物，是叫做人脑的这样一块特别复杂的物质的机能。"心理是大脑的机能、活动过程或运动。意识活动是通过人脑对外界刺激的一系列反射活动实现的。思想是人脑能动地反映客观事物的过程。总之，心理、意识与思想都是人脑的产物，是大脑的机能。

（二）心理、意识与思想的产生都是以客观现实为源泉

马克思曾经指出："意识一开始就是社会的产物，而且只要人们存在着，它就仍然是这种产物。"①"思想是物质关系的直接产物……是物质生活过程的必然升华物"，"直接参与人们的物质活动，与人们的物质交往……交织在一起"②。只有物质的大脑，还不能产生心理、意识与思想。只有当大脑的机能与客观现实相结合时，才会产生人的心理、意识与思想。心理、意识与思想都是需要现实基础的，这种现实基础主要来源于社会、个人以及社会和个人的交互作用。

（三）心理、意识与思想的产生都是以实践为桥梁

恩格斯说，"劳动创造了人类本身"。在社会化劳动中，劳动工具是社会实践的产物，凝结了人们的社会劳动经验。在劳动实践中，人的心理得到发展。马克思认为："意识一开始就是社会的产物，而且只要人们存在着，它就仍然是这种产物。"③意识的发展是社会实践的结果，意识的产生和发展离不开人类的生产劳动。马克思在《关于费尔巴哈的提纲》中说："人的思维是否具有客观的真理性，这并不是一个理论的问题，而是一个实践的问题。人应该在实践中证明自己思维的真理性，即自己思维的现实性的力量，亦即自己思维的此岸性。关于思维——离开实践的思维是否现实的争论，是一个纯粹经院哲学的问题。"④思想是随着物质运动实践和现实世界变化而确定和变化的。总之，人类的心理、意识与思想都以实践为桥梁，不断得到发展和变化，

---

① 马克思恩格斯选集. 第1卷 [M]. 北京：人民出版社，1995：181.
② 马克思恩格斯全集. 第3卷 [M]. 北京：人民出版社，1965：7.
③ 马克思恩格斯选集. 第1卷 [M]. 北京：人民出版社，1995：181.
④ 马克思恩格斯全集. 第3卷 [M]. 北京：人民出版社，1960：7.

以适应社会环境的需求。

（四）心理、意识与思想的产生属于精神领域的范畴

大脑属于客观物质范畴,心理、意识与思想都属于精神领域的范畴。心理、意识与思想都是主观的,都具备精神属性,属于主观范畴。心理是对客观现实的主观反映;意识是存在在社会精神领域的反映,是精神现象的综合;思想是认识活动的高级形式。笛卡尔认为:"思维是精神的本质,精神必定永远在思维。"[①] 在柏拉图的哲学中,思维即指人的认识本身或者人的意识活动。恩格斯指出:"我们的意识、思维不管它怎样好像是超感觉的东西,总是物质实体奇怪的产物,人脑的产物。"相对于物质而言,心理、意识和思想都是第二性的,非独立性的,在强调三者的本质属性时,都会与对立的物质属性相对比进行探讨。

四、心理、意识与思想的广义和狭义的区分

在学科分类上,研究思维活动规律、形式和过程的科学,叫做思维科学。而专门研究心理现象和心理活动规律的科学则叫做心理学。"意识"在哲学意识论领域中经常被使用,现在也是心理学领域的研究热点;"认识"在认识论领域中经常被使用。因而在不同领域以及不同门类中科学使用这些概念时,要符合各自领域的使用习惯,在不同学科之间,它们的内涵和外延也会存在一定的差异。

心理又被称为心理现象,从个体层面来讲,表现为心理过程和个性心理特征。认知、情绪情感和意志是以过程的形式存在的,它们都要经历发生、发展和消失的不同阶段,所以属于心理过程。个性心理特征是指一个人区别于他人的,在不同环境中一贯表现出来的,相对稳定的影响人的外象和行为模式的心理特征的总和,包括需要、动机、能力、气质、性格等。从广义层面来讲,心理既包括动物心理,也包括人类的心理。

意识从个体层面来讲,是心理的高级反映形式,是以思维为中心,将感觉、知觉、记忆、表象等联系起来的心理活动。从社会层面来讲,意识包括个

---

① 〔英〕罗素. 西方哲学史(下)[M]. 张作成,译. 长春:吉林大学出版社,2005:672.

体意识、群体意识和社会意识,个体意识主要指自我意识和个体对环境的意识。群体意识包括在一定的群体范围内形成的感情、风俗、习惯、信念等内容,并构成阶级心理、民族心理、行业心理、时代心理等等。

思想从个人层面来讲,主要体现为一个人的世界观、人生观、价值观、道德观等。从社会层面来讲,思想是人们提炼出来的稳定的、系统化的、理论化的内容。一方面是带有政治色彩的思想,包括宗教、哲学、艺术、道德以及大部分社会科学等内容;另一方面是社会思想,即包括自然科学和一部分社会科学。

综上所述,我们可以把意识、心理和思想的关系从狭义和广义的角度分别列出一个简单的结构图来,具体见图1-4-2和图1-4-3。

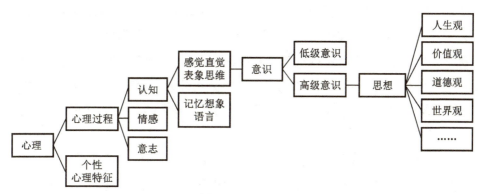

图 1-4-2　意识、心理和思想的狭义结构

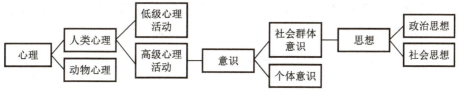

图 1-4-3　意识、心理和思想的广义结构

五、接受视域下大学生全面发展的含义

(一)人的发展过程中心理与思想的有机统一

心理现象是物质的产物,是物质内容发展到一定阶段才出现的。地球生命开始分化出动物之后,动物发展到机体出现神经系统,才开始出现最简单的心理现象。无脊椎动物的心理发展仅限于感觉阶段,低等脊椎动物的心理发展仅限于知觉阶段,高等脊椎动物的心理发展到思维萌芽阶段。动物心理

发展到思维萌芽阶段,已经达到了相当高的水平,为人类意识的产生和人类抽象思维的发展奠定了基础。

人类意识的产生起源于劳动。马克思和恩格斯明确指出,人"把自己和动物区别开来的第一个历史行动并不是在于他们有思想,而是在于他们开始生产自己所必需的生活资料"。恩格斯说:"劳动是从制造工具开始的。"当真正的劳动出现,类人猿就转变成真正的人类,从被动适应自然界的简单模式进入了以劳动为基础能动改造自然界的人类社会了,当人类产生的同时,人类的意识也就随之产生了。

人类意识的产生,促进了自我意识的发展,人类社会出现了语言、符号,随之思想便产生了。语言和符号不仅是思想的载体,并且也是思想的推动力。伴随着意识和自我意识的发展,人类的思想也不断地从低级状态向高级状态提升。① 思想对人类社会的发展有着重要的作用。苏格拉底曾经说过,"没有思考过的生活是不值得过的"。只有思考,人类社会才会进步和发展,我们才能从原始社会进入文明社会,从石器时代发展到现在的高科技文明。思想是人类思考的精华。

综上所述,心理不是人所独有的,动物也有心理。但意识和思想是人所独有的。意识是心理的高级反映形式,意识的基础是心理,高级心理现象即表现为人类的意识。心理从个体从出生以后就已经开始,但意识只有在一定年龄阶段后才会出现。思想出现得更晚,只有当个体掌握了基本的言语之后,才能形成初步的思想。思想的基础是意识,动物不需要思想,因为动物还没有产生意识。思想是人类思维的结果,是人类意识发展过程中形成的经验性和总结性内容。人类意识活动中的精华或者被大家认可的理性思维内容,可以被称为思想。个体只有达到心理与思想的有机统一才能称之为完整的个体。

(二)人的发展过程中心理与思想的社会稳定性

心理的实质更多是指向个体的,具有自然性、情境性、自发性和易变性等特点。个体自觉的神经活动体现了心理自然性;个体容易受外部事物和环境

① 张曙光.思想及其当代意义[J].思想政治工作研究,2014(4):18.

的影响体现了个体的情境性;个体对外界事物的情绪反映体现了心理的自发性;个体心理随着外界条件的变化而产生的变化体现了个体心理的易变性。

意识既具有个体性也具有社会性,因而有个体意识和社会群体意识两种形式。个体意识是在人类发展的基础上出现的。原始社会初期没有个体意识,只有群体性的意识,随着人类社会的发展逐渐出现个体意识。个体意识的出现意味着个体指导个体自身的存在以及个体与群体的关系。由于人与人之间的各种差异,包括感知觉能力、思维能力和情绪反映的差异,人们的意识也是不相同的。存在决定意识,处于不同环境下的个体,其意识内容也不相同。社会群体意识是社会精神现象的总和,是社会的物质生活过程在社会精神领域中的反映。社会群体意识包括社会心理以及社会意识形式,也包括社会中的人的一切意识要素和观念形态。个体意识和社会意识既有区别也有联系。社会群体意识以个体意识为基础,个体意识也受到社会群体意识的影响,两者可以相互转化。

思想指客观存在反映在人的意识中,经过思维活动而产生的结果,具有社会性、稳定性和政治性等特点。马克思和恩格斯指出:"不言而喻,人们的观念和思想是关于自己和关于人们的各种关系的观念和思想,是人们关于自身的意识,关于一般人们的意识(因为这不是仅仅单个人的意识,而是同整个社会联系着的单个人的意识),关于人们生活于其中的整个社会的意识。"从社会性上来看,它是个体对社会的态度,不是纯粹个体的思想,带有一定的社会性;从稳定性上来看,它体现了个体的世界观、人生观和价值观,一旦形成便难以发生改变。从政治与道德倾向性看,它不是简单的生活类的问题,带有一定的政治色彩和道德色彩。思想的内容由社会制度的性质和人们的物质生活条件所决定。

综上所述,心理是变化的、发展的,外界刺激的变化随时可引起心理的波动。意识则是心理的高级反映形式,高级心理活动即转化为个体的意识。意识既具有个体性,也具有社会性,个体意识是不稳定的,受外界环境变化的影响;社会群体意识则相对稳定,是在一定社会环境下存在的相对稳定的意识。当意识进入社会群体意识层面,就有可能转化为思想。思想在一定社会文化范围内是稳定不变的,并且带有一定的社会性和政治性。

（三）接受视域下大学生的全面发展

个体只有达到心理与思想的有机统一才能称之为完整的个体。接受视域下大学生的全面发展指大学生的科学文化素质、思想道德素质和心理健康素质的和谐统一发展。因此,大学生不仅应具有扎实的基础知识和开拓创新的能力,更要具有正确的思想政治素质和良好的心理素质,才能成为全面发展的个体。大学生心理健康教育与思想政治教育是高校素质教育的重要内容,培养全面发展的大学生是两者的根本目的。坚持心理健康教育与思想政治教育相结合,两者相互补充,相互渗透,是促进大学生全面发展的重要途径和手段。

第二章

接受视域下大学生心理状况的实证研究

通过对贫困大学生心理健康状况的实证分析、大学生主观幸福感的实证分析、大学生心理健康与主观幸福感的相关研究分析、大学生学习满意度的实证分析研究，全面了解大学生的心理健康状况，可为提升大学生的心理素养提供有效参考和依据。

第一节　贫困大学生心理健康状况的实证分析

一、研究对象

调查对象为某高校四个年级的 22524 名学生。其中男生 15950 人，女生 6574 人；城市 6600 人，农村 15924 人；应届 12749 人，往届 9775 人；文科 19438 人，理科 3086 人；2006 级 5067 人，2007 级 4996 人，2008 级 5905 人，大四 6556 人；贫困生 5228 人，非贫困生 17296 人。

其中，贫困生的认定是依据某高校家庭经济困难学生认定工作实施办法，具有一系列详细的评定标准。贫困生的学生分布如下：男生 3457 人，女生 1771 人；应届 2513 人，往届 2715 人；城市 515 人，乡村 4713 人；文科 754 人，理科 4474 人；2006 级 1077 人，2007 级 1219 人，2008 级 1371 人，大四 1561 人。

二、研究方法

大学生人格问卷（University Personality Inventory，简称 UPI），由 63 道题目组成，UPI 的测试结果将学生分为三类：一类学生可能存在明显的心理问题,二类学生可能存在心理不适,三类学生属于心理比较健康者。

研究数据录入、转化工作采用上海惠诚咨询有限公司的"大学生心理健康测评系统 5.0",运用社会科学统计软件 SPSS12.0 进行统计学分析。

三、研究结果

(一) UPI 分类情况

以贫困类型(贫困、非贫困)为自变量,以 UPI 得分为因变量,进行独立样本 t 检验。结果表明,贫困生的 UPI 得分显著高于非贫困生($M_贫$= 11.25,$M_{非贫}$= 10.28;t = 5.506,P < 0.001)。

贫困生与非贫困生的 UPI 类别率分布如图 2-1-1、图 2-1-2 所示,贫困生的一类率和二类率都高于非贫困生。

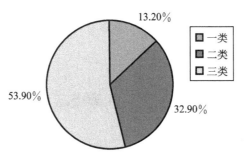

图 2-1-1　贫困生的 UPI 类别率分布

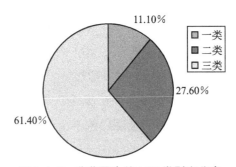

图 2-1-2　非贫困生的 UPI 类别率分布

(二) 关键题目选择情况

通过对关键题目选择情况的分析,可以看出贫困生与非贫困生在对关键题目的选择率中,只有第 63 题"曾经接受过心理咨询"贫困生的选择率低于非贫困生,在第8题、16题、25题、62题和63题上,贫困生的选择率都高于非贫困生。

表 2-1-1 关键题目选项对照表

题号	题目内容	贫困生		非贫困生	
		人数	百分比%	人数	百分比%
8	自己的过去和家庭是不幸的	819	15.7	1129	6.5
16	常常失眠	487	9.3	1302	7.5
25	想轻生	110	2.1	341	2.0
26	对任何事都没兴趣	352	6.7	1056	6.1
62	曾经觉得心理卫生方面有问题	1003	19.2	2640	15.3
63	曾经接受过心理咨询	175	3.3	868	5.0

(三)贫困生与非贫困生各题目的选择率情况

本研究分别将贫困生与非贫困生的选择率予以排序,进一步分析贫困生与非贫困生存在的主要问题,得分位于前10位的题目分别见表2-1-2和表2-1-3。结果表明,贫困生与非贫困生关注的前10位题目中都有9道题目是相同的,即第52题、22题、14题、58题、27题、38题、57题、53题和60题;不同的题目是贫困生的"缺乏自信心"(38题)和非贫困生的"缺乏耐力"(28题)。

表 2-1-2 贫困生 UPI 问卷中做肯定回答的前 10 位题目

题号	题目内容	选择人数	百分比%	排序
52	对任何事情不反复确认就不放心	2590	49.5	1
22	爱操心	2420	46.3	2
14	思想不集中	2391	45.7	3
58	在乎别人视线	2387	45.7	4
27	记忆力减退	2060	39.4	5
29	缺乏判断能力	1971	37.7	6
38	缺乏自信心	1953	37.4	7
57	总注意周围的人	1941	37.1	8
53	对脏很在乎	1891	36.2	9
60	情绪易被破坏	1870	35.8	10

表 2-1-3　非贫困生 UPI 问卷中做肯定回答的前 10 位题目

题号	题目内容	选择人数	百分比%	排序
14	思想不集中	8107	46.9	1
58	在乎别人视线	7891	45.6	2
52	对任何事情不反复确认就不放心	7854	45.4	3
22	爱操心	7212	41.7	4
53	对脏很在乎	6847	39.6	5
57	总注意周围的人	6511	37.6	6
28	缺乏耐力	6387	36.9	7
60	情绪易被破坏	5805	33.6	8
27	记忆力减退	5775	33.4	9
29	缺乏判断能力	5384	31.1	10

（四）贫困生不同类别的变量在 UPI 总分上的差异

分别以贫困生的性别、文理科、城乡、应往届为自变量，以 UPI 总分为因变量，进行独立样本 t 检验。结果表明，性别在 UPI 总分上存在显著差异，女生的 UPI 总分显著高于男生。在城乡、文理科和应往届维度上不存在显著差异。

表 2-1-4　不同类别的变量在 UPI 总分上的差异

变量		人数	均值	标准差	t 值	P 值
性别	男	3457	11.08	8.300		
	女	1771	11.59	8.026	−2.120	0.034
城乡	城市	515	11.43	7.915		
	农村	4713	11.23	8.244	0.513	0.608
文理科	理科	4473	11.26	8.217		
	文科	753	11.20	8.191	0.180	0.857
应往届	应届	2513	11.25	7.971		
	往届	2715	11.25	8.429	0.028	0.978

（五）贫困类型与性别的交互作用对 UPI 各题目得分的影响

以贫困类型（贫困、非贫困）、性别（男、女）为自变量，以各题目 UPI 得分为因变量，进行多因素方差分析。结果表明，在第 55 题、47 题、44 题、33 题和4题上,贫困类型与性别的交互作用显著。

进一步简单效应分析表明,贫困男生在第47题、44题、33题和4题上得分显著高于非贫困男生。贫困女生在第55题和44题上得分显著高于非贫困男生。在其他题目上均不存在显著差异。

三、讨论分析

(一)贫困生心理健康状况分析

通过分析数据表明,贫困生在UPI总分上显著高于非贫困生,并且贫困生的一类率和二类率都高于非贫困生,贫困生、非贫困生的一类率分别为13.20%、11.10%。这说明贫困生心理健康状况要差于非贫困生。以往研究也表明,贫困生的心理健康状况要比非贫困生差,这与城乡环境的差距、贫困生的家庭环境、文化教育等因素有密切关系。大部分贫困生来自于农村或偏远地区,由于我国城乡环境差别较大、社会生活环境和教育环境与城市相比都存在较大差距以及农村的教育资源落后,贫困生在文体技能、计算机水平、操作技能、知识素养等各方面综合素质都落后于其他学生,这使得贫困生一入学就会产生心理落差,出现退缩、自闭等不良心态。

(二)贫困生各题目选择率情况

结果表明,贫困生与贫困生都关注"对任何事情不反复确认就不放心""爱操心""思想不集中""在乎别人视线""记忆力减退""缺乏判断能力""总注意周围的人""对脏很在乎""情绪易被破坏"9个方面的问题。不同之处在于贫困生更加"缺乏自信心",而非贫困生更加"缺乏耐力"。首先,对于贫困生与非贫困生共同存在的问题,大学生进入高校后,普遍要面对理想与现实、学习环境的变化、角色变化等方面的挑战,由于对生活环境的不适应、学习方法的不妥当和对现实状况的不满意,大学生会出现各种适应性问题,例如"对任何事情不反复确认就不放心""爱操心""记忆力减退"等问题。此外,大学生正处于社会化的初级阶段,人际交往在他们的生活中占有重要位置,因此更加关注外界环境的影响他们。所以,大学生会出现"在乎别人视线""总注意周围的人""缺乏判断能力""情绪易被破坏"等问题。其次,结果表明,贫困生更加"缺乏自信心"。以往许多研究表明,贫困生存在自卑、缺乏自信心等问题,自卑是贫困大学生比较突出的心理特点。由于贫困大学生消费水平较低,经济开支较低,与一般同学在生活各方面的差距较大,所以容易产生退缩、悲观和失望的心理。这导致个别贫困生存在人际交往不良的问题,逐渐自我封闭,导致性格孤僻。

(三) 贫困生不同类别的变量在 UPI 总分上的差异

结果表明,贫困女生的 UPI 总分显著高于贫困男生;在城乡、文理科、应往届维度上不存在显著差异。贫困生的性别差异可能是由于自然性别的差异和社会价值取向所确立的男性与女性"应然"的价值判断标准所致,贫困女生的问题要多于贫困男生。女生和男生关注问题的角度有所差异,在以往研究中发现,男生关注自己的躯体、认知问题,而女生关注依赖、自卑等情绪问题。女生的问题表现在情绪不稳定、保守、依赖性强、缺乏主见、自我矛盾等方面,而男生则相对粗心、自立,具有较强的自我意识。还有女生的自信心、耐受力、应激方式和应付能力、交往能力往往不及男生,面对困难易紧张焦虑,害怕自己不能很好地解决。而且女生就业现状不比男生,女生就业形势更加严峻,加之社会对女性的不平等依然存在,这使女生对未来多一分担忧。因此在经济条件较差的压力之下,贫困女生的心理健康状况不如男生。

第二节　大学生主观幸福感的实证研究

主观幸福感(Subjective Well-Being,简称 SWB)主要是指人们对其生活质量所做的情感性和认知性的整体评价。主观幸福感的研究日益受到人们的关注。由于大学生在我国社会群体中具有较高素质和文化水平,是祖国未来发展的中坚力量,并且大学生正处于自我意识迅速发展,自我同一性确立,人生观、价值观逐渐趋于稳固以及较能客观地认识自我的重要阶段,所以研究大学生的主观幸福感现状有其必要性。

一、被试样本结构分析

本书采用分层抽样法抽取本科生四个年级 2965 人,其中大一 865 人,大二 682 人,大三 731 人,大四 687 人;男生 848 人,女生 812 人;应届 1100 人,往届 560 人。

二、研究工具

大学生主观幸福感问卷由卢会志编制,由21道题目组成,包括外源幸福感和内源幸福感两个因素,其中外源幸福感包括工作满意感、社会信心感和生活充裕感三个维度;内源幸福感包括社会性成熟感、人际和谐感、个性成熟感和主导心境四个维度。量表采用6点计分法,要求被试根据自己的实际,就生活中所遇到的一些情况、一些做法或看法,仔细阅读每道题目,并根据自己的第一感觉做出回答。

三、大学生主观幸福感分析

(一)大学生主观幸福感在年级变量上的分析

以年级(大三、大二、大一)为自变量,分别以外源幸福感(工作满意感、社会信心感、生活充裕感)和内源幸福感(社会性成熟感、人际和谐感、个性成熟感、主导心境)为因变量,进行单因素方差分析。结果表明,年级在社会信心感、生活充裕感、人际和谐方面存在显著差异,在外源幸福感、内源幸福感和总体幸福感上存在显著差异。

事后比较分析表明,在社会信心感上,大一学生得分显著高于大二和大三学生,大二和大三之间没有显著差异;在生活充裕感上,三个年级两两之间均存在显著差异,具体表现为:随着年级升高,生活充裕感($F = 17.877$,$P < 0.001$)显著降低;在人际和谐($F = 4.616$,$P < 0.001$)上,大一学生显著高于大三学生,其他年级之间没有差异。在外源幸福感($F = 9.455$,$P < 0.001$)和总体幸福感($F = 8.342$,$P < 0.001$)上,大一学生得分显著高于大二和大三学生,大二和大三之间没有显著差异。

表2-2-1 不同年级在主观幸福感水平上的差异分析

维度	大一		大二		大三		F值
	M	SD	M	SD	M	SD	
工作满意感	10.9075	3.08815	10.7319	3.12397	10.8864	2.71198	0.596
社会信心感	12.4194	3.02548	12.6308	3.14369	13.1451	2.77434	8.346***
生活充裕感	12.5183	3.26162	13.1990	2.90285	13.6206	2.76413	17.877***
外源幸福感	35.8452	7.10131	36.5618	7.04891	37.6521	6.17205	9.455***

维度	大一		大二		大三		F 值
	M	SD	M	SD	M	SD	
社会性成熟感	14.4516	2.37224	14.4334	2.49468	14.7360	2.17579	2.948
人际和谐感	13.9656	2.52379	14.2424	2.55499	14.4423	2.46129	4.616***
个性成熟感	12.4172	2.63148	12.4061	2.67183	12.6399	2.35910	1.507
内源幸福感	52.2280	6.69370	52.3258	6.84026	53.2290	6.23040	3.879***
总体幸福感	88.0731	11.86449	88.8876	11.99907	90.8811	10.81867	8.342***

（二）大学生主观幸福感在性别变量上的分析

以性别（男、女）为自变量，分别以外源幸福感（工作满意感、社会信心感、生活充裕感）和内源幸福感（社会性成熟感、人际和谐感、个性成熟感、主导心境）为因变量，进行独立样本 t 检验。结果表明，性别在工作满意感、生活充裕感、人际和谐、主导心境和内源幸福感上有显著差异，具体表现为：在工作满意感、个性成熟感上，男生得分显著高于女生；在生活充裕感、主导心境、内源幸福感和总体幸福感上，女生得分显著高于男生。

表 2-2-2　不同性别在主观幸福感水平上的差异分析

维度	女		男		T 值
	平均数	标准差	平均数	标准差	
工作满意感	10.6626	2.74829	10.9988	3.17402	2.310*
社会信心感	12.8522	2.71822	12.6498	3.24683	1.380
生活充裕感	13.3842	2.81008	12.9328	3.14265	3.088**
外源幸福感	36.8990	6.20009	36.5814	7.34593	0.954
社会性成熟感	14.6404	2.17059	14.4493	2.52071	1.657
人际和谐感	14.6047	2.25395	13.8785	2.70434	5.953***
个性成熟感	12.4446	2.47416	12.5330	2.63548	0.705
主导心境	11.4815	1.96037	11.2111	2.23190	2.626**
内源幸福感	53.1712	6.17812	52.0719	6.95224	3.409**
总体幸福感	90.0702	10.80662	88.6533	12.31187	2.495*

（三）大学生主观幸福感在城乡变量上的分析

以地域（农村、城市）为自变量，分别以外源幸福感（工作满意感、社会信心感、生活充裕感)和内源幸福感(社会性成熟感、人际和谐感、个性成熟感、主导心境)为因变量,进行独立样本 t 检验。结果表明,城乡变量在生活充裕感、社会性成熟感、人际和谐感、个性成熟感,以及外源幸福感和内源幸福感上存在显著差异,城市学生得分显著高于农村学生。

表 2-2-3 城乡学生在主观幸福感水平上的差异分析

维度	农村		城市		T 值
	平均数	标准差	平均数	标准差	
工作满意感	10.7816	3.00183	10.9838	2.90469	1.235
社会信心感	12.7531	3.01575	12.7367	2.96116	0.098
生活充裕感	12.8998	3.08137	13.8730	2.59541	6.376***
外源幸福感	36.4344	7.00405	37.5935	6.15210	3.248**
社会性成熟感	14.4499	2.41928	14.8060	2.15257	2.863**
人际和谐感	14.1532	2.54954	14.4619	2.42175	2.249*
个性成熟感	12.4059	2.58681	12.7275	2.45979	2.307*
主导心境	11.3374	2.11078	11.3603	2.09927	0.195
内源幸福感	52.3464	6.74723	53.3557	6.13415	2.866**
总体幸福感	88.7808	11.93826	90.9492	10.50759	3.559***

(四)大学生主观幸福感在应往届变量上的分析

以届别(应届、往届)为自变量,分别以外源幸福感(工作满意感、社会信心感、生活充裕感)和内源幸福感(社会性成熟感、人际和谐感、个性成熟感、主导心境)为因变量,进行独立样本 t 检验。结果表明,应往届学生在生活充裕感、个性成熟感和总体幸福感上存在显著差异,应届学生得分显著高于往届学生得分。

表 2-2-4 应往届学生在主观幸福感水平上的差异分析

维度	应届		往届		T 值
	平均数	标准差	平均数	标准差	
工作满意感	10.8927	2.98729	10.7196	2.95675	1.124
社会信心感	12.7064	3.00139	12.8321	3.00036	0.807
生活充裕感	13.3436	2.93269	12.7804	3.07450	3.584***
外源幸福感	36.9427	6.78511	36.3321	6.84485	1.723

续表

维度	应届		往届		T值
	平均数	标准差	平均数	标准差	
社会性成熟感	14.5900	2.28619	14.4500	2.49027	1.113
人际和谐感	14.2855	2.55394	14.1321	2.45030	1.188
个性成熟感	12.5882	2.50830	12.2964	2.64298	2.163*
主导心境	11.3609	2.10673	11.3089	2.10950	0.475
内源幸福感	52.8245	6.52211	52.1875	6.75343	1.838
总体幸福感	89.7673	11.55335	88.5196	11.71072	2.062*

（五）大学生主观幸福感在省内外变量上的分析

以省别（省内、省外）为自变量，分别以外源幸福感（工作满意感、社会信心感、生活充裕感）和内源幸福感（社会性成熟感、人际和谐感、个性成熟感、主导心境）为因变量，进行独立样本 t 检验。结果表明，省内外学生在主观幸福感各维度得分没有显著差异。

表 2-2-5　省内外学生在主观幸福感水平上的差异分析

维度	省内		省外		T值
	平均数	标准差	平均数	标准差	
工作满意感	10.8882	2.99145	10.5509	2.89040	1.731
社会信心感	12.7921	2.99302	12.5208	3.03648	1.337
生活充裕感	13.1914	3.00381	12.9547	2.92809	1.201
外源幸福感	36.8717	6.84623	36.0264	6.57901	1.905
社会性成熟感	14.5419	2.38994	14.5472	2.18089	0.035
人际和谐感	14.2746	2.51906	14.0189	2.51729	1.516
个性成熟感	12.5090	2.58994	12.3887	2.38124	0.743
主导心境	11.3484	2.11822	11.3170	2.05177	0.227
内源幸福感	52.6738	6.69571	52.2717	6.11210	0.967
总体幸福感	89.5455	11.73126	88.2981	10.96507	1.678

（六）大学生主观幸福感各维度得分比较

针对大学生主观幸福感的 7 个因素的评价得分进行对比，结果如表 3-6

所示。结果表明,大学生对主观幸福感7个因素的评价分数较高的是社会性成熟感和人际和谐感,主导心境和工作(学习)满意感得分最低。

表 2-2-6　大学生主观幸福感 7 因素均值比较结果

维度	省内		位次
	平均数	标准差	
工作满意感	10.8343	2.97725	7
社会信心感	12.7488	3.00073	4
生活充裕感	13.1536	2.99224	3
社会性成熟感	14.5428	2.35719	1
人际和谐感	14.2337	2.51976	2
个性成熟感	12.4898	2.55746	5
主导心境	11.3434	2.10718	6
外源幸福感	36.7367	6.80938	
内源幸福感	52.6096	6.60589	

四、讨论分析

(一)主观幸福感的年级差异分析

研究结果表明,在生活充裕感、人际和谐、外源幸福感和总体幸福感上,2012级学生幸福感水平最高,2010级最低。以往研究也表明,高年级大学生的主观幸福感水平低于低年级学生的主观幸福感水平(何瑛,2000;朱国文,2011;张琳,2012)。究其原因我们认为有两方面:一方面,2012级学生结束了高考的紧张状态考入大学,心态比较放松,具有良好的情绪状态。2012级学生刚刚脱离高中灌输和填鸭式的高压力学习,进入相对宽松和自由的学习环境,学习压力和生活压力显著降低,使得他们有更加放松的心态。并且与高中相比,在人际交往上自由度更高、接触面更广,使得低年级学生人际和谐感更高,最终体现在总体幸福感水平更高。另一方面,高年级学生学习任务逐渐繁重,尤其2010级学生面临着就业和考研的选择,会更多地去考虑社会现实问题和未来个人发展问题,心理压力较大,使得他们的幸福感水平降低。

（二）主观幸福感的性别差异分析

本次研究中，在工作满意感和个性成熟感上，男生得分显著高于女生；在生活充裕感、主导心境、内源幸福感和总体幸福感上，女生得分显著高于男生。以往有研究表明，女生的主观幸福感显著高于男生（朱晓坤等，2011）；女生在主观幸福感的认知因素即生活满意度上显著高于男生（严标宾，2003）；也有研究表明大学生幸福感不存在性别差异（杨昭宁等，2006）。究其原因可能与研究对象不同、采用不同的量表等因素有关。

研究结果表明，男生在工作满意感和个性成熟感上得分显著高于女生，究其原因，我们认为有两方面。一方面，在工作满意感上，因为本书中的研究对象是工科类院校的大学生，一些专业类科目，需要较强的逻辑思维能力。男生在逻辑思维方面比较擅长，女生在形象思维方面比较擅长，因而在学科设置上，男生的学习优势要高于女生；此外工科学院就业形势男生要好于女生，对口专业的工作单位都倾向于选择男生，使得女生的就业压力偏大，因而女生在学业和就业压力都高于男生，这与本研究结果相一致。另一方面，在个性成熟感上，男生在思考问题时倾向于用理性去判断事物，不容易受外界干扰；女生倾向于用感性去判断事物，外界事物很容易影响到女生的情绪，从而男生在个性成熟感上要优于女生。

研究结果表明，在生活充裕感、主导心境、内源幸福感和总体幸福感上，女生得分显著高于男生。这与中国传统文化价值观有关，传统的观念给了女性太多的宽容，而男性却背负着精神及物质双重的压力，这种不同的角色期待，影响了女性和男性的内在认知判断标准。传统观念对女性的要求更多是从家庭角色的角度，而对男生则更加关注社会地位和事业的成功与否。因而女生在生活充裕感和主导心境上得分高于男生。由于男生和女生的社会期待的差异也会影响幸福感，男生在对未来的发展和规划上面临着更多的压力，承担更多的责任，因而在内源幸福感和总体幸福感上，男生要低于女生。

（三）主观幸福感的城乡差异分析

城乡变量在生活充裕感、社会性成熟感、人际和谐感、个性成熟感，以及外源幸福感和内源幸福感上存在显著差异，城市学生得分显著高于农村学生。郑莉君、韩丹选取浙江省6所高校352名大学生为对象,其调查结果表明,农科学生、经济状况差的学生主观幸福感普遍较低。究其原因,我们认为有两方面。一方面,农村学生与城市学生在文化生活和知识广度等方面存在一定差异。城市学生资源丰富,接触新事物较多,相对于农村单一的学习生活,形成一定的反差,使得农村学生容易产生不自信、退缩的性格,从而使得农村学生的幸福感水平降低。另一方面,物质生活水平的差异,使得农村学生的消费水平低于城市学生,学习和生活的消费压力较大,使农村学生容易产生心情低落、失望等负性情绪,甚至出现心理失衡和扭曲现象。

(四)主观幸福感的应往届差异分析

应往届学生在生活充裕感、个性成熟感和总体幸福感上存在显著差异,应届学生的得分显著高于往届学生的得分。究其原因我们认为,往届生经历过复读一年的压力,面临了更多学业压力和物质生活的考验,因而即使考入大学,他们的心态和应届生存在一定的差异。往届生对学业更加看重,使得他们的学习压力更大。由于复读一年,他们对父母给予的物质条件存在一定的愧疚心理,使他们的生活充裕感降低。其次,由于复读一年,往届生的自我认可度降低,使往届生的个性成熟感低于应届生。这种心理状态的差异,使得往届生的总体幸福感低于应届生。

第三节 大学生心理健康与主观幸福感的相关研究

幸福感的研究日益受到人们的关注。心理健康上的主观幸福感测量研究认为,一个人幸福不幸福,可能更重要的不是他满意不满意,而是他快乐不快乐。该研究取向的一个重要假定是:一个幸福的人首先在于其拥有心理上的健康,而这种健康状态主要反映在人们的情感方面。主观幸福感与心理健康的关系,可以进一步揭示出影响主观幸福感的内外因素,从而有效提高大学生主观幸福感和塑造良好人格的途径,构建基于积极心理学基础上的心理健康教育工作平台。本次研究有助于高校心理健康教育工作的发展与实践,从而有效地提高大学生的心理健康水平,促进大学生综合素质的提升,更好地适应社会发展的需要,具有良好的现实指导意义。

一、研究对象

本次研究中的被试采用分层随机抽样的方法,共发放问卷 1800 份,收回 1700 份,问卷回收率为 94.44％ 。剔除回答不完整和明显的随意回答问卷,得到有效问卷 1660 份,有效率为 92.22％,回收率和有效率都达到问卷调查的要求。

二、研究工具

(一)大学生主观幸福感问卷

大学生主观幸福感问卷由卢会志编制。这一问卷由 21 道题目组成。问卷包括外源幸福感和内源幸福感两个因素,量表采用 6 点计分法,每道题目从"很不认同"到"非常认同"分为 6 个等级的答案。

(二)大学生人格问卷

大学生人格问卷(University Personality Inventory,简称 UPI)。这一问卷是由日本大学心理咨询专家和精神科医生联合编制的。分值越高表明心理健康状况越差。

(三)数理统计方法

运用 SPSS16.0 统计软件对问卷调查所得到的相关数据进行数理统计。

三、大学生心理健康因素与主观幸福感的分析

(一)不同心理健康水平的大学生与主观幸福感的差异分析

以 UPI 分类(一类、二类、三类)为自变量,以外源幸福感、内源幸福感和总体幸福感为因变量,进行单因素方差分析,结果表明,不同心理健康水平的大学生在外源幸福感、内源幸福感和总体幸福感上均存在显著差异。

事后比较分析表明,在外源幸福感和总体幸福感上,三类学生均显著高于一类和二类学生。在内源幸福感上,不同心理健康水平的大学生两两之间均存在显著差异。

表 2-3-1　不同心理健康水平的大学生在主观幸福感上的方差分析

幸福感	类别	人数	均值	标准差	F	显著性
外源幸福感	1	153	34.5817	7.52943	17.956	0.000
	2	284	35.3979	6.76721		
	3	1223	37.3173	6.62997		
内源幸福感	1	153	49.6405	6.67637	27.864	0.000
	2	284	51.3345	6.94990		
	3	1223	53.2772	6.37065		
总体幸福感	1	153	84.2222	12.23897	30.149	0.000
	2	284	86.7324	12.00584		
	3	1223	90.5944	11.17158		

以 UPI 分类(一类、二类、三类)为自变量,以主观幸福感的 7 个因素为因变量,进行单因素方差分析,结果表明,不同心理健康水平的大学生在主观幸福感的 7 个因素上存在显著差异。

事后比较分析表明,在工作满意感、生活充裕感、人际和谐感、个性成熟感和主导心境上,三类学生的得分均显著高于一类学生和二类学生,一类学生和二类学生之间没有显著差异。在社会信心感和社会性成熟感上,三类学生得分显著高于一类学生得分,其余两者之间没有显著差异。

表 2-3-2　不同心理健康水平的大学生在主观幸福感上的方差分析

幸福感	类别	人数	均值	标准差	F	显著性
工作满意感	1	153	10.0915	3.31535	9.902	0.000
	2	284	10.4296	2.91189		
	3	1223	11.0213	2.92591		
社会信心感	1	153	12.2157	3.37549	4.461	0.012
	2	284	12.5000	3.03164		
	3	1223	12.8733	2.93483		
生活充裕感	1	153	12.2745	3.19588	19.420	0.000
	2	284	12.4683	3.25083		
	3	1223	13.4227	2.85642		

幸福感	类别	人数	均值	标准差	F	显著性
社会性成熟	1	153	13.9281	2.72200	6.392	0.002
	2	284	14.4648	2.46003		
	3	1223	14.6378	2.27211		
人际和谐	1	153	13.1765	2.72686	22.789	0.000
	2	284	13.8239	2.49607		
	3	1223	14.4612	2.45381		
个性成熟	1	153	11.6078	2.44475	20.843	0.000
	2	284	11.9577	2.65940		
	3	1223	12.7236	2.50606		
主导心境	1	153	10.9281	2.12474	6.808	0.001
	2	284	11.0880	2.23433		
	3	1223	11.4546	2.06428		

(二)大学生心理健康因素与主观幸福感的相关分析

对大学生心理健康因素与内源幸福感、外源幸福感及总体幸福感进行相关分析,分析的结果如表 2-3-3 所示。结果表明,大学生心理健康因素与内源幸福感、外源幸福感及总体幸福感均呈显著负相关。

表 2-3-3 心理健康各因素与内源幸福感、外源幸福感及总体幸福感相关分析结果

		躯体症状	精神分裂	抑郁症	神经症	总分
外源幸福感	Pearson 相关性	−0.137**	−0.189**	−0.168**	−0.166**	−0.140**
	显著性(双侧)	0.000	0.000	0.000	0.000	0.000
内源幸福感	Pearson 相关性	−0.172**	−0.250**	−0.250**	−0.245**	−0.181**
	显著性(双侧)	0.000	0.000	0.000	0.000	0.000
总体幸福感	Pearson 相关性	−0.178**	−0.253**	−0.241**	−0.237**	−0.185**
	显著性(双侧)	0.000	0.000	0.000	0.000	0.000

对大学生心理健康因素主观幸福感的 7 个因素之间也进行了相关分析。结果表明,大学生心理健康因素与主观幸福感的 7 个因素之间均呈显著负相关。

表 2-3-4 心理健康各因素与主观幸福感的 7 个因素相关分析结果

		躯体症状	精神分裂	抑郁症	神经症	总分
工作满意感	Pearson 相关性	−0.114**	−0.148**	−0.133**	−0.127**	−0.123**
	显著性（双侧）	0.000	0.000	0.000	0.000	0.000
社会信心感	Pearson 相关性	−0.100**	−0.138**	−0.112**	−0.125**	−0.111**
	显著性（双侧）	0.000	0.000	0.000	0.000	0.000
生活充裕感	Pearson 相关性	−0.098**	−0.144**	−0.138**	−0.126**	−0.084**
	显著性（双侧）	0.000	0.000	0.000	0.000	0.001
社会性成熟感	Pearson 相关性	−0.067**	−0.126**	−0.146**	−0.128**	−0.090**
	显著性（双侧）	0.006	0.000	0.000	0.000	0.000
人际和谐感	Pearson 相关性	−0.146**	−0.214**	−0.202**	−0.197**	−0.140**
	显著性（双侧）	0.000	0.000	0.000	0.000	0.000
个性成熟感	Pearson 相关性	−0.137**	−0.215**	−0.217**	−0.235**	−0.168**
	显著性（双侧）	0.000	0.000	0.000	0.000	0.000
主导心境	Pearson 相关性	−0.123**	−0.125**	−0.116**	−0.104**	−0.096**
	显著性（双侧）	0.000	0.000	0.000	0.000	0.000

（三）大学生心理健康因素与主观幸福感的线性回归分析

从以上的分析知道，为了进一步弄清大学生心理健康因素对主观幸福感的影响，对其进行线性回归分析是十分必要的，具体结果见表 2-2-5 至表 2-2-14 所示。

表 2-3-5 总体幸福感与心理健康因素的线性回归分析结果

	非标准系数（B）	标准系数（β）	t	Sig
躯体症状	−0.057	−0.011	−0.336	0.737
精神分裂	−0.456	−0.127	−20.173	0.030
抑郁症	−0.480	−0.089	−20.016	0.044
神经症	−0.175	−0.050	−0.979	0.328

表 2-3-6　外源幸福感与心理健康因素的线性回归分析结果

	非标准系数（B）	标准系数（β）	t	Sig
躯体症状	−0.083	−0.027	−0.821	0.412
精神分裂	−0.333	−0.158	−20.664	0.008
抑郁症	−0.090	−0.028	−0.632	0.527
神经症	0.024	0.012	0.228	0.819

表 2-3-7　内源幸福感与心理健康因素的线性回归分析结果

	非标准系数（B）	标准系数（β）	t	Sig
躯体症状	0.026	0.009	0.271	0.787
精神分裂	−0.123	−0.060	−10.033	0.302
抑郁症	−0.390	−0.127	−20.887	0.004
神经症	−0.199	−0.101	−10.964	0.050

表 2-3-8　工作满意度与心理健康因素的线性回归分析结果

	非标准系数（B）	标准系数（β）	t	Sig
躯体症状	−0.049	−0.037	−10.109	0.268
精神分裂	−0.119	−0.130	−20.165	0.031
抑郁症	−0.037	−0.027	−0.589	0.556
神经症	0.028	0.031	0.592	0.554

表 2-3-9　社会信心感与心理健康因素的线性回归分析结果

	非标准系数（B）	标准系数（β）	t	Sig
躯体症状	−0.025	−0.018	−0.547	0.585
精神分裂	−0.120	−0.130	−20.164	0.031
抑郁症	0.024	0.018	0.387	0.699
神经症	−0.012	−0.013	−0.247	0.805

表 2-3-10　生活充裕感与心理健康因素的线性回归分析结果

	非标准系数（B）	标准系数（β）	t	Sig
躯体症状	−0.009	−0.007	−0.204	0.839
精神分裂	−0.094	−0.101	−10.691	0.091
抑郁症	−0.077	−0.056	−10.231	0.219
神经症	0.008	0.009	0.174	0.862

表 2-3-11　社会性成熟感与心理健康因素的线性回归分析结果

	非标准系数(B)	标准系数(β)	t	Sig
躯体症状	0.051	0.049	10.456	0.146
精神分裂	0.019	0.026	0.438	0.662
抑郁症	−0.145	−0.133	−20.944	0.003
神经症	−0.058	−0.082	−10.557	0.120

表 2-3-12　人际和谐感与心理健康因素的线性回归分析结果

	非标准系数(B)	标准系数(β)	t	Sig
躯体症状	−0.004	−0.004	−0.111	0.912
精神分裂	−0.094	−0.121	−20.042	0.041
抑郁症	−0.085	−0.073	−10.632	0.103
神经症	−0.025	−0.034	−0.645	0.519

表 2-3-13　个性成熟感与心理健康因素的线性回归分析结果

	非标准系数(B)	标准系数(β)	t	Sig
躯体症状	0.058	0.051	10.557	0.120
精神分裂	0.021	0.026	0.443	0.658
抑郁症	−0.130	−0.110	−20.469	0.014
神经症	−0.159	−0.208	−40.032	0.000

表 2-3-14　主导心境与心理健康因素的线性回归分析结果

	非标准系数(B)	标准系数(β)	t	Sig
躯体症状	−0.080	−0.084	−20.519	0.012
精神分裂	−0.069	−0.106	−10.762	0.078
抑郁症	−0.030	−0.030	−0.671	0.502
神经症	0.043	0.068	10.293	0.196

（1）总体幸福感与心理健康因子中的精神分裂（$\beta = -0.127, p = 0.030 < 0.05$）和抑郁症呈现显著负相关（$\beta = -0.089, p = 0.044 < 0.05$）。说明总体幸福感主要受精神分裂和抑郁症的影响。

（2）外源幸福感与精神分裂呈现显著负相关（$\beta = -0.158, p = 0.008 < 0.01$）。说明外源幸福感主要受精神分裂的影响。

（3）内源幸福感与抑郁症呈现显著负相关（$\beta = -0.127, p = 0.004 <$

0.01)。说明内源幸福感主要受抑郁症的影响。

（4）工作满意度与精神分裂呈现显著负相关（$\beta = -0.130, p = 0.031 < 0.05$）。说明工作满意度主要受精神分裂的影响。

（5）社会信心感与精神分裂呈现显著负相关（$\beta = -0.130, p = 0.031 < 0.05$）。说明社会信心感主要受精神分裂的影响。

（6）生活充裕感与心理健康各因子相关均不显著,说明生活充裕感基本不受心理健康各因子影响。

（7）社会性成熟感与抑郁症呈现显著负相关（$\beta = -0.133, p = 0.003 < 0.01$）。说明社会性成熟感主要受抑郁症的影响。

（8）人际和谐感与精神分裂呈现显著负相关（$\beta = -0.121, p = 0.041 < 0.05$）。说明人际和谐感主要受精神分裂的影响。

（9）个性成熟感与抑郁症（$\beta = -0.110, p = 0.014 < 0.05$）和神经症（$\beta = -0.208, p = 0.00 < 0.001$）呈现显著负相关。说明个性成熟感主要受抑郁症和神经症的影响。

（10）主导心境与躯体症状呈现显著负相关（$\beta = -0.084, p = 0.012 < 0.05$）。说明主导心境主要受躯体症状的影响。

根据心理健康各因素与主观幸福感的回归分析,我们可以得出如下结论:

第一,心理健康因素中的精神分裂症因子主要影响大学生的外源幸福感和总体幸福感,对内源幸福感没有显著影响;在主观幸福观的 7 个因素中,主要对工作满意度、社会信心感、人际和谐感有显著影响。

第二,心理健康因素中的抑郁症因子主要影响大学生的内源幸福感和总体幸福感,对外源幸福感没有显著影响;在主观幸福感的 7 个因素中,主要对社会性成熟和个性成熟感有显著影响。

第三,心理健康因素中的神经症因子主要对个性成熟感有显著影响。

第四,心理健康因素中的躯体症状因子主要对主导心境有显著影响。

四、大学生心理健康与主观幸福感的关系

研究结果表明,心理健康水平越高的学生其主观幸福感水平越高。以往研究也表明,心理健康水平越高、生活满意度水平越高,情感越积极,最终幸

福感水平越高。本次研究结果与以往研究结果基本一致。

研究结果表明，心理健康因素中的精神分裂症倾向因素主要对工作满意感、社会信心感、人际和谐感有显著影响。本次研究中的精神分裂倾向因素是正常群体表现出的一些轻微的倾向性，因而和真正的精神分裂症有本质区别。精神分裂倾向因素中的题项包括不想见人、觉得自己不是自己、思想不集中、常常失眠、焦躁不安、容易动怒、对任何事情都没兴趣、记忆力减退、不相信别人、觉得别人轻视自己等18个项目。通过题项，我们可以看出精神分裂倾向性高的人会在人际交往、自我评价和学业上出现一些问题，进而影响到个体的主观幸福感水平，造成工作满意感、社会信心感和人际和谐感偏低。

研究结果表明，心理健康因素中的抑郁状态因素与社会性成熟感和个性成熟感呈显著负相关，对社会性成熟和个性成熟感有较好的预测作用。Eysenck（1983）曾指出："幸福可称之为稳定的外向性，幸福感中的积极情感与易于社交的性格有关，这样的性格容易与他人自然而快乐地相处。"而心理健康因素中的抑郁状态主要指生活中的消极情绪和情感，因而在抑郁状态方面得分高的人，会出现悲观、失望、自卑等方面的情况，进而影响到自我评价和个人成长，造成社会性成熟感和个性成熟感偏低。

研究结果表明，心理健康因素中的神经症因素与个性成熟感呈显著负相关，对个性成熟感有较好的预测作用。大五人格中的神经质或情绪稳定性包括焦虑、敌对、压抑、自我意识、冲动、脆弱等特质，与心理健康因素中的神经症因素相近。以往研究表明，神经质对主观幸福感的影响主要表现在内源幸福感方面，即来自于个体对自己内部因素的体验与评价，包括个体的社会性成熟感、个性成熟感及主导心境等。本次研究结果与以往研究结果基本一致。究其原因，我们认为神经症倾向严重的个体往往对中生活负性事件倾向于做内部归因而导致对自己的评价偏低，甚至存在自卑倾向，因而个性成熟感偏低。

研究结果表明，心理健康因素中的躯体症状因素与主导心境呈显著负相关，对主导心境有较好的预测作用。以往研究结果表明，躯体形式障碍患者由于躯体上的不适感，会影响自己的心境，使幸福感水平低于正常人（孔令霞，2012）。本次研究结果与以往研究结果基本一致。当个体出现躯体症状时，会引起身体不适感，这种不适感会较大程度地影响到个体的情绪状态和主观感受,因而,有躯体症状的人更容易出现焦虑、抑郁等不良情绪,进而影响到个体的心境。

五、研究对策与建议

(一)树立积极心理学的理念,建立完善的心理健康教育工作机制

大学生心理健康教育,不仅仅是新形势下全面贯彻党的教育方针、推进素质教育的重要举措,也是促进大学生健康成长、培养高素质合格人才的重要途径。高校心理健康教育工作应该以构建和谐校园为载体,贯彻落实科学发展观,遵循思想政治教育和大学生心理发展规律,以维护大学生的心理健康、促进大学生的心理发展、全面提高大学生的综合素质、实现大学生全方位的成长为目标,促进大学生思想道德素质、科学文化素质和身心健康素质协调发展。

第一,关爱心理问题学生,加强心理疏导。大学生在成长过程中会遇到心理适应、自我发展、情绪管理、人际关系、恋爱婚姻、挫折应对、生涯规划、生命价值等很多心理课题,在压力和挫折下容易陷入心理危机,应该充分引起高校的重视。对于存在心理困惑和心理问题的学生,我们应该给予他们更多的心理疏导和心灵关爱。心理的疏导和关爱可以有效地架起与大学生心灵沟通的桥梁,更好地去帮助心理困惑学生排疑解惑、打开心结,使他们恢复心理和谐与健康,逐步实现自我完善与发展,在宝贵而短暂的大学生活中真正展现自身的阳光、热情与潜力。

第二,建立健全校—院—班三级心理健康教育网络机制。以高校心理健康教育专职部门为主体,建立校—院—班三级心理健康教育网络体制。高校心理健康教育专职部门总体负责全校心理健康教育工作,制订工作计划和目标,进行业务上的具体指导。在院的层面上,为每个二级学院配备一名兼职心理咨询老师,各学院成立心理健康学生社团,开展学院的心理健康教育工作。在班级层面,每个班级选出一名心理联络员,关注班级同学心理状况,在班级内部组织开展心理健康教育活动,宣传心理健康教育知识。每个班级定期召开不同内容的心理健康教育主题班会,各学院定期邀请心理健康教育中心和学院相关教师进行心理健康知识讲座,学校不定时邀请校内外知名专家举行心理学知识培训。

（二）增加积极的心理体验，培养大学生积极的心理品质

增加大学生积极的心理体验，是培养大学生积极心理品质的有效途径。大学生积极的心理体验，是一种正性的情感情绪的动态体验过程，这种体验来自于个体内部动机和认知，更容易内化成稳定的心理品质。

高校应该结合自身特点，拓宽工作思路，创新工作形式，制定切实可行的活动方案，形成课内与课外、教育与指导、咨询与自助紧密结合的心理健康教育工作的网络和体系。要增加大学生积极的心理体验，高校应使教育活动内容丰富，形式多样，贴近学生的生活，增强活动的吸引力，强化学生的参与意识，把全体学生都引导到宣传教育活动中来。同时积极打造校园文化活动精品，使之能够长期、持续开展，真正做到让同学们喜闻乐见，不断赋予活动新的内涵，充分发挥教育功能。高校可以利用学校广播、电视、网络、公寓橱窗、展板等宣传媒介，注重实效，广泛宣传、寓教于乐，增进大学生正性情感和情绪的体验过程。作为大学生自身，应该提升自己的内涵，增加自己的知识储备，充分发挥"自我教育、自我管理、自我服务、自我开发"的作用，增加积极的心理体验，培养大学生积极的心理品质。

（三）积极心理学与思想政治教育的有机结合

心理健康教育是思想政治教育的重要组成部分。根据积极心理学的理念，大学生心理健康教育工作应根据学生成长和发展的需要，对大学生进行正面的、积极的情智教育，培养学生具有乐观开朗、积极向上的个性，具有应对压力承受挫折的能力，提高自我调控能力。通过心理健康教育与扩展思想政治教育的工作理念相结合、与突出思想政治教育实效性相结合、与构建和谐人环境相结合，逐步建立一套较完整的大学生心理健康教育工作体系。一方面，结合学生心理健康状况和特点，心理健康教育专职教师可以分不同专题，重点面向心理困惑学生开辟心理健康教育第二课堂，课堂内容与思想政治教育相结合，包括挫折应对、心理调适方法和职业生涯规划等内容，引导学生树立积极阳光的学习和生活态度。另一方面，高校可以邀请心理健康教育和思想政治教育专家面向学生开展有针对性的专题讲座，以帮助学生能了解基本的心理健康知识和思想政治教育内容，掌握辨析心理问题的方法，以便于更好地帮助有心理困惑的学生处理好在学习成才、择业交友、健康生活

等方面遇到的具体问题。

第四节　大学生学习满意度的实证研究

随着对人才培养的重视,高校对大学生学习满意度的研究日益关注。了解大学生的学习满意度可以看出大学生的学习需求是否得到满足,可以有效反映学校在教师教学、课程设置、校园文化和管理服务等各方面的工作是否能达到学生的期望水平,为学校优化教育资源和机制等方面提供发展方向。

由于研究背景和研究方法的差异,对学习满意度结构的描述也不尽相同。2004 年,利默里克大学开展满意度调查,其设计的满意度问卷包括 60 多个项目,包括校园生活、课程计划、教学及教学实践环境、服务设施、注册与引导咨询 5 个指标体系。陈萍提出,大学生求学满意度指标体系包括自我发展、业余生活、后勤保障、教师队伍、教学状况、教学条件 7 个指标。房保俊等人对工科本科生的调查结果表明,学生满意度的影响因素有实践教学、专业及课程、教师、教学基础设施等内容。本书尝试构建工科院校大学生学习满意度测评模型,以期为工科院校大学生学习质量的研究提供一个可靠的评估工具。

一、学习满意度的测评指标建立的原则

学习满意度测评最重要的部分是建立测评的指标体系,它关系着学习满意度测评的科学性和准确性。在建立本科生学习满意度的测评指标体系时,主要遵循以下三个原则。

(一)客观性原则

在建立本科生学习满意度的测评指标体系过程中,一要有科学的方法,从设计问卷内容,开展问卷调查、数据分析,到最后建立测评指标的过程中,都严格遵循问卷设计和调查的科学方法来进行,并利用科学的统计软件进行分析,最终使学习满意度的结构模型达到较好的适配度,使各项指标体系都符合完善量表的要求。二要有实事求是的态度。坚持客观性原则,对调查资料和数据客观对待,不进行主观的猜测,按照科学的态度建立学习满意度的

指标体系。

（二）辩证发展原则

事物是发展变化的,学生的学习满意度的内容也不是一成不变的。随着社会的发展变化、学校的改革发展以及学校之间的差异,学习满意度的指标体系也会有变化。对于学习满意度的研究,我们在参照以往研究的基础上,需要用辩证发展的眼光来看待研究对象。

（三）理论联系实际原则

在理论研究基础上,我们应结合学校的实际情况来选择学习满意度的测评指标,每一个项目的设计都要有理有据,一切从实际出发。每个学校自身情况的不同,学习满意度的题项设置也不同。例如成人教育、高等职业院校、工科院校、艺术院校等等,这些学校之间的差异较大,在教学、课程设置、校园文化等各方面的机制都不相同,在设计指标体系的时候肯定会有较大的差异。本书在设计本科生的学习满意度量表时,切实以实际情况为中心,从学生发展本身出发,找出在人才培养过程中急需解决的问题,建立一套能够精确反应本科生需求的测评指标体系。

二、研究方法

（一）文献资料法

通过研读关于学习满意度的研究专著和学术论文,进行归纳整理和概括,掌握当前学习满意度的研究现状和思路。同时,结合人才培养现状,参考已编制的学习满意度问卷,将符合学生学习实际情况的、出现频次较高的指标统计出来,编制出符合学生学习现状的学习满意度量表。

（二）专家访谈法

对工科院校十余名教师进行访谈,这些教师包括教师、辅导员、管理人员等。主要访谈内容是对学生学习现状的相关方面进行访谈,探讨和咨询学习满意度问卷的整体设计以及指标的选择等,征求其建议,并且在论文的撰写过程中进行实践。

（三）问卷调查法

通过查阅大量的文献资料,按照心理学、社会学有关问卷设计的基本要求,调查量表综合采用了 41 个题项。问卷的得分越高,代表学生的学习满意程度越高,得分越低,代表学生的学习满意程度越低。这种问卷设计方式用于调查问卷,对于学生来说简明易懂、可操作性强。另外量表设计了人口统计学变量的 5 个题项,包括年级（2009 级、2010 级、2011 级、2012 级）,性别（男、女）,省内外（省内、省外）,学科分类（工科、理科、文科、其他）和城乡（大城市、一般城市、城镇和农村）等。人口统计学变量的题项设置为题 1 至题 5,正式量表题项设置为题 6 至题 46。

（四）数理统计方法

运用 SPSS16.0 统计软件和 AMOS16.0 结构方程模型对问卷调查所得到的相关数据进行数理统计,探索规律性并进行分析和研究。首先运用因子分析对修订后的学习满意度量表进行检验,然后运用结构方程模型验证量表结构的合理性。

三、学习满意度量表的探索性因素分析

（一）被试

本次研究采用分层抽样法抽取山东科技大学青岛校区 14 个学院的四个年级的本科生 800 人,收回问卷 798 份,其中有效问卷 760 份。

（二）项目分析

计算量表中每个项目与总分之间的相关,结果表明,每个项目与总分都存在显著相关。然后,将量表总分从低到高排序,取前 27% 为低分组,后 27% 为高分组,采用独立样本的 t 检验考察每个项目两组得分的差异性,结果表明,量表每个项目两组得分都存在显著差异。

（三）探索性因素分析

在项目分析的基础之上,对该量表 41 个题项采用探索性因素分析,初步确定学习满意度量表的结构。根据 Kaiser 观点,如果 KMO 的值小于 0.5 时,

不适宜进行因子分析,本次研究的 KMO 值为 0.983,表示适合进行因素分析。此外,Bartlett 球形检验卡方值为 56924.246(df = 820, p = 0.000),说明各题项之间有共同性因素存在,适合做因素分析。

根据因素分析理论,对因素数目的确定采用以下标准:因素的特征值大于 1;符合碎石检验;抽出的因素旋转前至少能解释总变异的 3%。删除项目参照以下标准:共同性系数 $h^2 < 0.25$;(2)因素载荷 < 0.3;

因素提取的方法采用主成分分析法,旋转方法采用最大变异法正交旋转,共生成四个因素,41 个题项全部入选。因此,修订后的学习满意度量表有 41 个题项,共四个因素,各因素的解释率分别为 19.512%、11.923%、10.236%、7.980%,累计变异解释率为 49.651%。这说明,学生的学习满意度为四因素结构。各因素的解释率简表见表 2-4-1,碎石图见图 2-4-1。

表 2-4-1　各因素解释率简表

因素	特征值	变异百分比%	变异累计百分比%
1	8.000	19.512	19.512
2	4.888	11.923	31.435
3	4.197	10.236	41.671
4	3.568	7.980	49.651

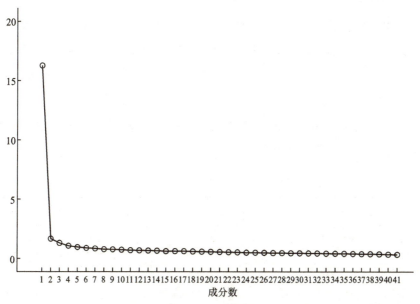

图 2-4-1　碎石图

根据量表项目的具体内容对各个因素进行命名。因素一包含 11 个项目，涉及课程内容方面，如"课程的教材选用""课程考试和考核制度""课程内容的实用性"等，因此命名为"课程内容"。因素二包含 14 个项目，涉及校园文化和管理服务等内容，"学生的科技创新活动""学生的社会实践活动""贫困生资助资金措施落实到位""学校的就业指导服务""学校的安全管理服务"等，因此命名为"校园文化和管理服务"。因素三包含 10 个项目，涉及教师教学等内容，如"教师的教学态度""教师的专业知识丰富程度""教师的职业道德"等，因此命名为"教师教学"。

四、量表的信效度分析

对修订后的学习满意度量表进行信效度分析。使用 SPSS16.0 对数据进行整理和统计分析，并使用 AMOS16.0 对量表进行验证性因素分析。

（一）被试

本次研究采用分层抽样法抽取山东科技大学青岛校区 14 个学院的四个年级的本科生 2200 人，收回问卷 2160 份，其中有效问卷 2130 份。

（二）量表的结构效度分析

本次研究采用结构方程模型并根据探索性因素分析得到的结果对因素结构进行拟合，得到模型，见图 2-4-2。该模型 χ^2 为 4929.987，df 为 773。RMSEA 值为 0.043，小于 0.05，表明假设模型与实际数据的适配度较佳。CFI 和 IFI 为 0.926，NFI 为 0.914，三个指标均大于 0.90，表明模型的适配度比较理想。χ^2/df 值可以接受。模型结果表明，各项指标均符合心理测量学标准，表明该量表可计算量表总分和各因子分。

表 2-4-2　学习满意度修正模型的拟合指数

	χ^2	df	RMSEA	CFI	IFI	NFI
模型	4929.987	773	0.043	0.926	0.926	0.914

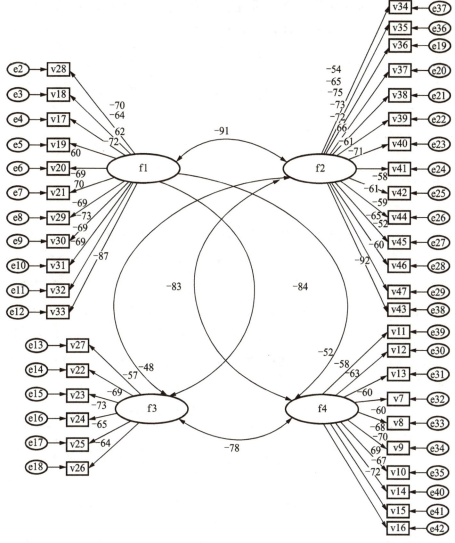

图 2-4-2　学习满意度结构模型

（三）量表的信、效度分析

效度是指运用测量工具或手段准确测出所需要测量的事物的程度。对效度的检验是以量表总分与各维度之间的相关系数为参考指标进行的。计算各维度及其与量表总分之间的相关，从表 2-4-3 中可以看出，问卷中四个因素之间的相关系数为 0.651～0.815，存在中度相关，而各因素与问卷总分之间的相关系数为 0.835～0.938，相关较高。根据量表编制要求分量表与总量表间应呈中高度相关,而各分量表之间应中低相关,本研究比较符合这一要求。由此可见,这说明该量表具有较好的内容效度。

表 2-4-3 学习满意度各维度间及其与总分之间的相关

	教师教学	课程内容	硬件建设	校园文化与管理服务	总体
教师教学	1				
课程内容	0.815***	1			
硬件建设	0.651***	0.715***	1		
校园文化与管理服务	0.731***	0.815***	0.752***	1	**
总体	0.880***	0.935***	0.835***	0.938***	1

信度是指根据测量工具所得到的结果之一致性或稳定性。为了测量问卷的可靠性,本量表采用 Cronbach Alpha 系数的对信度进行检验,包括各指标的信度、变量的总体信度和整个量表的总体信度,从统计学意义上讲,Cronbach Alpha 系数高于 0.6 即可以认为该量表的信度是可以接受的,Cronbach Alpha 系数在 0.7 以上则为较高的信度,如果系数大于 0.8 则表示量表信度非常好。本研究量表各个维度内部一致性系数为 0.961~0.793,整个量表的 Cronbach Alpha 系数在 0.961,这表明该量表具有较好的信度。

表 2-4-4 学习满意度量表的信度指标

信度	因素一	因素二	因素三	因素四	总量表
α 系数	0.902	0.908	0.873	0.793	0.961

五、学习满意度的维度分析

本次研究通过文献资料查阅、专家访谈和问卷调查,最终确定出评价工科院校大学生学习满意度的五个指标,它们分别是:"教师教学""课程内容""硬件建设""校园文化和管理服务"。这些指标的确定,表明了学习满意度的重要组成内容,明确了工科院校大学生学习满意度的测评指标。

(一)教师教学

教师的职业道德和教学态度是保证良好教学效果的基础。只有教师具有良好的思想修养和端正的工作态度,才能更好地去教书育人。教师的专业知识丰富、教师较强的教育组织能力能有效地促进学生的学习效果,给学生提供一个良好的学习平台。教师在上课过程中是否能够理论联系实际,是否能够给学生提供思辨空间,以及与学生的沟通和交流,也是影响学生学习满意度的重要因素。

(二)课程内容

对于大学生来说,课程内容的设置和学习非常重要。课程学习占用了大学生的大部分学习时间,而且也是完成学分的重要手段。学生对专业知识的掌握程度、学生的实践能力水平、学生就业后的工作能力都和课程内容的学习有密切相关。因此课程内容是大学生学习满意度的重要因素。课程内容的考试和考核、课程内容的实用性、课程的课时安排、课程的教材选用等都属于课程内容的范围。

(三)校园文化

校园文化是以学生为主体,在学生的课余生活中一切以群体形式出现的活动,对于学生的健康成长有着重要的促进作用,是学习满意度的重要内容。校园文化是学校发展的灵魂,是展示学校形象的重要体现。校园文化具有互动、渗透和传承的特点,每个学校都有自己独特的校园文化。校园文化可以提升大学生的文化和思想道德修养,大学生处于良好的校园文化氛围之中,会受到潜移默化的熏陶,成为积极向上、全面发展的人才。

(四)管理服务

学校管理是指在一定的机构和制度设置下,充分利用校内外的资源和条件,有效开展学校的管理和服务活动,包括教学、就业、公寓、医疗、安全、资助、饮食等各方面的管理和服务内容,对学生的学习满意度有重要的影响。作为学校管理部门,在工作中应时刻遵循以学生为中心、以育人为核心的管理和服务宗旨,用科学的管理方法有效实现学校的工作目标。

六、大学生学习满意度的现状研究

(一)学习满意度的总体情况

从大学生学习满意度的总体情况上看,学生的整体学习满意度以及各维度的平均分都在中等以上(大于 3 分),介于"比较满意"与"非常满意"之间,可见学生的学习满意度的总体水平较高。各维度的满意度水平从高到低依次为:"教师教学"(3.379 分);"课程内容"(3.285);"硬件建设"(3.276 分);"校园文化和管理服务"(3.272 分)。

(二)学习满意度的教师教学维度分析

"教师教学"维度共包括 10 个题项,通过对该维度各题项的平均数进行比较,结果表明,题 10 "教师的职业道德"平均分数最高,为 3.57;题 15 "课程内容新颖、丰富,能引起我的兴趣"的平均分数最低,为 3.20。"教师教学"维度各题项满意度从高到低依次为:题 10 "教师的职业道德"3.57 分,题 6 "教师的教学态度"3.56 分,题 7 "教师的专业知识丰富程度"3.48 分,题 12 "教师的教学组织能力"3.42 分,题 11 "教师的教学进度快慢适中"3.38 分,题 8 "教师上课能理论联系实际"3.36 分,题 13 "教师与学生的沟通和交流"3.29 分,题 14 "课程内容适合我的程度"3.28 分,题 9 "教师上课能提供给学生思辨空间"3.25 分,题 15 "课程内容新颖、丰富,能引起我的兴趣"3.20 分。

表 2-4-5 教师教学维度各题项的平均数与标准差

题项	平均数	标准差	题项	平均数	标准差
6	3.56	0.544	11	3.38	0.615
7	3.48	0.574	12	3.42	0.615
8	3.36	0.650	13	3.29	0.684
9	3.25	0.722	14	3.28	0.667
10	3.57	0.581	15	3.20	0.741

(三)学习满意度的课程内容维度分析

"课程内容"维度共包括 11 个题项。通过对该维度各题项的平均数进行比较,结果表明,题 27 "课程内容提高个人专业素养"平均分数最高,为 3.35 分;题 20 "课程内容与就业联系程度"平均分数最低,为 3.18 分。"课程内容"维度各题项满意度水平从高到低依次为:题 27 "课程内容提高个人专业素养"3.35 分;题 29 "课程内容培养自主学习的能力"3.34 分、题 28 "教师对我的学习过程和成果的帮助"3.33 分、题 19 "课程的课时安排"3.32 分、题31"课堂上与同学的学习互动"3.32分、题16"课程的教材选用"3.31分、题17"课程考试和考核制度"3.28分、题32"课下与其他同学的学习、实验和社会实践等合作"3.26分、题18"课程内容的实用性"3.23分、题30"课堂上与教师的互动"3.22分、题20"课程内容与就业联系程度"3.18分。

表 2-4-6　课堂内容维度各题项的平均数与标准差

题项	平均数	标准差	题项	平均数	标准差
16	3.31	0.698	28	3.35	0.652
17	3.28	0.721	29	3.33	0.668
18	3.23	0.754	30	3.34	0.681
19	3.32	0.703	31	3.22	0.740
20	3.18	0.783	32	3.32	0.694
			33	3.26	0.724

(四)学习满意度的硬件建设维度分析

"硬件建设"维度共包括 6 个题项。通过对该维度各题项的平均数进行比较,结果表明,题26"校园的自然环境"平均分数最高,为3.53分,题24"图书馆内藏书量"平均分数最低,为3.01分。"硬件建设"维度各题项的满意度从高到低依次为:题26"校园的自然环境"3.53分,题21"教室空间"3.42分、题22"教学设备"3.34分、题23"学校的实习场所和实验设备"3.20分、题25"学生公寓的住宿条件"3.16分、题24"图书馆内藏书量"3.01分。

表 2-4-7　硬件建设维度各题项的平均数与标准差

题项	平均数	标准差	题项	平均数	标准差
21	3.42	0.682	24	3.01	0.907
22	3.34	0.703	25	3.16	0.815
23	3.20	0.783	26	3.53	0.608

(五)学习满意度的校园文化与管理服务维度分析

"校园文化与管理服务"维度共包括 14 个题目,通过对该维度各题项的平均数进行比较,结果表明,题33"学校的考风和考纪"平均分数最高,为3.43分,题45"学校的医疗设施和服务"平均分数最低,为3.09分。"校园文化与管理服务"维度各题项的满意度从高到低依次为:题33"学校的考风和考纪"3.43 分、题 42"图书馆借阅和管理等服务"3.40 分、题 39"贫困生资助资金措施落实到位"3.39 分、题 43"学校的安全管理和服务"3.36 分、题 41"学生公寓的管理和服务"3.35 分、题 34"学生的学习氛围浓厚"3.32 分、题 38"各种奖学金对学生学习的激励作用"3.27 分、题 40"学校的就业指导服务"3.23 分、题 46"学校餐厅提供的服务"3.23 分、题 35"学生的科技创新活动"3.22 分、题 36"学生的社会实践活动"3.22 分、题 37"学校·第二课堂活动内容丰富程度"3.20 分、题 44"校园网网络管理和服务"3.10 分、题 45"学校的医疗设施和服务"3.09 分。

表 2-4-8　校园文化与管理服务维度各题项的平均数与标准差

题项	平均数	标准差	题项	平均数	标准差
33	3.43	0.700	40	3.23	0.751
34	3.32	0.698	41	3.35	0.706
35	3.22	0.750	42	3.40	0.690
36	3.22	0.777	43	3.36	0.695
37	3.20	0.748	44	3.10	0.895
38	3.27	0.767	45	3.09	0.878
39	3.39	0.706	46	3.23	0.797

七、讨论分析

从大学生角度,通过把握学生满意度,能够更好地发现学生心理动态,以便采取有针对性的措施加强大学生思想教育,增强说服力和感染力,提高思想教育质量。研究结果表明,学生的学习满意度较高,介于"比较满意"与"非常满意"之间,各维度的满意度水平从高到低依次为:"教师教学""课程内容""硬件建设"和"校园文化和管理服务"。

(一)学习满意度的教师教学维度分析

通过对"教师教学"维度各题项的平均数进行比较,结果表明,"教师的职业道德"满意度最高,"课程内容新颖、丰富,能引起我的兴趣"满意度最低。

根据上述研究结果发现,学生对教师的自身素质比较认可,包括教师的职业道德、教学态度、专业知识丰富程度等内容；但是学生对教师与学生的互动以及实践性满意度较低，具体包括上课能理论联系实际、教师与学生的沟通和交流、课程内容适合我的程度、教师上课能提供给学生思辨空间等内容。教师自身素养比较高，教课态度比较端正，但是在教学的方式和方法上还需要改进。

大学生所处的年龄阶段和所具备的文化水准，决定了他们对外界的事物感兴趣，急于去了解世界，把握外部环境。而现代社会信息网络的迅速发展，给大学生提供了一个了解外界信息的平台，使大学生具备更高的知识素养，并且了解比较多的前沿信息。教师要想跟上大学生的节奏，一方面，必须更多地理论联系实际，加强与学生的互动，在教学过程中，精心设计既联系实践又有开放性的问题，给学生提供思辨的空间，提高学生的参与程度。课堂教学的有效引导要按照课程教学大纲的要求，合理地创设研究型课程，营造有效的问题情景，鼓励学生深层思考和发掘问题，进行良性的互动以培养学生思考问题的能力。另一方面，教师应该营造一种民主和谐的学习氛围，建立良好、互动的师生关系，避免填鸭式、灌输式的教课方式，使学生善于思考，敢于创新。教师的角色应定位于引导学生学习的组织者和合作者，应该成为与学生共同学习的参与者，教学过程中可以采用多种教学方式吸引学生的兴趣，从而提高学生的学习满意度。

（二）学习满意度的课程内容维度分析

通过对"课程内容"维度各题项的平均数进行比较，结果表明，"课程内容提高个人专业素养"满意度最高；"课程内容与就业联系程度"满意度最低。

根据上述研究结果发现，学生对专业知识方面的提高比较满意，包括课程内容提高个人专业素养、课程内容培养自主学习的能力、教师对我的学习过程和成果的帮助等内容；但是对课程内容的实践性满意度较低，包括课下与其他同学的学习、实验和社会实践等合作、课程内容的实用性、课程内容与就业联系程度等内容。总体来说，课程内容的设置与就业和实践联系不紧密，达不到学生的要求。在课程内容设置上，学校应考虑学科内容的实用性，根据学生的需求和期望，设置理论课程的实验和实践环节，培养学生实际操作能力和综合分析能力,提高学生理论联系实践的能力。可以增设相关企业的实习课程,提高与就业的联系程度,增强学生的实践合作能力,从而提高学生的学习满意度。

（三）学习满意度的硬件建设维度分析

通过对"硬件建设"维度各题项的平均数进行比较,结果表明,"校园的自然环境"满意度最高,"图书馆内藏书量"满意度最低。研究结果发现,学生对校园的自然环境、教室空间非常满意。但是对学生公寓的住宿条件、图书馆内藏书量等方面满意度较低。Mangano 等人的研究表明,舒适的学习环境和地点有助于提高学生的学习满意度,我们可以通改善教学场所的环境、提供良好的教学设备来满足学生的学习需求。各种学习环境和资源,都会影响学生学习的兴趣以及效果,一个良好的学习环境包括合适的教学设备、舒适的教学环境、适当的学习空间、必备的教学器材等,这些因素都有助于提高学生学习的兴趣,进而影响学生学习的满意度,因而学校改善学生的学习环境条件和生活环境条件,可以有效提高学生自主学习的能力和满意度。

（四）学习满意度的校园文化与管理服务维度分析

通过对"校园文化与管理服务"维度各题项的平均数进行比较,结果表明,"学校的考风和考纪"满意度最高,"学校的医疗设施和服务"满意度最低。研究结果发现,学生对学校图书馆、贫困生资助、安全管理、公寓管理等管理服务比较满意。但是对学生的科技创新、社会实践、第二课堂、校园网管理服务、医疗设施和服务等方面满意度较低。在校园文化建设方面,我们应该以生动活泼、丰富多彩的形式,拓宽大学生知识学习的空间和内容,丰富学生的第二课堂,活跃教育和文化氛围,不断丰富和创新校园文化工作载体,丰富校园文化的主题,让更多同学从中受益,扩展校园文化教育的受众面。在管理服务方面,由于信息网络的发展,学生对网络的要求越来越高,因而对学校校园网的管理和服务提出了更高的要求。另外,由于学生人数较多,对学校的医疗设施和服务也提出了更高的要求。

第三章

接受视域下基于实证分析的大学生心理健康教育的
有效途径

高校心理健康教育是在贯彻党的教育方针前提下,为全面推进大学生的素质教育、促进大学生的健康成长而服务的。心理健康教育对于提高大学生适应社会生活的能力,培养大学生良好的心理品质,促进心理素质与思想道德素质、文化素质、专业素质和身体素质的协调发展,以及提高高等学校德育工作的针对性、实效性和主动性具有重要作用。

第一节　高校心理健康教育工作中的存在问题及对策

高校心理健康教育的功能主要体现在以下几点:第一,普及心理健康教育知识,提高大学生的心理素质。心理健康教育的主要目的是培养大学生适应环境的能力,培养大学生坚忍不拔、持之以恒和奋斗不息的精神,从而帮助大学生正确处理其和社会环境的关系,使大学生正确认识挫折、消除挫折。第二,预防大学生心理障碍和心理疾病的产生,在大学生的关键发展阶段及时给予指导。大学生所处的关键阶段主要有:入学适应期、学习迷惘期、情感困扰期、毕业困惑期。在大学生发展的关键阶段开展相应的心理健康教育专题讲座,讲授正确应对的心理健康教育知识,对大学生的健康发展有关键的作用。

一、高校心理健康教育工作现状存在的问题

（一）对心理健康教育工作的认识不足

首先，心理健康教育概念混淆。很多教师在素质教育的问题上，只强调学生的思想觉悟和知识水平的提高，而忽视学生心理素质的提高，往往将学生的心理问题简单地归结为道德问题。在高校的心理健康教育教师队伍构成中，从事思想政治教育工作的教师占了很大比例，他们常用思想品德教育的方法解决学生的心理问题，使心理健康教育具有德育化的倾向，忽视了心理健康教育的独特作用。目前提出的"大德育"概念逐步将心理健康教育包含其中。

其次，过分重视智力的培养，忽视了对学生心理素质的培养。传统的教育模式形成了重集体、轻个性，重理性、轻感性的狭隘教育观，使人的理性与感性互相脱离，容易使学生处于"理情不协调的矛盾状态"，而影响其心理健康发展。在高考"指挥棒"的作用下，很多学生漠视自己的心理健康，以"学习成绩"为中心。

再次，忽略心理健康教育在培养综合素质人才方面的地位和作用，对心理健康教育的重视度不够。由于心理健康教育的成效难以量化评估，所以很多人漠视心理健康教育的作用，认为心理健康教育工作的开展可有可无、可快可慢。尤其在当前，随着教育改革的进一步深入，高校招生规模不断扩大，面临着众多急待解决的问题，容易忽视学生心理健康教育工作。

（二）师资力量薄弱

高校心理健康教育工作对从事人员的专业素质要求很高，是一项科学性、规范性和操作性很强的工作。我国高校心理健康教育的师资力量薄弱，具体表现在以下几点。

第一，专业教师队伍数量有限，难以满足目前学生的需求。目前，全国高校除几所重点高校外，大部分高校的心理健康教育教师要么是兼职，要么控制在1～3人。在扩招后，平均每位专职心理教师要面对1万～2万学生，工作任务非常繁重，直接影响了工作的效果。

第二，专业教师队伍匮乏。据有的学者对某省40余所高校的心理健康

教育队伍的调查显示,接受过心理学专业系统训练的人员,还不到调查总人数的10%。尽管不少高校已经有专职从事心理健康教育的教师,但心理健康从业人员参差不齐,兼职多、专职少,这方面的专家更少,承担心理健康教育任务更多的是"两课"教师和学生思想政治工作者,远远不能满足大学生对心理健康服务的需求。

第三,国内各高校没有形成符合本校特色的心理健康教育模式。多数心理健康教育工作者缺乏心理健康教育相对应的知识体系和实践经验,从而大部分教师遵循传统的教学模式来进行心理健康教育;有些高校把它作为一门课程纳入教学计划之中,把高校心理健康教育引向了教师讲、学生记、应付考试后万事大吉的死胡同,难以实现初衷。

(三)心理测量工具的不规范

我国现在使用的心理学技术和工具大部分是从国外引进的,并没有在国内进行实践和检验,没有经过本土化过程,而是直接翻译成中文使用,信度和效度有限。由于地域和文化的差异,这些量表不能保证完全符合我国的情况。有的虽然对量表进行了信效度检验,但这些量表时间久远,已经不能客观地反映我国当代大学生的心理健康状况。因此我们需要与时代发展相符合、能客观地反映我国当代大学生心理健康状况的有信度和效度的量表,以便对大学生心理健康状况有正确的评价。虽然我国研制了大学生心理健康测量的四大量表,但由于某些技术、人为因素,推广的力度和水平远远不够。

(四)缺乏合理的管理制度

我国心理健康教育在管理方面还存在一定的问题,具体表现在:一是心理健康教育机构挂靠单位因校而异。有的心理健康教育机构隶属于业务部门,例如心理学院、教育学院等;有的隶属于机关部门,例如学生处、团委、宣传部等部门;有的则挂靠在校医院。心理咨询机构归口不一,没有建立相应的教师资格认证体系,从事心理教育和咨询的工作人员没有明确的定位,难以保证心理健康教育工作的稳定性和延续性。二是缺乏相应的规章制度和科学的评价体系,包括从业人员的培训和进修制度、课程的设置、心理咨询制度及预约与跟踪制度、心理健康教育活动的成效等,无法做出科学和规范的评价。此外,许多辅导员缺乏必要的督导制度,导致辅导员工作压力较大,影响了工作效率,从而使心理健康教育活动流于形式。因此,心理健康教育工作需要建立一套科学的评价体系,并且进行规范化管理。

二、高校心理健康教育的对策

(一)建立正确的高校心理健康教育观

首先将心理健康教育与德育有机结合起来。心理健康教育和德育可以相互借鉴彼此的教育方法。心理健康教育可以采用课堂教学等方式,加强学生对心理健康教育的认识。德育可以借鉴心理学中的行为矫正、角色扮演等方法,增加德育工作的创新性和实效性。心理健康教育是德育的基础,心理健康教育有助于从受教育者的认识、情感、意志的全过程施加作用,引导他们保持健康的心理状态,弥补了德育工作中忽视人的心理活动而单纯通过灌输说教解决大学生思想问题的传统教育理念,为接受正确的思想教育创造良好的心理条件。其次,有学者指出心理健康教育是素质教育、智慧教育和体验教育的有机结合。心理健康教育的素质教育观、智慧教育观和体验教育观构建了心理健康教育理论体系的基础,也提供了心理健康教育工作所遵循的基本原则。

(二)将心理健康教育课程纳入高校教学体系

随着我国大学教学结构体系逐步与市场经济体系改革相适应,课程内容逐步健全、合理,突出素质教育。心理健康教育是素质教育的重要组成部分,将有关课程纳入高校教学体系是必然趋势。开设心理健康教育选修课,能系统地向学生讲授心理学知识,帮助他们分析心理问题产生的原因,了解优良心理品质的特征和形成过程,使学生能利用所学知识自主地分析生活中遇到的难题,更好地塑造自我,不断提高自身心理健康水平。开设课程可以根据各高校师资的不同情况确定为选修课或必选课。在课程内容上要突出"大学生"和"教育"的特点,把心理学知识与这两个主体密切结合,选择合适的教材。在教学方法上,要区别于其他课程,强调互动性,把心理训练活动、角色扮演、团体讨论等引入课堂,使心理课程与心理训练、心理辅导相结合。

（三）加强师资队伍建设

随着对高校心理健康教育的重视,高校心理健康教育师资队伍必定要向专业化、正规化、职业化发展,主要体现在"质""量"两个方面。在质的方面,要提高准入标准,招聘具有心理学、医学、教育学背景的相关人员,并且要加大对他们的培训力度,都要取得相关的资格证书。应制订一个教师培训计划,不断提高从事工作所必备的理论素养、专业技术,同时开展院校间或区域性的案例分析交流活动;并利用寒暑假对专职人员进行有针对性的专业培训,不断提高专业人员的理论素质和实践操作水平。同时,要提高全校所有教师的心理健康教育水平,在日常教学中对学生给予教育和熏陶。在量的方面,要加大对心理健康教育教师的引入力度,逐年增加从事此项工作的人员数量,保证工作能够及时、全面、有效开展。为扩大和加强心理健康教育队伍建设,也可聘请具有专业基础的兼职人员,以解决专职人员缺乏问题。

（四）丰富和完善心理健康教育的形式

我国各高校一直在探索心理健康教育的正确方法和体系。目前,各学校四级心理健康干预网络逐渐形成,每个宿舍设立了宿舍心理联络员,每个班级设置了班级心理联络员,学院设立了"学生心理健康教育与危机干预工作小组",学校设"心理健康教育中心",形成了"学校—学院—班级—宿舍"四级网络的心理健康教育体制,初步形成了"信息—评估—反馈—防治"的预警体系。宿舍和班级心理联络员、各学院心理健康教师对心理健康教育工作能起到"以点带面"的作用,从而提高各项工作开展的效率。各高校四级网络教育体制刚刚建立,某些工作机制还不完善,还需要我们不断地进行探索和实践,在实践中探寻符合我校实际情况的教育模式。

第二节　大学生就业心理的辅导模式

随着我国高等教育大众化进程的推进,就业压力大日益成为引起大学生心理困扰的主要原因。大学生是社会重要的人力资源,大量毕业生"毕业即失业",不仅是重大的社会问题,而且是一种巨大的资源浪费。从心理学角度对大学生的就业心理进行分析并提出相关对策,有助于化解相关危机,保持高校稳定,建设和谐校园。

一、大学生就业心理的阶段性辅导模式

美国著名职业研究专家金兹伯格在其职业发展理论中指出,职业选择是一个动态过程,不是一次性完成"选择",而是基于人们的职业观念做出的,而这种观念是在个体的成长过程中形成的,它伴随着人的身体和心理一起发展。这个发展过程可以分为几个连续的阶段,每个阶段都有特定的发展任务,如果前一个阶段的任务没有很好地完成,就会影响后一阶段的职业发展任务,导致择业发生障碍。因此,大学生就业心理的辅导需要早入手,是一个发展性、动态性的系统工程。我们结合以往研究,把大学生就业心理的辅导分为自我认知、职业认知、职业定位和职业准备四个阶段。这四个阶段贯穿于大学四年,相辅相成,前一阶段的完成效果直接影响下一阶段的发展。就业心理辅导应该完整、有序,贯穿于学生的整个学习过程中,并分阶段有计划地进行。

(一)第一阶段:自我认知——知己

在大学第一学年实施,也是学生的"适应期"。学生从入校开始,就应该开始准确地自我评估,认识自己、了解自己,了解自己的专业,并挖掘自己的专长。

一是认识自我。研究表明,有20%左右的学生对自己的性格和兴趣都不甚了解;有30%的学生对自己的能力特长没有明确的认识;有50%左右的学生不是很清楚自己适合和喜欢的职业。这说明,相当一部分大学生自我认知不明确,学习和求职始终处于盲目的状态,职业取向比较模糊,目标不明确。自我认知是就业心理辅导的第一步,也是关键性的基础工作。只有在对自我充分了解的基础上才能进行明确的职业定位。因此,从入学起,学校应有意识地培养和引导学生尽快适应大学生活,引导学生借助于心理测评、职业测评以及学校职业生涯规划辅导等各方面的资源,逐渐了解自己的个性特点、能力特长和兴趣爱好等,从而进行正确的自我评估。

二是了解专业。据入校新生调查显示,很多大学生对所学专业并不了解,更多学生只是根据专业名称去推断,对专业领域和特点并没有充分认识。学

校应该在入学后开展关于专业介绍的系列讲座,组织参观实验室,介绍本专业的研究领域、研究成果、就业方向、工作特点等,让学生尽快了解自己所学专业。了解专业可以促进学生对职业的综合理解,为树立正确的职业认知打下基础。

三是挖掘专长。在正确地自我评估和专业认识的基础上,学校应鼓励学生积极参与各种校园文化活动和社会实践活动,鼓励学生最大限度地挖掘自己的潜力,在不断地实践、探索和分析中,让学生发现自己性格优势和能力特长,开阔学生的视野,发挥学生创造性。通过学校的整体就业指导教育活动,提高学生的判断、选择能力,鼓励学生以积极的态度选择未来。

(二)第二阶段:职业认知——知彼

这一阶段贯穿于第二学年,是探索期。学校应与其他高校、企业、事业单位等建立广泛的合作关系,为学生提供参观和就地实习的机会,促进学生熟悉各专业、职业和工种,以利于学生做出正确的选择。在这一阶段,大二学生应着重进行职业开发和职业调查活动。

一是掌握职业前沿信息。大学生可以通过询问毕业的学长、任课教师和本专业资深专家等,或者通过实习或者兼职来了解职业环境、发展前景、工作待遇等一系列前沿信息,并且提前培养和掌握需要具备的职业素养,这对于大学生毕业时的职业选择以及就业后工作环境的适应都有非常大的帮助。

二是了解职业核心人物。大学生可以去联系和拜访行业里的领军人物,从而了解行业里最深入的信息。例如,采矿专业的学生可以利用社会实践的机会,在跟随老师去矿业集团实习的时候,采访矿业集团的领军人物,通过他们了解行业人员所需的核心素质、工作方式和人员提拔等方面的信息。

三是进行职业实践。社会实践是大学生了解社会、熟悉职业环境的有效渠道。大学生可以通过社会实践活动,拓展知识、锻炼受挫能力和提高应变能力,并且培养基本的能力素养,包括表达能力、沟通能力、操作能力、组织管理能力和社交能力等。我们应该鼓励大学生走出去,离开校园平静、安逸的环境,到社会环境中去磨练自己。

(三)第三阶段:职业定位

这一阶段贯穿于第三学年,是成长期。职业定位是大学生职业生涯规划的核心,也是实现职业理想的起点。职业定位包括确定职业生涯目标和制定相应的工作、培训和教育计划两个方面。

一是确立职业生涯发展目标。在前两个阶段的基础上,在正确地自我认知、职业认知和社会环境分析之后,大学生需要树立职业发展的阶段性目标以及长远发展目标。阶段性目标一般指在毕业以后分阶段地划分自己的职业生涯,每一阶段需要实现的职业目标。长远发展目标是指职业发展的最高目标,是职业生涯的最高理想。阶段性和长远发展目标并不是一成不变的,随着个人能力的提高、社会经济的发展等方面因素的影响,个人需要随时调整自己的职业生涯发展目标。

二是制订相应的工作、培训和教育计划。行动计划是指落实目标的具体措施。大学生应根据自身实际和社会发展趋势,根据自己设置的职业目标来制订具体的实施计划。例如,确立毕业后继续攻读研究生的目标,这时就需要明确学习计划,了解所报考学校的要求,包括相关书籍和研究方向等,并且明确报考导师,多搜集文献,提高自身科研能力等。

(四)第四阶段:职业准备

这一阶段贯穿于第四学年,是定型期,包括了解就业政策、掌握就业技巧和就业心理辅导三个方面。

一是了解就业政策。政策指导是就业指导的前提,大学生就业政策是国家制定的高层次人力资源配置准则的体现,是调控、约束、导向毕业生择业行为的基本依据。大学生应该了解和掌握国家制定的全国性就业政策以及行业性和区域性就业政策。对大学毕业生进行就业工作程序的指导,有利于大学毕业生在规定的时间段内收集信息,参与双向选择、进行毕业鉴定、办理报到手续等,而不影响学校正常的教育秩序和学生的学习。就业政策的指导可以使大学生结合个人实际和社会环境,更有针对性、计划性地正确择业,避免走弯路。

二是掌握就业应试技巧。大学生如果掌握了制作简历的技巧、面试礼仪等方面的内容,可以有效提高自己的就业机会。简历的制作要求内容简洁、文如其人和强调目标等,一份优秀的简历是最好的"敲门砖",给用人单位留下良好的初步印象。面试的形式有个人面试、小组面试和情景面试等,有些面试会附加心理测试,应试毕业生需要了解各种面试形式的内容和模式,从而做到从容应对。此外,面试时应注意面试礼仪,大方的谈吐、得体的穿着等都可以为大学生加分不少。

三是就业心理辅导。毕业生容易出现紧张、焦虑和自卑等负面情绪。这时应该对大学生加强心理辅导,包括自信心训练、行为训练、放松训练等,调节不良情绪需要大学生改变不合理认知、合理宣泄、准确定位等。此外,大学生应该避免走进好高骛远、盲目攀高、嫉妒他人、虚荣侥幸、拘谨依赖等心理误区,要调整好自己的心态,正确对待挫折和障碍,保持良好的心理素质。

二、加强就业心理的阶段性辅导模式研究

(一)加强就业心理辅导的队伍建设

就业心理辅导工作者需要广博的文化知识结构和良好的心理学素养,不仅要了解就业政策和就业程序,还应该具备心理学辅导技能。建设一支高水平的就业教育师资队伍是开展就业教育创新模式探索、提高就业教育教学质量、实现就业教育教学目标的根本保证。就业心理辅导团队从年龄结构、学历层次和性别分布上都有一定的层次分布,应对团队进行专业、系统的培训。就业心理辅导队伍的工作目的是指导大学生树立职业生涯规划理念,具备正确的择业观,增强心理受挫能力,掌握就业应试技巧等,这就要求这支工作队伍具备扎实的理论基础、丰富的实践工作经验和高度的责任心。团队成员一般为心理健康教育工作者、就业指导工作者、辅导员以及其他具备基本素养的教师队伍。

(二)寻求社会资源的支持

高校可以寻求社会资源的支持来加强就业心理辅导。高校可以更多地建立与学校专业相关的社会实践基地、实习与就业基地,提高学生社会实习的机会,增加学生的工作经验。目前国内有些高校建立了自己的产业园,大力支持校办企业,并与一些知名企业建立合作关系,建立生产、教学和科研相结合的实践基地,为大学生提供更多的实习平台,促进大学生社会实践能力的提高,为将来更好地走向社会打下良好的基础。

（三）开展系统全面的职业生涯辅导课程

开展系统全面的职业生涯辅导课程,可以让学生尽早树立职业生涯规划的理念,建立正确的职业观和价值观,学校可以开展职业生涯规划的选修课,分阶段和分层次针对不同年级大学生开设课程内容。例如,第一学年课程以介绍职业规划知识和适应性的心理辅导知识为主,第二、三学年开展素质培训和社会实践课程,第四学年开展以就业指导为主、心理辅导为辅的职业规划课程。构建大学生职业生涯规划课程体系,可以使大学生在大学的全程学习中系统掌握职业生涯辅导课程的内容,加强职业意识。

（四）构建高校就业心理健康教育管理系统

高校建立集教育、管理和服务为一体的就业心理健康教育管理系统,可以确保就业心理辅导工作系统科学地开展。首先,就业心理辅导需要完善管理机制和加强培训力度,使得就业心理辅导团队的工作内容有据可依,提高工作的针对性和有效性。就业心理辅导工作的内容、方法和管理机制上都要有具体的工作制度,使工作更加规范、合理地开展。其次,就业心理辅导需要多元化、多层次、专兼结合的工作体系,需要学校从上到下各级部门的相互配合,整合各方面的资源,加强学生的就业服务工作。

第三节　大学生心理档案服务体系的构建

心理档案是专业档案的一种,主要用来描述和记录个体心理的发展变化、心理测试结果和心理咨询过程。大学生心理档案体系是为学校管理和学生心理的健康成长而服务的,是评估、预测、预防和调控学生心理行为的动态管理系统。大学生心理档案体系的干预模型则是为了更好地针对不同层次的学生开展心理健康教育工作而建立的心理预警和干预的运行机制。

一、大学生心理档案体系的干预模型

（一）严重心理问题学生的一级网络干预

心理档案系统中筛选出的严重心理问题学生比例较小。针对心理问题比较严重的学生,心理专职教师应该及时进行心理危机干预,解决学生面临

的各种心理冲突或者以往的心理创伤，促使其心理矛盾得到妥善解决。针对有严重心理问题或者有心理危机的学生，干预人员必须及时对当事人进行心理危机干预并为当事人提供最大的帮助。

一级网络干预心理档案的采集包括问题评估、制订计划、干预过程和评估反馈四个方面。一是问题评估，指对危机个体和事件严重程度的评估。危机干预工作者必须首先确定危机的诱发事件，并且对当事人的感受和情绪状态、当事人目前的功能水平、自伤和伤人的危险性、当事人以往的应对策略、当事人现在可利用的应对资源等进行评估，为制订计划做好铺垫。二是制订计划，即结合当事人的自控能力，根据对问题的评估制订及时的、切合实际的干预计划，对干预进行指导，包括哪些干预者、按照什么干预顺序、采用什么方法和技术、解决什么问题、达到什么效果等。三是干预过程，这是整个心理档案内容的核心，记录工作人员的整个干预过程。首先，了解危机事件的具体情况，记录当事人的感受，以及干预人员采用的心理治疗手段。其次，记录心理危机学生的非理性认知和心理发展变化。再次，干预结束后，记录心理危机学生的心理状态，是否学会应对逆境技巧、学习新的应对方式以及是否学会利用外界资源在危机状况下获得情景支持，减轻逆境对心理平衡的影响。最后，回顾计划，从当事人那里获得诚实、直接和适当的承诺，使当事人能够遵循为其制定的危机干预计划。四是评估反馈，该阶段主要对干预效果进行评估，确定干预措施是否得当，干预计划是否需要调整和完善等，以确立最佳干预方案。整个危机干预的实施步骤都应该记入心理档案，使心理档案可以动态记录学生的心理健康状况变化，作为心理健康教育工作的重要依据和参考。

（二）一般心理问题学生的二级网络干预

心理档案系统中有一般心理问题的学生占 20%～40%。可以通过个别咨询、团体咨询、电话咨询、网络咨询、书信咨询等多种形式，为他们提供心理健康指导与服务。心理专职教师应该认真接待每位来访学生，解决学生的心理困扰，并且充分利用心理设施设备，为学生提供高质量的心理咨询服务。

二级网络干预心理档案的采集包括个体咨询档案记录、团体心理辅导档案记录、网络咨询的档案记录等内容。个体咨询的档案记录内容主要包括咨询次数、咨询时间、来访者回顾、咨询师分析、主要咨询过程、咨询结束后布置的作业及咨询师的咨询反思。咨询过程中求助者的表情动作，如紧张、焦虑、手抖、口吃、外貌体型等具体表现也应该简单记录，并记录下求助者痛苦的原因，曾经的痛苦体验，包括求助者语言中的重要句子。团体心理辅导指将具有相同或相似求助原因的人聚集起来组成小组，给予集体干预。团体心理辅导的档案记录内容包括小组成员的个体情况，团体辅导的目标和内容，团体辅导的缘由，团体辅导的具体过程、效果和感悟等内容。网络咨询是一种新兴的干预方式。网络咨询主要依靠电子邮件、网上留言平台、聊天工具等途径来实现。网络咨询档案的记录更容易保存和记录，也更容易详尽地体现咨询过程，可以直接保存为电子档案。电子档案记录的内容可以详尽地记录咨询过程的每个细节，也可以简单概括地总结，比较方便灵活。

（三）健康学生的三级网络干预

心理档案体系中比例最高的是健康状态的学生。管理者应针对全校学生，开展团体心理辅导、心理讲座等心理健康教育活动，使学生树立心理健康意识，并不断开发学生潜能，完善人格，使学生更加从容地面对生活中的挫折。

三级网络干预心理档案的采集包括学生的基本信息采集、个体心理测量结果和总体数据分析等内容。学生的基本信息包括姓名、学院、专业、学号、出生年月、籍贯、年级、民族、联系方式、家庭成员和经济状况等。这些基本信息是学生在测评前填写的内容，通过基本信息我们可以简要地了解学生的基本成长情况，便于心理专职人员开展工作。个体心理测量结果可以详细反映学生的心理健康状态。心理测量采取的量表有多种，高校常用的心理量表包括大学生人格问卷（UPI）、卡特尔16种人格因素测验和症状自评量表等等。每种量表的心理健康维度不同，但都可以较好地反映出学生的心理健康状态。心理档案里应包括每一名学生的心理测量结果，包含详尽的心理测量解释和建议。总体数据分析是对心理档案的整合分析和概括，是对大学生总体心理健康状态的描述和解释，体现了大学生心理健康状态的规律性特点。数据分析一般采用SPSS统计软件，通过统计分析，了解大学生心理健康状况在年级、城乡、文理科、省内外等条件下的差异特点。这种分析使得大学生心理档案更加真实可靠,具有更高的科学性和参考性。

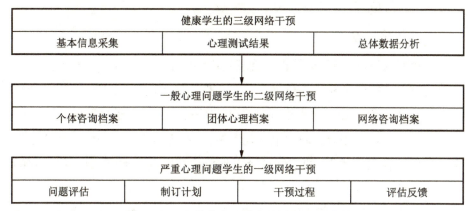

图 3-3-1 大学生心理档案体系的干预模型

二、大学生网络化心理档案的动态分层管理模式构建

随着网络化平台的发展,纸质档案的管理和使用日趋显得繁琐和复杂。纸质档案的保存、管理和查询的便捷性和成本控制日益受到电子档案的挑战。大学生心理档案的网络化是心理档案建设的发展趋势和主流。而对网络化心理档案进行动态分层管理模式的构建,可以使心理档案的建设更加科学化和规范化。

(一)大学生网络化心理档案的动态分层管理模型构建的理论基础

1.心理危机理论

美国心理学家卡普兰在 1954 年首次提出了关于心理危机的理论。卡普兰认为当个体面临突发性和重大性的情境时,之前的危机处理方法和社会支持系统不能够处理和应对当前的处境,即其所处困境超出其应对能力时,个体就会产生心理危机。其将心理危机定义为:"面临突然或重大生活事件,个体既不能回避,又无法用通常解决的方法来解决问题时所出现的心理失衡的状态。"

心理学家格拉斯认为心理危机是由于受到外部刺激或挫败而引起的心理层面的伤害。因而,他认为心理危机的含义是:"问题的困难性、重要性,以及立即进行解决和处理的所能利用资源的不均衡性。"Punukollu(1991)则将心理危机定义为："个体运用通常应付方式不能处理目前所遭遇的内外部应激时的一种反应。"

2. 档案管理理论

从档案管理的角度,电子档案管理理论给大学生网络化心理档案的动态分层管理系统提供了充分的依据。按照文件生命周期理论的内容,传统纸质类型的档案工作流程主要集中在文件的非现行阶段。电子档案的出现使得文件和档案工作的划分界限逐渐淡化和模糊,已逐步进入了一体化管理流程中。在电子档案环境下,档案管理者更加关注档案的起源、形成、背景、目的等方面的综合信息。

基于心理危机理论和档案管理理论,大学生网络化的心理档案必须采用动态分层管理模式,全方位、动态、分层次掌握学生的心理健康状况,心理档案才能保证内容、结构、背景信息三位一体的科学性和完整性。

三、大学生网络化心理档案的系统功能模块设计

(一)心理测评档案模块

高校在每年大学新生入学的时候都会进行心理普查,对所有入校新生进行心理测评,并通过测评结果为每个学生建立心理健康档案,进而了解每一位在校学生的心理健康状况。在早期心理普查刚开始普及的时候,主要是纸质问卷的统计分析,并且将纸质问卷分院系或者分学科进行保存,这是早期的心理档案的管理形式。近几年随着网络媒体的发展,大学生心理测评全部采用网络测评的形式,并使用专业的心理测评软件,学生在网上进行测评。

网络心理测评档案的收集一般包括组织施测、数据分析、回访反馈、撰写心理普查报告、建立心理档案五个阶段。① 组织施测。在组织施测前需制订完善的心理普查施测计划,根据既定时间安排学生进行网络测评,并针对学生上机操作流程提前进行培训。② 数据分析,包括对心理普查数据进行分析、录入和整理分析工作。③ 回访反馈。根据普查的结果确定回访学生名单,及时反馈给学院。④ 撰写普查报告。大学生心理健康教育中心根据普查结果撰写 2014 学生心理测评报告。⑤ 建立心理档案。将所有学生的测评结果按照科学化的方法规范整理后,进行统一归档。

（二）心理咨询档案模块

每个个案心理咨询结束后,心理咨询师都需要做详细的心理咨询记录,包括来访者的基本信息、心理状况、咨询印象、咨询进程、咨询建议等内容。心理咨询档案早期只是简单的笔录,之后逐渐形成规范的心理咨询记录本,现在逐渐开始向电子心理咨询档案转变。电子心理咨询记录的模式与内容和纸质版相同,但是将咨询记录内容全部形成电子版的形式。根据心理咨询档案可以得出许多总结性的规律,例如来咨询学生数量的性别差异,咨询问题的种类,来咨询学生的年级特点等都可以作为探讨大学生心理问题特点的第一手资料,是十分宝贵的心理档案。

（三）网络咨询档案模块

随着网络新媒体的迅速发展,网络咨询档案的模式日益灵活。网络咨询档案包括心理测评系统自带的留言平台、学校心理网站自建的留言平台、邮件、qq 信息回复等形式。这些形式为大学生提供了更方便的交流平台,当有心理问题出现时,网络咨询的渠道更容易被学生接纳,并主动求助咨询。

（四）心理预警档案模块

科学有效的预警指标可以用来确定重点关注的对象。目前,我国还没有具有权威性的针对高校学生的心理危机预警指标体系,需要专家、学者积极加以研制,但这并不意味着该项工作停滞不前或者说是无从下手,我们可以从以下几个方面进行衡量:负性情绪指标、人格缺陷指标、学习问题指标、身体症状指标和社会环境指标。这些指标可以针对需要心理危机预警的对象进行评估,并根据评估结果将个案进行归类,如果是需要重点关注的对象则需转入心理干预档案模块;如果个案心理问题没有达到心理干预的程度,则继续留在心理预警阶段,建立心理预警档案。

（五）心理干预档案模块

对于处于心理危机状态的大学生,心理危机干预的专业人员必须及时有效地进行干预,具体干预步骤分为以下几步:① 问题评估。评估贯穿于危机干预的整个过程,正确的评估有助于干预者确定危机的严重程度,确定当事人当前的情绪状态,确定可变通的应对方式、应付机制、支持系统或对当事人而言切实可用的资源。② 制订计划。结合当事人的自控能力,根据对问题的评估制订及时的、切合实际的干预计划,对干预进行指导。包括哪些干预者、按照什么干预顺序、采用什么方法和技术、解决什么问题、达到什么效果等。③ 实施干预。这是整个步骤的核心,干预包括舒缓情绪、改变不合理认知、学习应对方式、获得承诺等四个阶段。最终回顾整个干预计划,从当事人那里获得诚实、直接和适当的承诺,使当事人能够遵循为其制定的危机干预计划。④ 效果反馈。实际上效果反馈是评估的一个方面,该阶段主要对干预效果进行评估,确定干预措施是否得当,干预计划是否需要调整和完善等,以确立最佳干预方案。

心理测评档案模块	心理咨询档案模块	网络咨询档案模块	心理预警档案模块	心理干预档案模块
• 组织施测 • 数据分析 • 回访反馈 • 撰写心理普查报告 • 归类归档	• 基本信息 • 心理状况 • 咨询印象 • 咨询进程 • 咨询建议	• 系统留言平台 • 网络留言平台 • 电子邮件 • qq平台	• 负性情绪指标 • 人格缺陷指标 • 学习问题指标 • 身体症状指标 • 社会环境指标	• 问题评估 • 制订计划 • 实施干预 • 效果反馈

图 3-3-2　心理档案的系统功能模块

四、大学生网络化心理档案的动态分层管理模式

(一)动态管理模式

大学生网络化心理档案的模式是动态变化的,需要不断地完善、补充和调整。网络化的电子心理档案相比纸质类档案而言,更易于查询和提取个案信息,操作更方便,更容易被完善和补充,为心理档案的动态管理模式提供了基础。大学生网络化心理档案主要从个体和整体相结合、时间和空间相结合、网络与现实结合三个方面来建立心理档案的动态管理模式。

1. 个体与整体的动态结合

大学生网络化心理档案的动态管理需要按照个体与整体相结合的模式。首先,个体的心理状态受外界环境的变化和个体特质的影响是发展变化的,因而为每个人建立的心理档案也不是一成不变的。大学阶段正处于人生观、价值观和世界观形成的关键期,心理起伏较大,心理状况在每个时期都有所不同,我们应该对每位大学生进行连续跟踪记录,保持数据的动态性,这样整

合出来的心理档案才能反映出每个个体整个大学四年的心理健康状况,具备更高分析和利用价值。再次,由于个体心理状态的变化使个体心理档案发生变化,随之整体档案也会发生变化。而整体心理档案的变化是和个体档案的变化的有机结合,整体心理档案的变化必须以个体档案的变化为依据,并在此基础上整理出规律性和总结性的内容,形成符合大学生当前心理阶段的整体档案。

2. 时间与空间的动态结合

大学生网络化心理档案的动态管理需要把握时间和空间的结合点。德国学者斯格(1998)等认为危机是"一种能够带来高度不确定性和高度威胁的,特殊的、不可预测的、非常规的事件或一系列事件"。任何事情的发生都不可能是一个因素引起的,而是众多偶然因素和必然因素的结合体,包括时间和空间相结合的因素。大学生的心理危机往往是多种因素交织在一起造成的,大学生面临机遇与挑战、矛盾与选择、人际关系、情感、学业等各方面的冲突,而大学生身心并未发展成熟,大学生的心理问题往往是时间和空间因素相互交缠在一起,互相影响、互为因果造成的。大学生心理状态的变化需要把握几个时空点,每个时空点都会发生心理状态的激烈起伏,例如新生入学适应、毕业生就业压力等等,这时网络化的心理档案可以随时提取出来作为有益的参考。参考心理档案可以预测哪些学生更容易出现心理波动和起伏,提前进行预警和干预。然后根据预警和干预结果,及时补充发展变化的心理数据,再把心理数据进行归类归档,这种动态管理模式使心理档案更加全面和完善。

3. 网络与现实动态结合

大学生网络化心理档案的建立主要来源于网络数据和现实数据两个渠道,网络数据主要包括心理测评档案和网络咨询档案,而现实数据主要来源于心理咨询档案、心理预警档案和心理干预档案。现实数据是对网络数据的必要补充,而网络数据为现实数据提供了参考和依据。心理咨询档案、心理预警档案和心理干预档案的个案主要针对出现一般心理问题和严重心理问题的群体,在大学生群体中所占比例较少,但可以有效完善心理测评档案中个体心理状态的连续性追踪。而且现实数据这部分内容是心理危机干预工作中最重要的一部分参考资料,重大危机事件和突发事件的主体往往出现在这部分群体的个案中。网络数据和现实数据的动态结合构成了完整的大学生网络化心理档案。

(二)分层管理模式

大学生网络化心理档案以电子档案形式为主,这种形式使档案的分类管理更加灵活。纸质类档案在分类管理中,需要随时拿出实物来查询、分类和整理,不易保存、程序繁琐且容易损坏。电子档案不受空间的限制,可随意提取和查询,不占用过多的人力和空间,这也为心理档案的分层管理模式奠定了基础。大学生网络化心理档案的分层管理主要是将大学生按不同群体进行归类,在归类过程中更便于总结出大学生的群体性特点,会有更多的结果性数据可供参考,更容易把握大学生心理状态变化的发生规律,为心理健康健康教育工作的开展提供支撑。

1. 按照心理健康状况进行分层

首先,面向全体学生建立全面、详尽的心理档案库。其次,重视特殊学生的心理档案库。特殊群体学生本身或者因为学习基础较弱、学习能力不足而导致学业成绩落后,或者因为家庭经济压力较大导致学习精力的分散,或者因为特殊心理问题导致心理危机发生,原因不一而足。运用"案例剖析、动态分析、分类指导"的方法,总结归纳学生的心理健康状况,并形成专门的特殊学生群体档案库。再次,针对心理问题学生,建立动态追踪的心理档案。这类学生心理功能失调持续时间较长,但还不需要住院治疗。虽然已经影响到个体生活的质量和有效性,但尚能有基本的交往能力和独立生活能力,并且不会给他人带来危害性影响。

2. 按照人口统计学信息进行分层

人口统计学信息包括年级、性别、城乡、省内外等内容。不同角度的分层,会为心理档案的结果带来更深入的分析。例如,根据大学生的心理普查数据的统计分析结果表明,大学生的心理健康状况的一般特点是男生显著好于女生,城市大学生显著好于农村大学生,省内大学生显著好于省外大学生。在年级分层上,大一新生容易出现入学适应性问题、大二和大三学生容易出现人际交往、恋爱、生涯规划等发展性问题,大四学生容易出现求职与择业困惑、考研焦虑、未来发展的迷茫等心理问题。针对大学生网络化心理档案的分层,更有利于我们深入了解学生的心理动态,形成不同类别的归纳和总结,并采取更加有针对性的措施来促进心理健康教育工作。

综上所述,我们可以将心理档案的动态管理模式和分层管理模式总结一个结构图,可以更加清晰地了解动态分层管理模式的内容,如图3-3-3所示。

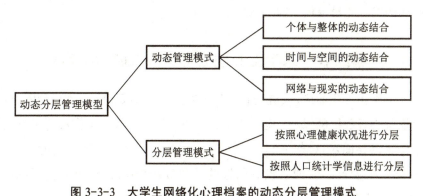

图 3-3-3　大学生网络化心理档案的动态分层管理模式

五、建立大学生网络化心理档案的工作展望

(一)加强心理健康教育工作队伍的专业化和职业化

推进大学生网络化心理档案的科学化、规范化建设,队伍建设是必要条件。许多高校建立"校—院—班—宿舍"心理健康教育工作四级管理体系,完善队伍机制,不断提高工作的实效性和针对性。一级网络学校学生心理健康教育工作领导小组主要负责全校心理健康教育指导工作和日常心理咨询、教学与研究工作。二级网络学院大学生心理健康教育工作小组,负责学校心理健康教育工作的实施、监督和检查。三级网络各班级心理联络员在辅导员的指导下开展本班的心理健康教育工作。四级网络宿舍心理观察员,关注本班学生的心理健康状况,对遇到心理问题的学生及时实施初级的朋辈心理疏导,并将心理疏导结果上报辅导员和学院心理健康负责老师。

(二)加强心理健康教育工作的制度建设

完善的工作制度是建立大学生网络化心理档案的基本保障。许多高校制定了完善的心理健康教育工作文件,促进了心理档案建设工作的开展。例如有些高校制定了《危机干预预案》和《关于进一步加强大学生心理健康教育工作的实施意见》,保障心理健康教育工作的顺利进行。为了细化和健全各项规章制度,切实解决学生问题,维护学生利益,有些高校制定了《大学生心理健康教育中心工作职责》《咨询员守则》《来访同学须知》《心理档案管理规定》等有关规章制度,保证了大学生心理健康教育工作的规范开展,并为心理档案的建设提供了有力保障。

第四节 大学生心理危机干预机制的构建

大学生在文化适应、人际交往、情绪管理等方面都面临着挑战和困难,随时面临着心理危机的风险。近年来,不论是心理健康教育工作者还是学生管理工作者都要面对这样一个现实:如果学生没有良好的心理承受能力,不懂得心理压力疏导技巧,或者没有很好的压力疏导途径,随时可能出现各种各样的问题,甚至出现自杀或杀人等极端现象。

一、大学生心理危机干预管理机制的必要性

(一)建立大学生心理危机干预管理机制是一项政治要求

《中共中央国务院关于进一步加强和改进大学生思想政治教育的意见》(中发〔2004〕16号)明确指出,在新的形势下"要制定大学生心理健康教育计划,确定相应的教育内容和方法。积极开展大学生心理健康教育和心理咨询辅导,引导大学生健康成长"。《教育部、卫生部、共青团中央关于进一步加强和改进大学生心理健康教育的意见》(教社政〔2005〕1号)进一步明确指出,要"努力构建和完善大学生心理问题高危人群预警机制。高校要认真开展大学生心理健康状况摸排工作,积极做好心理问题高危人群的预防和干预工作"。系列文件的出台,源于我国近年来高校大学生实际,从政治的高度要求高校重视大学生心理危机干预工作。

(二)建立大学生心理危机干预管理机制符合现实要求

大学生心理危机具有普遍性和独特性的特点。说危机是普遍的,是因为

在某些特定情况下（如 2003 年的 SARS），没有人能够幸免，同时，它可能随时随地在学生的学习、生活中形成困扰。其独特性则体现在面对同样的危机，不同个体的态度不一样、处理方式不一样，结果可能会大相径庭。大学生在学习、生活中，经常会遇到前程问题、学习问题、经济压力、社交与人际关系压力等困扰因素，其发展性危机、境遇性危机、存在性危机随时可能单独或交织出现，影响大学生的成长成才，特别是个别极端现象（如自杀、他杀）的出现，不利于学校教学工作和管理工作的顺利开展。及时进行心理危机干预有助于他们摆脱心理困境，发展自我。建立系统、科学、可操作性的大学生心理危机干预机制，可以对学生心理危机进行预防和干预，帮助学生摆脱心理困扰，发展自我，有利于和谐校园建设，具有较强的客观现实意义。

二、心理危机干预机制的效果评价

（一）正面效果

对学校来说，建立学校心理危机干预机制全面提高了学校素质教育水平，有利于学校教学工作和管理工作的顺利开展，有助于构建和谐健康的校园风貌。

对大学生来说，提高大学生危机承受能力和问题解决能力，避免了应激事件演化为危机事件。预防大学生心理危机，培养大学生处理问题和控制情绪的能力。引导学生正确处理各种问题，坚强面对生活中的挫折和失意，以良好的素质维护自身的心理健康。帮助学生正确认识自己的长处和短处，指导学生正确处理学习、成才、择业等方面遇到的问题，使学生自主地缓解心理压力，增强克服困难的勇气和信心。对社会而言，大学生心理危机干预机制为成立全国性的心理危机干预体系提供了基础。

（二）不足之处

相应的心理治疗体系落后，远不能满足人们的需求。心理咨询机构大多分散于各医院，大部分学校没有专门的管理和指导机构。心理热线难以取得大学生的信任，很多公益性的心理热线由于资金问题不能长期坚持下来。很多有心理问题的大学生愿意主动求助，但却不知道如何求助或因没有好的求助渠道而放弃。

三、构建心理危机干预管理机制的建议

(一)完善强有力的领导机制

领导的重视程度对大学生心理危机干预工作具有重要影响。人员配备、资金支持等方面影响着危机干预机制的运行,影响着危机干预机制的预警和干预职能的发挥,影响着大学生心理危机干预机制的专业化、制度化发展。大学生心理危机干预机制的职能发挥情况如何,关键取决于危机干预机制各项制度的落实情况。只有将干预管理机制的政策要求落实到实处,学校领导的支持、社会支持系统才能发挥较好的功效,并进一步促进危机干预机制的专业化和制度化发展,从而形成功效发挥和制度建设的良性循环。

(二)发挥学生管理功能

学生工作干部虽然会面临是从管理角度还是从心理健康角度定性学生中出现的问题的两难情况,但不论从哪个角度来讲,都能体现管理者对大学生成才成长的关爱。随着社会的发展。高等教育在客观上赋予了高校学生管理人员尤其是辅导员新的服务职能,要求辅导员不断加强学习,了解大学生心理健康知识,掌握一定的大学生心理危机干预技巧,发挥好大学生心理危机干预的基层干预职能。

(三)形成研究资料

大学生心理危机干预机制的良好运行,需要在实践的基础上不断总结经验,形成研究资料,为下一步实践活动的开展提供理论支持。专业人员关于干预机制经验的总结,为相互之间的学习、探讨提供了理论支持,有利于提高干预机制的专业化水平。这种经验总结和资料积累极有价值:有助于肯定、修正、改进、开发有关的技术和方法,使之更有针对性,更为有效;有助于对有关问题展开理论探讨;能够使有关观点得到检验;能使有关经验上升为理论。

(四)社会支持系统是心理危机干预机制的重要因素

当社会支持成员发现个体有异常情况时,及时向危机干预中心报告,能够使个体得到及时的干预,避免状况的恶化。社会支持成员能够从情感、物

质等多方面给予个体帮助,这种帮助可以贯穿危机过程的始终。科恩(1985)认为,社会支持可能在压力事件与健康状况的关系链条的两个环节上发挥作用。社会支持可以提供问题解决的策略,降低问题的严重性,从而减轻压力体验的不良影响。因此,干预过程中要注意与个体周围的老师、同学、朋友的沟通。大学生虽然大都远离家乡,并不断走向成熟和独立,但有调查显示,大学生在很大程度上保持着对父母的依恋,而且父母的支持相对于朋辈群体来讲,对个体的影响更大,因此干预者和管理者应加强与学生家长的沟通工作。

四、心理危机干预管理的具体措施

(一)开展心理健康教育课程

心理健康教育课程的开设对于提高大学生心理健康水平具有不可替代的作用,心理健康水平提高意味着大学生心理危机的减少。学校应从认知、情绪情感、意志和行为等各个方面开展大学生心理健康教育,包括人生观、价值观教育,生命教育,挫折教育,职业规划和情绪管理等,这有助于提高大学生的心理健康状况,培养大学生的良好心理品质,提高其综合素质,提升他们的社会适应能力和竞争力,降低发生心理危机的风险。

(二)开展交流对话等沟通活动

沟通是人与人之间发生相互联系的最主要形式。人醒着时大约有70%的时间都是花在这样那样的沟通过程中。我们与别人交谈、读书、看报、上课、听广播、看电视,都是在进行沟通。沟通的广度和方便程度,是生活质量的最重要的方面。从某种意义上,当前我国高校或社会上出现的心理咨询、咨询电话、希望热线等都是为求助者提供一个开放性的沟通机会,使他们有机会说出自己的困惑、烦恼、郁闷或焦虑。可见,沟通对于人们的心理健康有多么重要。

(三)强化学生工作干部队伍建设,充分发挥其教育、管理和服务职能

充分发挥思想政治教育的育人功能。坚持以人为本,实行严格的管理制度,减少因教育、管理不到位引发危机的可能。近年来,高校学生工作干部的服务职能越来越重要,学生工作干部应该用大爱之心充分发挥好该项职能。

正所谓大学应该不仅有"大楼",还要有"大师",更要有"大爱"。

（四）建立和完善公平、公正、合理的学生管理评价体系

营造学生成长宽松的氛围，搭建学生健康成长平台，如山东科技大学实施的"大学生'三结合'成长成才工程"就是很好的尝试。所谓"三结合"成才工程，即以"关爱、激励、嫁接"相结合而构成的人才培养工作。仅以家庭经济困难学生为例，通过实行"奖、贷、勤、助、免"等多项举措，减轻他们的经济负担，避免了该群体承受过重的心理压力，保证学生在校安心学习，有利于学生的健康成长。同时，该体系中关于学生思想政治表现的动态评价，被评价较差者，往往反映了该生在人际交往方面等有关方面的情况，而人际关系状况能够体现学生心理健康状况，因此为确定预警对象提供了参考。

（五）充分发挥校园文化的育人功能

校园文化情境具有潜在而重要的心理健康教育价值，对学生的心理健康往往有着不可估量的作用。校园文化作为学校隐性课程的一部分，它不仅影响着学生心理品质的形成，而且直接关系到全体学生的心理健康。应倡导科学、健康、高雅而又贴近学生实际的校园文化，努力把每个学生培养成"一个高尚的人，一个纯粹的人，一个有道德的人，一个脱离了低级趣味的人，一个有益于人民的人"。

（六）实施心理危机干预，开通心理急救热线

心理危机干预就是对企图选择极端行为的人提供紧急的心理疏导、援救和帮助。建设一支由心理学专家、公共卫生研究人员及精神卫生工作人员组成的心理危机干预队伍，用心理学的有关方法进行心理干预，让心理素质差的大学生学会应对困难和挫折，帮助其度过危机，防患于未然。良好的干预关系是指干预双方彼此都具有积极的情绪体验和互惠的人际态度。心理疏导有多种方式，最方便快捷的就是心理热线。遇到心理问题的人如果打电话求助，说明其正处于激烈的思想矛盾和斗争状态，并不想伤害自己或他人。在这种情况下，心理急救热线应提供及时的帮助，扫除当事人的心理障碍，提高其自信心，避免造成严重后果。

第四章

接受视域下大学生思想状况的实证研究

大学生思想状况研究内容采用网络在线问卷调查的方式,共收集有效问卷6186份,研究内容包括大学生对国内外重大事件的接受程度、大学生对正确价值观的接受特征、大学生对校园中不和谐现象的接受特征、大学生对思想政治素质的评价、大学生对社会思潮的接受程度五个维度的内容。调查结果显示,大学生思想政治状况整体上呈现出积极进取、健康向上的良好状态。学生对当前国内外重大事件密切关注,有较高的爱国热情和对国家社会和谐稳定的期望,对社会思潮的了解程度较高,认同大学生应普遍具有较高的思想政治素养。

第一节 大学生对国内外重大事件的接受程度的差异分析

一、学生的关注程度

调查发现,大学生对国内外的时事热点关注度比较高,在列出的14个事件(除"全球金融市场动荡,国内A股市大幅调整"外)当中关注率都在50%以上,其中,关注度最高的是"南海仲裁",关注率达87.8%;其次,大学生对"美国军舰进入我国南沙群岛近岸水域,我海军对其进行了必要、合法、专业的跟踪、监视和警告""中国科学家屠呦呦获2015年诺贝尔生理学医学奖"的关注程度也很高,分别占83.6%、82.9%,充分体现了我校大学生对国家利益以及国家科学技术发展的高度重视;再次,分别有78.3%、72.7%、71.6%、71.4%的学生关注"北京成功申获2022年冬奥会举办权""十八届五中全会做出决定,全面实施一对夫妻可生育两个孩子政策""习近平总书记《在庆祝中国共产党成立 95 周年大会上的讲话》""习近平总书记同我国台湾方面领导人马英九在新加坡会面"。

调查显示,大学生对国内外大事件关注广泛,其中大学生对国内政治、民生以及国内科技的发展关注度最高,反映了大学生强烈的爱国热情和对社会和谐稳定的期望(见表 4-1-1)。

表 4-1-1　对国内外重大事件的关注程度(%)

	①非常关注	②比较关注	③一般	④不太关注	⑤不关注
1. 纪念中国人民抗日战争暨世界反法西斯战争胜利 70 周年大会在京隆重举行	37.3	32.3	23.5	5.2	1.8
2. 多国正式签署《亚洲基础设施投资银行协定》,全国人大审议并通过	21.0	31.1	29.8	13.6	4.5
3. 全球金融市场动荡,国内 A 股市大幅调整	16.9	24.3	32.4	18.6	7.8
4. 习近平总书记赴美、英等多国进行国事访问,开启中国大外交时代	29.3	39.2	23.5	6.1	1.9
5. 北京成功申获 2022 年冬奥会举办权	40.6	37.7	17.7	2.9	1.1
6. 中国科学家屠呦呦获 2015 年诺贝尔生理学医学奖	45.1	37.8	14.4	2.0	0.8
7. 习近平总书记同我国台湾方面领导人马英九在新加坡会面	33.5	37.9	22.1	5.1	1.5
8. 十八届五中全会做出决定,全面实施一对夫妻可生育两个孩子政策	35.0	37.7	22.1	3.9	1.3
9. 美国同 11 个亚太国家就"跨太平洋战略经济伙伴关系协定"(TPP)协议达成一致	26.5	31.8	28.7	9.8	3.2
10. 欧洲爆发"第二次世界大战"以来最大规模难民潮	21.3	36.6	28.7	10.3	3.0
11. 美国军舰进入我国南沙群岛近岸水域,我海军对其进行了必要、合法、专业的跟踪、监视和警告	51.2	32.4	12.4	3.0	0.9
12. 法国巴黎发生恐怖袭击事件	22.4	39.8	28.0	7.3	2.5
13. 南海仲裁案	55.6	32.2	9.7	1.9	0.7
14. 习近平总书记《在庆祝中国共产党成立 95 周年大会上的讲话》	35.0	36.6	21.8	4.9	1.7

二、性别差异

以性别（男生、女生）为自变量，进行独立样本 *t* 检验（见表 4-1-2），男女生在题目 1（纪念中国人民抗日战争暨世界反法西斯战争胜利 70 周年大会在京隆重举行）、题目 3（全球金融市场动荡，国内 A 股市大幅调整）、题目 5（北京成功申获 2022 年冬奥会举办权）、题目 6（中国科学家屠呦呦获 2015 年诺贝尔生理学医学奖）、题目 7（习近平总书记同我国台湾方面领导人马英九在新加坡会面）、题目 11（美国军舰进入我国南沙群岛近岸水域，我海军对其进行了必要、合法、专业的跟踪、监视和警告）上存在差异；在 2 题（多国正式签署《亚洲基础设施投资银行协定》，全国人大审议并通过）、4 题（习近平总书记赴美、英等多国进行国事访问，开启中国大外交时代）、6 题（中国科学家屠呦呦获 2015 年诺贝尔生理学医学奖）、8 题（十八届五中全会做出决定，全面实施一对夫妻可生育两个孩子政策）、9 题（美国同 11 个亚太国家"跨太平洋战略经济伙伴关系协定"（TPP）协议达成一致）、10 题（欧洲爆发"第二次世界大战"以来最大规模难民潮）、12 题（法国巴黎发生恐怖袭击事件）、13 题（南海仲裁案）、14 题（习近平总书记《在庆祝中国共产党成立 95 周年大会上的讲话》）上男生女生差异不明显。

经事后比较分析，在题目 1、3、7、11 上，男生的平均得分普遍高于女生，在题目 5 上男生女生的平均得分相等。

调查结果表明，男生对"纪念中国人民抗日战争暨世界反法西斯战争胜利 70 周年大会在京隆重举行""习近平总书记同我国台湾方面领导人马英九在新加坡会面""欧洲爆发'第二次世界大战'以来最大规模难民潮"的关注程度普遍高于女生（表 4-1-2）。

表 4-1-2　性别维度各因子差异检验结果

变量	男		女		*t* 值	*P* 值
	平均数	标准差	平均数	标准差		
1题	4.01	0.960	3.94	1.028	56.751	0.000***
2题	3.60	1.107	3.35	1.072	3.668	0.056
3题	3.31	1.183	3.12	1.132	22.260	0.000***
4题	3.94	0.964	3.78	0.950	3.107	0.078

变量	男		女		t 值	P 值
	平均数	标准差	平均数	标准差		
5 题	4.14	0.904	4.14	0.845	9.762	0.002**
6 题	4.25	0.833	4.23	0.820	1.622	0.203
7 题	4.03	0.936	3.87	0.948	5.881	0.015*
8 题	4.03	0.918	3.99	0.916	0.002	0.966
9 题	3.78	1.059	3.53	1.056	1.432	0.231
10 题	3.68	1.019	3.55	1.026	2.089	0.148
11 题	4.38	0.830	4.17	0.910	6.516	0.011*
12 题	3.77	0.976	3.64	0.959	0.649	0.420
13 题	4.43	0.784	4.36	0.800	0.439	0.507
14 题	4.01	0.956	3.94	0.957	1.240	0.265

三、民族差异

将民族(汉族、少数民族)作为自变量进行独立样本 t 检验(见表 4-1-3),汉族与少数民族在 1 题(纪念中国人民抗日战争暨世界反法西斯战争胜利70 周年大会在京隆重举行)、2 题(多国正式签署《亚洲基础设施投资银行协定》,全国人大审议并通过)、3 题(全球金融市场动荡,国内 A 股市大幅调整)、4 题(习近平总书记赴美、英等多国进行国事访问,开启中国大外交时代)、5 题(北京成功申获 2022 年冬奥会举办权)、6 题(中国科学家屠呦呦获2015 年诺贝尔生理学医学奖)、12 题(法国巴黎发生恐怖袭击事件)、7 题(习近平总书记同我国台湾方面领导人马英九在新加坡会面)、8 题(十八届五中全会做出决定,全面实施一对夫妻可生育两个孩子政策)、9 题(美国同 11 个亚太国家"跨太平洋战略经济伙伴关系协定"(TPP)协议达成一致)、10 题(欧洲爆发"第二次世界大战"以来最大规模难民潮)、11 题(美国军舰进入我国南沙群岛近岸水域,我海军对其进行了必要、合法、专业的跟踪、监视和警告)、12 题(法国巴黎发生恐怖袭击事件)、13 题(南海仲裁案)、14 题(习近平总书记《在庆祝中国共产党成立 95 周年大会上的讲话》)上不存在明显的差异(见表 4-1-3)。

表 4-1-3　民族维度各因子差异检验结果

变量	汉族		少数民族		t 值	P 值
	平均数	标准差	平均数	标准差		
1 题	3.98	0.987	3.95	0.976	0.000	0.993
2 题	3.50	1.101	3.61	1.082	0.364	0.547
3 题	3.24	1.167	3.27	1.184	0.095	0.758
4 题	3.88	0.962	3.88	0.958	0.114	0.735
5 题	4.14	0.882	4.10	0.887	0.012	0.911
6 题	4.24	0.828	4.18	0.839	0.011	0.915
7 题	3.97	0.942	3.91	0.977	0.870	0.351
8 题	4.01	0.918	3.98	0.888	1.418	0.234
9 题	3.69	1.065	3.64	1.043	0.275	0.600
10 题	3.63	1.025	3.75	0.969	2.348	0.125
11 题	4.30	0.866	4.17	0.872	0.371	0.542
12 题	3.73	0.970	3.60	1.020	1.689	0.194
13 题	4.40	0.790	4.33	0.821	1.024	0.312
14 题	3.99	0.956	3.90	0.998	0.749	0.387

四、学历差异

将学历(本科、硕士研究生)作为自变量进行独立样本 t 检验(见表 4-1-4),在 1 题(纪念中国人民抗日战争暨世界反法西斯战争胜利 70 周年大会在京隆重举行)、2 题(多国正式签署《亚洲基础设施投资银行协定》,全国人大审议并通过)、3 题(全球金融市场动荡,国内 A 股市大幅调整)、4 题(习近平总书记赴美、英等多国进行国事访问,开启中国大外交时代)、5 题(北京成功申获 2022 年冬奥会举办权)、6 题(中国科学家屠呦呦获 2015 年诺贝尔生理学医学奖)、12 题(法国巴黎发生恐怖袭击事件)、7 题(习近平总书记同我国台湾方面领导人马英九在新加坡会面)、8 题(十八届五中全会做出决定,全面实施一对夫妻可生育两个孩子政策)、9 题(美国同 11 个亚太国家就"跨太平洋战略经济伙伴关系协定"(TPP)协议达成一致)、10 题(欧洲爆发"第二次世界大战"以来最大规模难民潮)、11 题(美国军舰进入我国南沙群岛近岸水域,我海军对其进行了必要、合法、专业的跟踪、监视和警告)、12 题(法国巴黎发生恐怖袭击事件)、13 题(南海仲裁案)、14 题(习近平总书记《在庆祝中国共产党成立 95 周年大会上的讲话》)上,本科生跟硕士研究生之间均存在显著差异。

调查结果显示,在国内外重大事件当中,硕士研究生的关注程度均高于本科生(见表 4-1-4)。

表 4-1-4　学历维度各因子差异检验结果

变量	本科		硕士研究生		t 值	P 值
	平均数	标准差	平均数	标准差		
1 题	3.95	1.012	4.12	0.853	9.538	0.000***
2 题	3.44	1.100	3.81	1.059	42.462	0.000***
3 题	3.19	1.163	3.45	1.163	24.728	0.000***
4 题	3.84	0.970	4.07	0.903	23.696	0.000***
5 题	4.12	0.885	4.24	0.871	8.206	0.000***
6 题	4.22	0.838	4.36	0.768	11.577	0.000***
7 题	3.92	0.952	4.21	0.869	35.579	0.000***
8 题	3.97	0.923	4.23	0.865	26.965	0.000***
9 题	3.64	1.068	3.89	1.028	26.542	0.000***
10 题	3.59	1.029	3.79	0.974	13.870	0.000***
11 题	4.27	0.882	4.42	0.780	10.272	0.000***
12 题	3.70	0.974	3.84	0.943	8.658	0.000***
13 题	4.39	0.801	4.48	0.725	4.964	0.007**
14 题	3.93	0.965	4.24	0.870	36.161	0.000***

五、年级差异

以年级(一年级、毕业班、其他年级)为因子对各项目分别进行单因素方差分析,一年级、毕业班与其他年级在 1 题(纪念中国人民抗日战争暨世界反法西斯战争胜利 70 周年大会在京隆重举行)、2 题(多国正式签署《亚洲基础设施投资银行协定》,全国人大审议并通过)、3 题(全球金融市场动荡,国内 A 股市大幅调整)、4 题(习近平总书记赴美、英等多国进行国事访问,开启中国大外交时代)、5 题(北京成功申获 2022 年冬奥会举办权)、17 题(中国科学家屠呦呦获 2015 年诺贝尔生理学医学奖)、题目 12 (法国巴黎发生恐怖袭击事件)、7 题(习近平总书记同我国台湾方面领导人马英九在新加坡会面)、8 题(十八届五中全会做出决定,全面实施一对夫妻可生育两个孩子政策)、9

题(美国同 11 个亚太国家就"跨太平洋战略经济伙伴关系协定"(TPP)协议达成一致)、10 题(欧洲爆发"第二次世界大战"以来最大规模难民潮)、11 题(美国军舰进入我国南沙群岛近岸水域,我海军对其进行了必要、合法、专业的跟踪、监视和警告)、12 题(法国巴黎发生恐怖袭击事件)、13 题(南海仲裁案)、14 题(习近平总书记《在庆祝中国共产党成立 95 周年大会上的讲话》)上均存在显著差异。

经事后比较分析,在题目 1、题目 2、题目 4、题目 7、题目 9、题目 13、题目 14 上,一年级与毕业班、毕业班与其他年级、一年级与其他年级均存在显著差异,其中一年级平均得分最高,毕业班次之,其他年级稍低;在题目 3、题目 5、题目 6 上,一年级与毕业班、一年级与其他年级存在显著差异,毕业班与其他年级不存在显著差异,其中一年级得分高于毕业班和其他年级。在题目 8、题目 10、题目 11 上,一年级与毕业班没有显著差异,一年级与其他年级存在显著差异,其他年级与毕业班存在显著差异;其中,一年级平均得分高于其他年级,毕业班得分高于其他年级。

调查结果显示,在对"纪念中国人民抗日战争暨世界反法西斯战争胜利 70 周年大会在京隆重举行""多国正式签署《亚洲基础设施投资银行协定》,全国人大审议并通过""习近平总书记赴美、英等多国进行国事访问,开启中国大外交时代""习近平总书记同我国台湾方面领导人马英九在新加坡会面""美国同 11 个亚太国家就'跨太平洋战略经济伙伴关系协定'(TPP)协议达成一致""南海仲裁案""习近平总书记《在庆祝中国共产党成立 95 周年大会上的讲话》"的关注程度上,一年级显著高于毕业班与其他年级,毕业班显著高于其他年级(见表 4-1-5)。

表 4-1-5　年级维度各因子差异检验结果

题目	年级	平均数 M	标准差 SD	F 值	P 值
1 题	一年级	4.11	0.840	25.483	0.000***
	毕业班	3.99	1.012		
	其他年级	3.88	1.061		
2 题	一年级	3.79	1.101	89.357	0.000***
	毕业班	3.45	1.041		
	其他年级	3.33	1.085		

题目	年级	平均数 *M*	标准差 *SD*	*F* 值	*P* 值
3 题	一年级	3.38	1.244	19.389	0.000***
	毕业班	3.22	1.120		
	其他年级	3.14	1.120		
4 题	一年级	4.06	0.964	47.982	0.000***
	毕业班	3.85	0.940		
	其他年级	3.76	0.951		
5 题	一年级	4.34	0.842	71.257	0.000***
	毕业班	4.05	0.855		
	其他年级	4.03	0.896		
6 题	一年级	4.52	0.717	151.679	0.000***
	毕业班	4.14	0.820		
	其他年级	4.09	0.856		
7 题	一年级	4.14	0.955	49.404	0.000***
	毕业班	3.96	0.914		
	其他年级	3.85	0.928		
8 题	一年级	4.12	0.939	27.481	0.000***
	毕业班	4.07	0.846		
	其他年级	3.91	0.921		
9 题	一年级	3.84	1.093	32.573	0.000***
	毕业班	3.69	1.023		
	其他年级	3.57	1.047		
10 题	一年级	3.87	1.031	73.895	0.000***
	毕业班	3.52	0.967		
	其他年级	3.50	1.011		
11 题	一年级	4.42	0.829	33.436	0.000***
	毕业班	4.34	0.817		
	其他年级	4.20	0.901		
12 题	一年级	3.92	0.990	54.734	0.000***
	毕业班	3.67	0.887		
	其他年级	3.61	0.971		

题目	年级	平均数 M	标准差 SD	F 值	P 值
13题	一年级	4.50	0.739	23.149	0.000***
	毕业班	4.42	0.762		
	其他年级	4.33	0.831		
14题	一年级	4.13	0.958	44.458	0.000***
	毕业班	4.04	0.923		
	其他年级	3.85	0.954		

六、学科差异

以学科（文科、工科、理科）为因子对各项目进行单因素方差分析,结果发现我校大学生在2题（多国正式签署《亚洲基础设施投资银行协定》,全国人大审议并通过）、3题（全球金融市场动荡,国内A股市大幅调整）、17题（中国科学家屠呦呦获2015年诺贝尔生理学医学奖）、8题（十八届五中全会做出决定,全面实施一对夫妻可生育两个孩子政策）、9题（美国同11个亚太国家就"跨太平洋战略经济伙伴关系协定"（TPP）协议达成一致）、11题（美国军舰进入我国南沙群岛近岸水域,我海军对其进行了必要、合法、专业的跟踪、监视和警告）上存在显著性差异,在其他题目上不存在显著差异。

经事后比较分析,在2题、3题、8题、9题、11题上,文科与工科存在显著性差异,文科与理科、理科与工科不存在显著性差异,工科生的平均得分高于文科生;在6题上,文科与工科、工科与理科、理科与文科均存在显著性差异,其中,理科平均得分最高,工科次之,文科最低。

调查结果显示,在"多国正式签署《亚洲基础设施投资银行协定》,全国人大审议并通过""全球金融市场动荡,国内A股市大幅调整""十八届五中全会做出决定,全面实施一对夫妻可生育两个孩子政策""美国同11个亚太国家就'跨太平洋战略经济伙伴关系协定'（TPP）协议达成一致""美国军舰进入我国南沙群岛近岸水域,我海军对其进行了必要、合法、专业的跟踪、监视和警告"上,工科与理科生的政治认知程度高于文科生。在"中国科学家屠呦呦获2015年诺贝尔生理学医学奖"上,理科生的关注程度最高,工科生次之,文科生最低（见表4-1-6）。

表 4-1-6　学科维度各因子差异检验结果

题目	学科	平均数 M	标准差 SD	F 值	P 值
1题	文科	3.97	0.968	1.066	0.344
	工科	3.99	0.993		
	理科	3.93	0.981		
2题	文科	3.58	1.058	3.240	0.039*
	工科	3.49	1.112		
	理科	3.48	1.099		
3题	文科	3.38	1.165	9.311	0.000***
	工科	3.20	1.166		
	理科	3.25	1.165		
4题	文科	3.87	0.942	0.025	0.975
	工科	3.88	0.967		
	理科	3.88	0.968		
5题	文科	4.14	0.838	0.069	0.933
	工科	4.14	0.899		
	理科	4.12	0.850		
6题	文科	4.19	0.852	3.134	0.044*
	工科	4.26	0.827		
	理科	4.27	0.779		
7题	文科	3.96	0.931	0.076	0.927
	工科	3.97	0.948		
	理科	3.98	0.940		
8题	文科	4.08	0.887	4.265	0.014*
	工科	3.99	0.933		
	理科	4.03	0.860		
9题	文科	3.77	1.029	4.172	0.015*
	工科	3.66	1.078		
	理科	3.69	1.032		
10题	文科	3.69	1.017	2.769	0.063
	工科	3.62	1.027		
	理科	3.59	1.010		

题目	学科	平均数 M	标准差 SD	F 值	P 值
11 题	文科	4.24	0.893		
	工科	4.32	0.858	3.969	0.019*
	理科	4.26	0.866		
12 题	文科	3.72	0.989		
	工科	3.73	0.967	.256	0.774
	理科	3.70	0.971		
13 题	文科	4.38	0.794		
	工科	4.42	0.789	3.006	0.050*
	理科	4.34	0.794		
14 题	文科	3.97	0.963		
	工科	3.98	0.959	0.276	0.758
	理科	4.01	0.937		

七、城乡差异分析

将城镇和农村的各项目分别进行独立样本 t 检验,结果发现,在 1 题(纪念中国人民抗日战争暨世界反法西斯战争胜利 70 周年大会在京隆重举行)、3 题(全球金融市场动荡,国内 A 股市大幅调整)、8 题(十八届五中全会做出决定,全面实施一对夫妻可生育两个孩子政策)、12 题(法国巴黎发生恐怖袭击事件)上存在显著性差异,在 1 题、3 题、8 题、12 题中城镇的平均得分均高于农村得分。在 2 题(多国正式签署《亚洲基础设施投资银行协定》,全国人大审议并通过)、4 题(习近平总书记赴美、英等多国进行国事访问,开启中国大外交时代)、5 题(北京成功申获 2022 年冬奥会举办权)、6 题(中国科学家屠呦呦获 2015 年诺贝尔生理学医学奖)、12 题(法国巴黎发生恐怖袭击事件)、7 题(习近平总书记同我国台湾方面领导人马英九在新加坡会面)、9 题(美国同 11 个亚太国家就"跨太平洋战略经济伙伴关系协定"(TPP)协议达成一致)、10 题(欧洲爆发"第二次世界大战"以来最大规模难民潮)、11 题(美国军舰进入我国南沙群岛近岸水域,我海军对其进行了必要、合法、专业的跟踪、监视和警告)、13 题(南海仲裁案)、14 题(习近平总书记《在庆祝中国共产党成立 95 周年大会上的讲话》)上不存在显著性差异。

调查结果显示,城镇学生与农村学生在"纪念中国人民抗日战争暨世界反法西斯战争胜利 70 周年大会在京隆重举行""全球金融市场动荡,国内 A 股市大幅调整""十八届五中全会做出决定,全面实施一对夫妻可生育两个孩子政策""法国巴黎发生恐怖袭击事件"上认知程度有所差异,城镇学生在这些方面上关注程度高于农村学生(见表 4-1-7)。

表 4-1-7　城乡维度各因子差异检验结果

变量	城镇		农村		t 值	P 值
	平均数	标准差	平均数	标准差		
1 题	3.99	0.968	3.98	0.996	10.648	0.001**
2 题	3.60	1.114	3.46	1.091	1.269	0.260
3 题	3.40	1.183	3.15	1.150	18.137	0.000***
4 题	3.94	0.978	3.85	0.952	0.551	0.458
5 题	4.16	0.895	4.13	0.875	3.042	0.081
6 题	4.27	0.843	4.23	0.819	1.979	0.160
7 题	4.01	0.950	3.95	0.939	0.191	0.662
8 题	4.08	0.926	3.98	0.911	4.008	0.045*
9 题	3.79	1.078	3.63	1.053	0.067	0.796
10 题	3.74	1.025	3.57	1.018	1.329	0.249
11 题	4.31	0.886	4.29	0.856	3.018	0.082
12 题	3.85	0.969	3.66	0.967	6.640	0.010*
13 题	4.42	0.810	4.39	0.780	0.052	0.820
14 题	4.01	0.974	3.97	0.948	0.133	0.716

八、政治面貌差异

以政治面貌(群众、共青团员、中共党员)为因子对各项目进行单因素方差分析,结果发现,在 1 题(纪念中国人民抗日战争暨世界反法西斯战争胜利 70 周年大会在京隆重举行)、2 题(多国正式签署《亚洲基础设施投资银行协定》,全国人大审议并通过)、3 题(全球金融市场动荡,国内 A 股市大幅调整)、4 题(习近平总书记赴美、英等多国进行国事访问,开启中国大外交时代)、5 题(北京成功申获 2022 年冬奥会举办权)、6 题(中国科学家屠呦呦获 2015 年诺贝尔生理学医学奖)、7 题(习近平总书记同我国台湾方面领导人马英九在新加坡会面)、8 题(十八届五中全会做出决定,全面实施一对夫妻可生育两个孩子政策)、9 题(美国同 11 个亚太国家就"跨太平洋战略经济伙伴关系协定"(TPP)协议达成一致)、11 题(美国军舰进入我国南沙群岛近岸水域,我海军对其进行了必要、合法、专业的跟踪、监视和警告)、12 题(法国巴黎发生恐怖袭击事件)、13 题(南海仲裁案)、14 题(习近平总书记《在庆祝中国共产党成立 95 周年大会上的讲话》)上均存在显著差异,在 21 题上不存在显著性差异。

经事后比较分析,在 1 题、4 题、5 题、6 题、7 题、8 题、13 题、14 题上,群众与中共党员、共青团员与中共党员之间存在显著性差异,群众与共青团员之间不存在显著差异,其中中共党员的得分高于群众和共青团员;在 5 题、6 题、9 题、11 题上,共青团员与中共党员之间存在显著性差异,中共党员的平均得分高于共青团员,共青团员与群众、群众与中共党员之间不存在显著性差异。

调查结果显示,中共党员对"纪念中国人民抗日战争暨世界反法西斯战争胜利 70 周年大会在京隆重举行""习近平总书记赴美、英等多国进行国事访问,开启中国大外交时代""北京成功申获 2022 年冬奥会举办权""中国科学家屠呦呦获 2015 年诺贝尔生理学医学奖""习近平总书记同我国台湾方面领导人马英九在新加坡会面""十八届五中全会做出决定,全面实施一对夫妻可生育两个孩子政策""南海仲裁案""习近平总书记《在庆祝中国共产党成立 95 周年大会上的讲话》"的关注度比共青团员和群众高,中共党员对"多国正式签署《亚洲基础设施投资银行协定》,全国人大审议并通过""全球金融市场动荡,国内 A 股市大幅调整""美国同 11 个亚太国家就"跨太平洋战略经济伙伴关系协定"(TPP)协议达成一致""美国军舰进入我国南沙群岛近岸水域,我海军对其进行了必要、合法、专业的跟踪、监视和警告"的关注程度高于共青团员(见表 4-1-8)。

表 4-1-8 政治面貌维度各因子差异检验结果

题目	政治面貌	平均数 M	标准差 SD	F 值	P 值
	群众	3.80	1.106		
1 题	共青团员	3.97	0.997	8.714	0.000***
	中共党员	4.18	0.808		

接受视域下大学生全面发展的理论与实证研究

题目	政治面貌	平均数 M	标准差 SD	F 值	P 值
2 题	群众	3.39	1.193	4.535	0.004**
	共青团员	3.49	1.103		
	中共党员	3.68	1.036		
3 题	群众	3.19	1.227	3.911	0.008**
	共青团员	3.22	1.169		
	中共党员	3.40	1.132		
4 题	群众	3.75	1.074	10.235	0.000***
	共青团员	3.86	0.968		
	中共党员	4.11	0.828		
5 题	群众	3.96	1.058	5.610	0.001**
	共青团员	4.13	0.886		
	中共党员	4.27	0.783		
6 题	群众	3.99	1.125	6.069	0.000***
	共青团员	4.24	0.826		
	中共党员	4.34	0.748		
7 题	群众	3.76	1.071	10.835	0.000***
	共青团员	3.95	0.948		
	中共党员	4.19	0.827		
8 题	群众	3.74	1.142	11.489	0.000***
	共青团员	4.00	0.916		
	中共党员	4.22	0.851		
9 题	群众	3.62	1.161	6.645	0.000***
	共青团员	3.67	1.067		
	中共党员	3.89	0.991		
10 题	群众	3.73	1.165	1.530	0.204
	共青团员	3.62	1.025		
	中共党员	3.68	0.974		
11 题	群众	4.17	1.004	5.954	0.000***
	共青团员	4.29	0.871		
	中共党员	4.43	0.763		

题目	政治面貌	平均数 M	标准差 SD	F 值	P 值
12题	群众	3.63	1.117	3.533	0.014*
	共青团员	3.72	0.970		
	中共党员	3.84	0.940		
13题	群众	4.17	1.004	8.123	0.000***
	共青团员	4.39	0.789		
	中共党员	4.52	0.727		
14题	群众	3.75	1.016	29.874	0.000***
	共青团员	3.95	0.959		
	中共党员	4.38	0.821		

第二节 大学生对正确价值观的接受特征

一、学生得分分布情况

调查表明,绝大多数学生拥有正确的价值观。95.6%的学生赞同"个人只有在集体中才能更好地得到发展,在考虑利益问题时,应首先考虑国家利益和集体利益"的说法;95.2%的学生赞同"诚信是做人之本"的说法;94.4%的同学赞同"大学生应成为社会主义核心价值观的积极传播者和践行者"的说法;94.1%的同学赞同"人世间的一切幸福都要靠辛勤的劳动来创造的"说法;92.7%的同学赞同"没有理想信念,理想信念不坚定,精神上就会'缺钙'"的说法;91.5%的同学赞同"人生的价值在于奉献"的说法;91.1%的同学赞同"人民是历史的创造者,群众是真正的英雄"的说法;83.8%的同学赞同"没有稳定信念,什么事情也办不成,已经取得的成果也会失去"的说法(见表4-2-1)。

表 4-2-1 对正确价值观的态度(%)

	非常赞同	比较赞同	说不清楚	不太赞同	很不赞同
15. 人民是历史的创造者,群众是真正的英雄	59.0	32.1	6.7	1.5	0.7
16. 诚信是做人之本	78.5	16.7	3.7	0.8	0.2
17. 人世间的一切幸福都要靠辛勤的劳动来创造	71.0	23.1	4.3	1.3	0.2

	非常 赞同	比较 赞同	说不 清楚	不太 赞同	很不 赞同
18. 个人只有在集体中才能更好地得到发展,在考虑利益问题时,应首先考虑国家利益和集体利益	70.0	25.6	3.4	0.8	0.2
19. 人生的价值在于奉献	53.7	37.8	6.6	1.4	0.5
20. 大学生应成为社会主义核心价值观的积极传播者和践行者	65.5	28.9	4.7	0.6	0.3
21. 没有理想信念,理想信念不坚定,精神上就会"缺钙"	62.5	30.2	5.0	1.2	1.0
22. 没有稳定,什么事情也办不成,已经取得的成果也会失去	48.0	35.8	10.1	4.0	2.1

二、性别差异

以性别(男生、女生)为自变量,以对正确价值观的各项目内容得分为因变量,进行独立样本 t 检验,性别在 15 题(对于"人民是历史的创造者,群众是真正的英雄"的说法的态度)、16 题(对于"诚信是做人之本"的说法的态度)、17 题(对于"人世间的一切幸福都要靠辛勤的劳动来创造"的说法的态度)、18 题(对于"个人只有在集体中才能更好地得到发展,在考虑利益问题时,应首先考虑国家利益和集体利益"的说法的态度)、19 题(对于"人生的价值在于奉献"的说法的态度)、20 题(对于"大学生应成为社会主义核心价值观的积极传播者和践行者"的说法的态度)、21 题(对于"没有理想信念,理想信念不坚定,精神上就会'缺钙'"的说法的态度)、22 题(对于"没有稳定信念,什么事情也办不成,已经取得的成果也会失去"的说法的态度)上有显著差异,男生在 15 题、16 题、17 题、18 题、19 题、20 题、21 题、22 题上得分均低于女生。

调查结果表明,在对正确价值观的态度上,女生比男生的赞同度更高(见表 4-2-2)。

表 4-2-2　性别维度各因子差异检验结果

变量	男		女		t 值	P 值
	平均数	标准差	平均数	标准差		
15 题	4.44	0.791	4.52	0.661	45.457	0.000***

变量	男		女		t 值	P 值
	平均数	标准差	平均数	标准差		
16 题	4.69	0.636	4.79	0.489	135.934	0.000***
17 题	4.60	0.691	4.70	0.567	95.900	0.000***
18 题	4.63	0.634	4.68	0.555	32.399	0.000***
19 题	4.38	0.757	4.51	0.642	43.422	0.000***
20 题	4.54	0.672	4.68	0.557	132.320	0.000***
21 题	4.47	0.763	4.60	0.692	43.673	0.000***
22 题	4.22	0.950	4.26	0.919	0.058	0.000***

三、民族差异

以民族(汉族、少数民族)为自变量,以对正确价值观的各项目内容得分为因变量,结果发现民族在 17 题(对于"人世间的一切幸福都要靠辛勤的劳动来创造"的说法的态度)、18 题(对于"个人只有在集体中才能更好地得到发展,在考虑利益问题时,应首先考虑国家利益和集体利益"的说法的态度)上有显著差异,汉族在 17 题、18 题上得分高于少数民族。在 15 题(对于"人民是历史的创造者,群众是真正的英雄"的说法的态度)、16 题(对于"诚信是做人之本"的说法的态度)、19 题(对于"人生的价值在于奉献"的说法的态度)、20 题(对于"大学生应成为社会主义核心价值观的积极传播者和践行者"的说法的态度)、21 题(对于"没有理想信念,理想信念不坚定,精神上就会'缺钙'"的说法的态度)、22 题(对于"没有稳定信念,什么事情也办不成,已经取得的成果也会失去"的说法的态度)上没有显著差异。

调查结果表明,在对正确价值观"人世间的一切幸福都要靠辛勤的劳动来创造"和"个人只有在集体中才能更好地得到发展,在考虑利益问题时,应首先考虑国家利益和集体利益"说法的态度上,汉族学生的赞同度比少数民族学生高(见表 4-2-3)。

表 4-2-3 民族维度各因子差异检验结果

变量	汉族		少数民族		t 值	P 值
	平均数	标准差	平均数	标准差		
15 题	4.47	0.746	4.37	0.743	0.152	0.697
16 题	4.73	0.587	4.69	0.604	1.093	0.296
17 题	4.64	0.646	4.54	0.772	7.749	0.005**
18 题	4.65	0.605	4.57	0.654	4.825	0.028*
19 题	4.43	0.721	4.40	0.672	0.309	0.578
20 题	4.59	0.635	4.51	0.646	2.093	0.148
21 题	4.52	0.739	4.43	0.779	1.350	0.245
22 题	4.24	0.935	4.02	1.044	0.615	0.433

四、学历差异

以学历(本科生、硕士研究生)为自变量,对正确价值观的各项目分别进行单因素方差分析,结果发现在 15 题(对于"人民是历史的创造者,群众是真正的英雄"的说法的态度)、16 题(对于"诚信是做人之本"的说法的态度)、17 题(对于"人世间的一切幸福都要靠辛勤的劳动来创造"的说法的态度)、18 题(对于"个人只有在集体中才能更好地得到发展,在考虑利益问题时,应首先考虑国家利益和集体利益"的说法的态度)、19 题(对于"人生的价值在于奉献"的说法的态度)、20 题(对于"大学生应成为社会主义核心价值观的积极传播者和践行者"的说法的态度)、21 题(对于"没有理想信念,理想信念不坚定,精神上就会'缺钙'"的说法的态度)、22 题(对于"没有稳定信念,什么事情也办不成,已经取得的成果也会失去"的说法的态度)上存在显著差异,本科生在 15 题、16 题、17 题、18 题、19 题、20 题、21 题、22 题上得分低于硕士研究生。

调查结果表明,在对正确人生价值观的态度上,硕士研究生的赞同度比本科生更高(见表 4-2-4)。

表 4-2-4 学历维度各因子差异检验结果

变量	本科生		硕士研究生		t 值	P 值
	平均数	标准差	平均数	标准差		
15 题	4.45	0.760	4.64	0.604	27.953	0.000***

变量	本科生		硕士研究生		t 值	P 值
	平均数	标准差	平均数	标准差		
16 题	4.71	0.606	4.85	0.423	25.675	0.000***
17 题	4.61	0.666	4.78	0.502	30.954	0.000***
18 题	4.62	0.624	4.79	0.470	28.979	0.000***
19 题	4.40	0.732	4.60	0.599	28.866	0.000***
20 题	4.56	0.646	4.74	0.523	31.188	0.000***
21 题	4.49	0.759	4.69	0.584	29.293	0.000***
22 题	4.20	0.944	4.42	0.881	19.416	0.000***

五、年级差异

以年级(一年级、毕业班、其他年级)为因子对各项目分别进行单因素方差分析,不同年级学生在 15 题(对于"人民是历史的创造者,群众是真正的英雄"的说法的态度)、16 题(对于"诚信是做人之本"的说法的态度)、17 题(对于"人世间的一切幸福都要靠辛勤的劳动来创造"的说法的态度)、18 题(对于"个人只有在集体中才能更好地得到发展。在考虑利益问题时,应首先考虑国家利益和集体利益"的说法的态度)、19 题(对于"人生的价值在于奉献"的说法的态度)、20 题(对于"大学生应成为社会主义核心价值观的积极传播者和践行者"的说法的态度)、21 题(对于"没有理想信念,理想信念不坚定,精神上就会'缺钙'"的说法的态度)、22 题(对于"没有稳定,什么事情也办不成,已经取得的成果也会失去"的说法的态度)这些问题上存在显著差异。

经过比较分析表明,在 15 题、16 题、17 题、18 题、19 题、20 题、21 题、22 题上,毕业班得分高于一年级,其他年级得分高于一年级、毕业班。

调查结果显示,在对正确价值观的态度上,毕业班学生的赞同度比一年级高,其他年级的赞同度高于一年级、毕业班(见表 4-2-5)。

表 4-2-5　年级维度各因子差异检验结果

题目	年级	平均数 M	标准差 SD	F 值	P 值
15 题	一年级	4.53	0.712	10.178	0.000***
	毕业班	4.48	0.752		
	其他年级	4.42	0.764		

题目	年级	平均数 M	标准差 SD	F 值	P 值
16 题	一年级	4.80	0.506	21.341	0.000***
	毕业班	4.72	0.606		
	其他年级	4.68	0.629		
17 题	一年级	4.72	0.605	27.723	0.000***
	毕业班	4.65	0.648		
	其他年级	4.57	0.675		
18 题	一年级	4.72	0.561	30.173	0.000***
	毕业班	4.67	0.583		
	其他年级	4.58	0.640		
19 题	一年级	4.55	0.675	39.068	0.000***
	毕业班	4.39	0.736		
	其他年级	4.36	0.732		
20 题	一年级	4.68	0.594	29.603	0.000***
	毕业班	4.57	0.649		
	其他年级	4.53	0.651		
21 题	一年级	4.60	0.733	20.244	0.000***
	毕业班	4.54	0.705		
	其他年级	4.45	0.754		
22 题	一年级	4.32	0.957	17.728	0.000***
	毕业班	4.28	0.891		
	其他年级	4.15	0.939		

六、学科差异

以学科(文科,理科,工科)为因子对各项目进行单因素方差分析,学科在15 题(对于"人民是历史的创造者,群众是真正的英雄"的说法的态度)、16 题(对于"诚信是做人之本"的说法的态度)、17 题(对于"人世间的一切幸福都要靠辛勤的劳动来创造"的说法的态度)、19 题(对于"人生的价值在于奉献"的说法的态度)上有显著差异。在 18 题(对于"个人只有在集体中才能更好地得到发展,在考虑利益问题时,应首先考虑国家利益和集体利益"的说法的态度)、20 题(对于"大学生应成为社会主义核心价值观的积极传播者和践行者"的说法的态度)、21题(对于"没有理想信念,理想信念不坚定,精神上就会'缺钙'"的说法的态度)、22题(对于"没有稳定信念,什么事情也办不成,已经取得的成果也会失去"的说法的态度)上没有显著差异。

经过分析,在15题上,文科生得分高于工科生和理科生,工科生和理科生之间没有显著差异;在16题、17题上,文科生和工科生得分均大于理科生,文科生和工科生之间没有显著差异;在19题上,文科生得分高于工科生和理科生,工科生得分高于理科生。

调查结果表明,在对正确价值观"人民是历史的创造者,群众是真正的英雄"的态度上,文科生的赞同度高于工科生和理科生;在对正确价值观"诚信是做人之本"和"人世间的一切幸福都要靠辛勤的劳动来创造"的态度上,文科生和工科生的赞同度高于理科生;在对正确价值观"人生的价值在于奉献"的态度上,文科生的赞同度高于工科生和理科生,工科生的赞同度高于理科生(见表4-2-6)。

表 4-2-6 学科维度各因子差异检验结果

题目	年级	平均数 M	标准差 SD	F 值	P 值
15题	文科	4.54	0.744	5.541	0.004**
	工科	4.46	0.744		
	理科	4.42	0.754		
16题	文科	4.73	0.593	5.442	0.004**
	工科	4.74	0.574		
	理科	4.65	0.658		
17题	文科	4.67	0.648	4.247	0.014*
	工科	4.63	0.646		
	理科	4.57	0.679		
18题	文科	4.67	0.600	.917	0.400
	工科	4.64	0.613		
	理科	4.65	0.572		
19题	文科	4.50	0.705	8.067	0.000***
	工科	4.42	0.718		
	理科	4.36	0.743		

续表

题目	年级	平均数 M	标准差 SD	F 值	P 值
20 题	文科	4.61	0.663	1.080	0.340
	工科	4.58	0.632		
	理科	4.57	0.603		
21 题	文科	4.55	0.754	1.080	0.340
	工科	4.52	0.740		
	理科	4.49	0.716		
22 题	文科	4.24	0.969	0.093	0.911
	工科	4.23	0.933		
	理科	4.23	0.916		

七、城乡差异分析

以城乡差异(城镇、农村)为自变量,以对思想理论认知状况的各项目内容得分为因变量,进行独立样本 t 检验,结果发现,城镇和农村学生在 15 题(对于"人民是历史的创造者,群众是真正的英雄"的说法的态度)、16 题(对于"诚信是做人之本"的说法的态度)、17 题(对于"人世间的一切幸福都要靠辛勤的劳动来创造"的说法的态度)、18 题(对于"个人只有在集体中才能更好地得到发展,在考虑利益问题时,应首先考虑国家利益和集体利益"的说法的态度)、19 题(对于"人生的价值在于奉献"的说法的态度)、20 题(对于"大学生应成为社会主义核心价值观的积极传播者和践行者"的说法的态度)、21 题(对于"没有理想信念,理想信念不坚定,精神上就会'缺钙'"的说法的态度)上存在显著差异,城镇在 15 题、16 题、17 题、18 题、19 题、20 题、21 题上得分低于农村。在 22 题(对于"没有稳定信念,什么事情也办不成,已经取得的成果也会失去的"说法的态度)上没有显著差异。

调查结果显示,在对正确价值观"人民是历史的创造者,群众是真正的英雄""诚信是做人之本""人世间的一切幸福都要靠辛勤的劳动来创造""个人只有在集体中才能更好地得到发展,在考虑利益问题时,应首先考虑国家利益和集体利益""人生的价值在于奉献""大学生应成为社会主义核心价值观的积极传播者和践行者""没有理想信念,理想信念不坚定,精神上就会'缺钙'""没有稳定,什么事情也办不成,已经取得的成果也会失去"的态度上,城镇学生的赞同度高于农村学生(见表4-2-7)。

表4-2-7　城乡维度各因子差异检验结果

变量	城镇		农村		t值	P值
	平均数	标准差	平均数	标准差		
15题	4.46	0.786	4.48	0.723	5.734	0.017*
16题	4.69	0.646	4.74	0.558	33.725	0.000***
17题	4.60	0.696	4.65	0.624	19.359	0.000***
18题	4.62	0.657	4.66	0.578	25.152	0.000***
19题	4.41	0.772	4.44	0.690	16.313	0.000***
20题	4.55	0.696	4.61	0.600	35.709	0.000***
21题	4.50	0.780	4.53	0.718	7.889	0.005**
22题	4.24	0.973	4.23	0.920	4.341	0.037*

八、政治面貌差异

以政治面貌(群众、共青团员、中共党员)为因子对各项目分别进行单因素方差分析,在15题(对于"人民是历史的创造者,群众是真正的英雄"的说法的态度)、16题(对于"诚信是做人之本"的说法的态度)、17题(对于"人世间的一切幸福都要靠辛勤的劳动来创造"的说法的态度)、18题(对于"个人只有在集体中才能更好地得到发展,在考虑利益问题时,应首先考虑国家利益和集体利益"的说法的态度)、19题(对于"人生的价值在于奉献"的说法的态度)、20题(对于"大学生应成为社会主义核心价值观的积极传播者和践行者"的说法的态度)、21题(对于"没有理想信念,理想信念不坚定,精神上就会'缺钙'"的说法的态度)、22题(对于"没有稳定信念,什么事情也办不成,已经取得的成果也会失去"的说法的态度)上存在显著差异。

经过事后比较分析,在15题、16题上,共青团员和中共党员得分均高于群众,共青团员和中共党员之间没有显著差异;在17题、18题、19题、20题、21题上,共青团员和中共党员得分均高于群众,中共党员得分高于共青团员;在22题上,中共党员得分高于共青团员,共青团员和中共党员于群众之间均没有显著差异。

调查结果显示,在对正确人生价值"人民是历史的创造者,群众是真正的英雄""诚信是做人之本"的态度上,共青团员和中共党员的赞同度高于群众;在对正确人生价值"人世间的一切幸福都要靠辛勤的劳动来创造""个人只有在集体中才能更好地得到发展,在考虑利益问题时,应首先考虑国家利益和集体利益"的态度上,"人生的价值在于奉献""大学生应成为社会主义核心价值观的积极传播者和践行者""没有理想信念,理想信念不坚定,精神上就会'缺钙'"的态度上,共青团员和中共党员的赞同度均高于群众,中共党员赞同度高于共青团员(见表4-2-8)。

表 4-2-8　政治面貌维度各因子差异检验结果

题目	年级	平均数 M	标准差 SD	F 值	P 值
15 题	群众	4.23	0.896	5.593	0.001**
	共青团员	4.47	0.746		
	中共党员	4.56	0.706		
16 题	群众	4.51	0.843	4.778	0.003**
	共青团员	4.73	0.583		
	中共党员	4.77	0.574		
17 题	群众	4.37	0.818	7.549	0.000***
	共青团员	4.63	0.651		
	中共党员	4.72	0.592		
18 题	群众	4.38	0.805	9.561	0.000***
	共青团员	4.64	0.609		
	中共党员	4.74	0.517		
19 题	群众	4.19	0.843	7.773	0.000***
	共青团员	4.42	0.719		
	中共党员	4.55	0.681		
20 题	群众	4.24	0.859	11.842	0.000***
	共青团员	4.59	0.629		
	中共党员	4.68	0.635		
21 题	群众	4.27	0.883	9.782	0.000***
	共青团员	4.51	0.744		
	中共党员	4.67	0.651		
22 题	群众	4.12	0.974	4.328	0.005**
	共青团员	4.22	0.942		
	中共党员	4.37	0.891		

第三节　大学生对校园中不和谐现象的接受特征

一、学生得分分布情况

调查表明,大部分学生认为校园中的存在的不文明现象只是个别现象。79.2%的同学认为校园中存在的"夸大贫困程度,骗取更多资助等情况"的现象不普遍;78.4%的同学认为校园中存在的"表面满不在乎,内心脆弱痛苦"的现象不普遍;77.4%的同学认为校园中存在的"追求消费档次,盲目攀比"的现象不普遍;76.7%的同学认为校园中存在的"事不关己,高高挂起"的现象不普遍;76.2%的同学认为校园中存在的"把'无知'当作个性,将'卖萌'视为童真"的现象不普遍;73.0%的同学认为校园中存在的"必修课选逃,选修课必逃"的现象不普遍;72.7%的同学认为校园中存在的"文娱活动受追捧,学术讲堂受冷落"的现象不普遍;72.6%的学生认为校园中存在的"上课手机不离手,下课网络不离线"的现象不普遍;67.7%的学生认为校园中存在的"考试作弊、抄袭剽窃"的现象不普遍;31.2%的学生认为校园中存在的"规划很宏伟,行动很苍白"的现象不普遍(见表4-3-1)。

表 4-3-1　对校园中不和谐现象的看法(%)

	①非常普遍	②比较普遍	③不普遍	④个别现象	⑤不存在
23. 规划很宏伟,行动很苍白	18.9	29.1	20.8	14.5	16.7
24. 考试作弊、抄袭剽窃等不端行为	9.1	12.7	10.5	14.2	53.5
25. 必修课选逃,选修课必逃	7.8	10.4	8.8	21.0	52.0
26. 上课手机不离手,下课网络不离线	7.3	10.9	9.2	23.7	48.9
27. 文娱活动受追捧,学术讲堂受冷落	7.2	10.5	9.6	25.2	47.5
28. 追求消费档次,盲目攀比	6.1	9.2	7.4	19.2	58.2
29. 事不关己,高高挂起	6.2	8.9	8.2	22.1	54.6
30. 把"无知"当作个性,将"卖萌"视为童真	6.4	8.4	9.0	23.5	52.7
31. 表面满不在乎,内心脆弱痛苦	6.6	6.2	6.8	19.1	59.3
32. 夸大贫困程度,骗取更多资助	5.6	8.5	6.8	17.7	61.5

二、性别差异

以性别(男生、女生)为自变量,以对重大理论问题的认识的各项目内容得分为因变量,进行独立样本 t 检验,性别在23题(对校园存在"规划很宏伟, 行动很苍白"的情况的看法)、24题(对校园存在"考试作弊、抄袭剽窃等不端行为"的情况的看法)、25题(对校园存在"必修课选逃,选修课必逃"等情况的看法)、26题(对校园存在"上课手机不离手,下课网络不离线"等情况的看法)、27题(对校园存在"文娱活动受追捧,学术讲堂受冷落"等情况的看法)、28题(对校园存在"追求消费档次,盲目攀比"等情况的看法)、29题(对校园存在"事不关己,高高挂起"等情况的看法)、30题(对校园存在"把'无知'当作个性,将'卖萌'视为童真"等情况的看法)、31题(对校园存在"表面满不在乎,内心脆弱痛苦"等情况的看法)、32题(对校园存在"夸大贫困程度,骗取更多资助"等情况的看法)上均有显著差异,男生在23题、24题、25题、26题、27题、29题、31题、32题上得分均高于女生。

调查结果表明,对于校园中存在的不和谐现象,男生认为存在的普遍程度高于女生(见表4-3-2)。

表4-3-2　性别维度各因子差异检验结果

变量	男		女		t 值	P 值
	平均数	标准差	平均数	标准差		
23题	3.27	1.359	3.06	1.325	7.079	0.008**
24题	2.27	1.454	1.81	1.252	183.491	0.000***
25题	2.16	1.382	1.75	1.147	166.750	0.000***
26题	2.18	1.359	1.81	1.137	137.917	0.000***
27题	2.17	1.353	1.84	1.116	168.217	0.000***
28题	1.99	1.323	1.64	1.068	138.688	0.000***
29题	2.02	1.303	1.70	1.091	137.917	0.000***
30题	2.04	1.308	1.73	1.074	102.665	0.000***
31题	1.96	1.320	1.63	1.086	116.082	0.000***
32题	1.91	1.300	1.58	1.030	159.628	0.000***

三、民族差异

以民族(汉族、少数民族)为自变量,以对重大理论问题的认识的各项目内容得分为因变量,进行独立样本 t 检验,结果发现汉族和少数民族在23题

（对校园存在"规划很宏伟，行动很苍白"的情况的看法）、24题（对校园存在"考试作弊、抄袭剽窃等不端行为"的情况的看法）、25题（对校园存在"必修课选逃，选修课必逃"等情况的看法）、26题（对校园存在"上课手机不离手，下课网络不离线等"情况的看法）、27题（对校园存在"文娱活动受追捧，学术讲堂受冷落"等情况的看法）、28题（对校园存在"追求消费档次，盲目攀比"等情况的看法）、29题（对校园存在"事不关己，高高挂起"等情况的看法）、30题（对校园存在"把'无知'当作个性，将'卖萌'视为童真"等情况的看法）、31题（对校园存在"表面满不在乎，内心脆弱痛苦"等情况的看法）、32题（对校园存在"夸大贫困程度，骗取更多资助"等情况的看法）上均不存在显著差异。

调查结果显示，汉族和少数民族学生认为校园中的不和谐现象存在的普遍程度没有显著差异（见表4-3-2）。

表4-3-3 民族维度各因子差异检验结果

变量	汉族		少数民族		t 值	P 值
	平均数	标准差	平均数	标准差		
23题	3.18	1.353	3.45	1.224	4.646	0.031*
24题	2.10	1.400	2.21	1.409	0.121	0.728
25题	2.00	1.313	2.22	1.351	1.687	0.194
26题	2.04	1.292	2.19	1.322	0.994	0.319
27题	2.05	1.279	2.11	1.272	0.073	0.788
28题	1.85	1.246	2.01	1.211	0.931	0.335
29题	1.89	1.237	2.07	1.266	0.105	0.746
30题	1.92	1.234	1.92	1.234	0.994	0.319
31题	1.83	1.249	1.95	1.228	0.069	0.793
32题	1.79	1.217	1.97	1.220	0.207	0.649

四、学历差异

以学历（本科生、硕士研究生）为自变量，对各项目分别进行单因素方差分析，结果发现本科生和硕士研究生在28题（对校园存在"追求消费档次，盲目攀比"等情况的看法）、29题（对校园存在"把'无知'当作个性，将'卖萌'视为童真"等情况的看法)上存在显著差异,在28题、30题上,本科生得分均高于硕士研究生。在23题(对校园存在"规划很宏伟,行动很苍白"的情况的看法)、24题(对校园存在"考试作弊、抄袭剽窃等不端行为"的情况的看法)、25题(对校园存在"必修课选逃,选修课必逃"等情况的看法)、26题(对校园存在"上课手机不离手,下课网络不离线"等情况的看法)、27题(对校园存在"文娱活动受追捧,学术讲堂受冷落"等情况的看法)、29题(对校园存在"事不关己,高高挂起"等情况的看法)、31题(对校园存在"表面满不在乎,内心脆弱痛苦"等情况的看法)、32题(对校园存在"夸大贫困程度,骗取更多资助"等情况的看法)上没有显著差异。

调查结果显示,对于校园中存在的"追求消费档次,盲目攀比"和"把'无知'当作个性,将'卖萌'视为童真"的不和谐现象,本科生认为存在的普遍程度高于硕士研究生(见表4-3-4)。

表4-3-4 学历维度各因子差异检验结果

变量	本科		硕士研究生		t值	P值
	平均数	标准差	平均数	标准差		
23题	3.18	1.352	3.25	1.338	0.810	0.445
24题	2.09	1.389	2.11	1.446	1.698	0.183
25题	2.01	1.303	1.98	1.363	1.915	0.147
26题	2.05	1.287	1.99	1.305	1.654	0.191
27题	2.05	1.274	1.99	1.286	2.297	0.101
28题	1.86	1.236	1.83	1.262	3.193	0.041*
29题	1.90	1.236	1.85	1.227	2.170	0.114
30题	1.93	1.233	1.85	1.223	3.090	0.046*
31题	1.84	1.238	1.82	1.269	1.685	0.186
32题	1.79	1.210	1.76	1.224	0.207	0.649

五、年级差异

以年级(一年级、毕业班、其他年级)为因子对各项目分别进行单因素方差分析,不同年级学生在23题(对校园存在"规划很宏伟,行动很苍白"的情况的看法)、24题(对校园存在"考试作弊、抄袭剽窃等不端行为"的情况的看法)、25题(对校园存在"必修课选逃,选修课必逃"等情况的看法)、26题(对校园存在"上课手机不离手,下课网络不离线等"情况的看法)、27题(对校园存在"文娱活动受追捧,学术讲堂受冷落"等情况的看法)、28题(对校园存在"追求消费档次,盲目攀比"等情况的看法)、29题(对校园存在"事不关己,高高挂起"等情况的看法)、30题(对校园存在"把'无知'当作个性,将'卖萌'视为童真"等情况的看法)、31题(对校园存在"表面满不在乎,内心脆弱痛苦"等情况的看法)、32题(对校园存在"夸大贫困程度,骗取更多资助"等情况的看法)上均存在显著差异。

经过事后比较分析,在23题上,毕业班、其他年级得分均高于一年级,毕业班和其他年级之间没有显著差异;在24题、26题、27题、28题、32题上,其他年级得分高于毕业班、一年级,毕业班和其他年级之间不存在显著差异;在25题、29题、30题上,其他年级得分高于一年级,毕业班与一年级、其他年级之间不存在显著差异。在31题上,各项之间都无显著差异。

调查结果显示,对校园中"规划很宏伟,行动很苍白"的不和谐现象,毕业班、其他年级认为存在的普遍程度均高于一年级;对校园中的"考试宋体作弊、抄袭剽窃等不端行为""上课手机不离手,下课网络不离线""文娱活动受追捧,学术讲堂受冷落""追求消费档次,盲目攀比""夸大贫困程度,骗取更多资助"等不和谐现象的看法,其他年级认为其存在的普遍程度显著高于一年级;对校园中的"必修课选逃,选修课必逃""事不关己,高高挂起""把'无知'当作个性,将'卖萌'视为童真"的不和谐现象,其他年级认为存在的普遍程度高于一年级(见表4-3-5)。

表4-3-5　年级维度各因子差异检验结果

题目	年级	平均数 M	标准差 SD	F 值	P 值
23题	一年级	3.08	1.431	6.393	0.002**
	毕业班	3.23	1.303		
	其他年级	3.25	1.305		
24题	一年级	2.03	1.436	5.608	0.004**
	毕业班	2.04	1.350		
	其他年级	2.17	1.392		

题目	年级	平均数 M	标准差 SD	F 值	P 值
25 题	一年级	1.94	1.362	9.059	0.000***
	毕业班	1.99	1.255		
	其他年级	2.07	1.302		
26 题	一年级	1.96	1.330	8.718	0.000***
	毕业班	1.98	1.241		
	其他年级	2.12	1.284		
27 题	一年级	1.97	1.318	5.129	0.006**
	毕业班	1.99	1.229		
	其他年级	2.13	1.268		
28 题	一年级	1.81	1.293	5.614	0.004**
	毕业班	1.81	1.192		
	其他年级	1.92	1.230		
29 题	一年级	1.83	1.291	4.162	0.016
	毕业班	1.87	1.181		
	其他年级	1.96	1.221		
30 题	一年级	1.87	1.285	3.188	0.041
	毕业班	1.89	1.192		
	其他年级	1.98	1.214		
31 题	一年级	1.80	1.297	4.813	0.008**
	毕业班	1.79	1.205		
	其他年级	1.88	1.230		
32 题	一年级	1.75	1.255	6.393	0.002**
	毕业班	1.72	1.157		
	其他年级	1.85	1.212		

六、学科差异

以学科(文科、工科、理科)为因子对各项目分别进行单因素方差分析,学科在 23 题(对校园存在"规划很宏伟,行动很苍白"的情况的看法)上存在显著差异,在 24 题(对校园存在"考试作弊、抄袭剽窃等不端行为"的情况的看法)、25 题(对校园存在"必修课选逃,选修课必逃"等情况的看法)、26 题(对校园存在"上课手机不离手,下课网络不离线"等情况的看法)、27题(对校园存在"文娱活动受追捧,学术讲堂受冷落"等情况的看法)、28题(对校园存在"追求消费档次,盲目攀比"等情况的看法)、29题(对校园存在"事不关己,高高挂起"等情况的看法)、30题(对校园存在"把'无知'当作个性,将'卖萌'视为童真"等情况的看法)、31题(对校园存在"表面满不在乎,内心脆弱痛苦"等情况的看法)、32题(对校园存在"夸大贫困程度,骗取更多资助"等情况的看法)上没有显著差异。

经过比较分析,在第23题上,工科学生得分显著高于理科学生,文科学生和理科学生得分没有显著差异。

调查结果显示,针对校园中"规划很宏伟,行动很苍白"的不和谐现象,相比较于理科生而言,工科学生认为其存在的普遍程度更高(见表4-3-6)。

表4-3-6　学科维度各因子差异检验结果

题目	学科	平均数 M	标准差 SD	F 值	P 值
23题	文科	3.18	1.364	4.017	0.018*
	工科	3.22	1.340		
	理科	3.04	1.389		
24题	文科	2.06	1.409	0.470	0.625
	工科	2.11	1.399		
	理科	2.12	1.393		
25题	文科	1.98	1.314	0.351	0.704
	工科	2.02	1.316		
	理科	2.02	1.308		
26题	文科	2.03	1.282	0.045	0.956
	工科	2.04	1.300		
	理科	2.04	1.270		
27题	文科	2.04	1.286	0.053	0.949
	工科	2.05	1.283		
	理科	2.05	1.241		
28题	文科	1.87	1.257	0.073	0.930
	工科	1.86	1.249		
	理科	1.84	1.197		

续表

题目	学科	平均数 M	标准差 SD	F 值	P 值
29 题	文科	1.90	1.268	0.037	0.964
	工科	1.90	1.233		
	理科	1.88	1.214		
30 题	文科	1.90	1.238	0.400	0.670
	工科	1.93	1.243		
	理科	1.90	1.174		
31 题	文科	1.83	1.254	0.045	0.956
	工科	1.84	1.253		
	理科	1.85	1.207		
32 题	文科	1.80	1.235	0.030	0.971
	工科	1.79	1.220		
	理科	1.78	1.165		

七、城乡差异分析

以城乡差异(城镇、农村)为自变量,以对重大理论问题的认识的各项目内容得分为因变量,将城镇和农村的各项目分进行独立样本 t 检验,结果发现,城镇和农村在项目 23 题(对校园存在"规划很宏伟,行动很苍白"的情况的看法)、24 题(对校园存在"考试作弊、抄袭剽窃等不端行为"的情况的看法)、25 题(对校园存在"必修课选逃,选修课必逃"等情况的看法)、26 题(对校园存在"上课手机不离手,下课网络不离线"等情况的看法)、27 题(对校园存在"文娱活动受追捧,学术讲堂受冷落"等情况的看法)、28 题(对校园存在"追求消费档次,盲目攀比"等情况的看法)、29 题(对校园存在"事不关己,高高挂起"等情况的看法)、30 题(对校园存在"把'无知'当作个性,将'卖萌'视为童真"等情况的看法)、31 题(对校园存在"表面满不在乎,内心脆弱痛苦"等情况的看法)、32 题(对校园存在"夸大贫困程度,骗取更多资助"等情况的看法)中均存在显著差异。

经过分析比较,在 23 题、24 题、25 题、26 题、27 题、28 题、29 题、30 题、31 题、32 题上,城镇学生得分高于农村学生。

调查结果显示,针对校园中的不和谐现象,相比较于农村学生,城镇学生认为其存在的普遍程度更高(见表4-3-7)。

表4-3-7　城乡维度各因子差异检验结果

变量	城镇		农村		t 值	P 值
	平均数	标准差	平均数	标准差		
23 题	3.20	1.378	3.19	1.336	4.886	0.027*
24 题	2.15	1.433	2.07	1.382	10.783	0.001**
25 题	2.07	1.376	1.98	1.280	23.309	0.000***
26 题	2.11	1.347	2.00	1.262	30.533	0.000***
27 题	2.13	1.328	2.01	1.251	26.431	0.000***
28 题	1.94	1.307	1.82	1.210	18.249	0.000***
29 题	1.98	1.313	1.85	1.195	20.886	0.000***
30 题	2.00	1.294	1.88	1.201	9.120	0.003**
31 题	1.90	1.311	1.80	1.213	15.016	0.000***
32 题	1.86	1.293	1.75	1.174	27.404	0.000***

八、政治面貌差异

以政治面貌(群众、共青团员、中共党员)为因子对各项目分别进行单因素方差分析,政治面貌在23题(对校园存在"规划很宏伟,行动很苍白"的情况的看法)、24题(对校园存在"考试作弊、抄袭剽窃等不端行为"的情况的看法)、25题(对校园存在"必修课选逃,选修课必逃"等情况的看法)、26题(对校园存在"上课手机不离手,下课网络不离线"等情况的看法)、27题(对校园存在"文娱活动受追捧,学术讲堂受冷落"等情况的看法)、28题(对校园存在"追求消费档次,盲目攀比"等情况的看法)、29题(对校园存在"事不关己,高高挂起"等情况的看法)、30题(对校园存在"把'无知'当作个性,将'卖萌'视为童真"等情况的看法)、31题(对校园存在"表面满不在乎,内心脆弱痛苦"等情况的看法)上存在显著差异,在32题(对校园存在"夸大贫困程度,骗取更多资助"等情况的看法)上没有显著差异。

经过比较分析,在第23题上,群众的得分高于中共党员;在24题、25题、26题、27题、28题、29题、30题、31题上,群众得分高于共青团员和中共党员,共青团员和中共党员的得分没有显著差异。

调查结果显示,针对校园中"规划很宏伟,行动很苍白"的不和谐现象,相比较于中共党员,群众认为其存在的普遍程度更高(见表4-3-8)。

表4-3-8 政治面貌维度各因子差异检验结果

题目	政治面貌	平均数 M	标准差 SD	F 值	P 值
23 题	群众	3.54	1.113	3.947	0.008**
	共青团员	3.19	1.352		
	中共党员	3.09	1.366		
24 题	群众	2.67	1.484	5.515	0.001**
	共青团员	2.10	1.398		
	中共党员	2.01	1.379		
25 题	群众	2.64	1.359	8.722	0.000***
	共青团员	2.01	1.315		
	中共党员	1.87	1.271		
26 题	群众	2.58	1.337	7.306	0.000***
	共青团员	2.05	1.293		
	中共党员	1.89	1.258		
27 题	群众	2.55	1.383	6.902	0.000***
	共青团员	2.05	1.277		
	中共党员	1.89	1.262		
28 题	群众	2.31	1.317	4.457	0.004**
	共青团员	1.86	1.243		
	中共党员	1.79	1.237		
29 题	群众	2.26	1.336	3.624	0.013*
	共青团员	1.90	1.236		
	中共党员	1.81	1.228		
30 题	群众	2.27	1.320	2.885	0.034*
	共青团员	1.92	1.232		
	中共党员	1.87	1.240		
31 题	群众	2.23	1.274	3.800	0.010*
	共青团员	1.84	1.250		
	中共党员	1.75	1.224		
32 题	群众	2.00	1.222	2.044	0.105
	共青团员	1.80	1.219		
	中共党员	1.70	1.189		

第四节 大学生对思想政治素质的评价

一、学生得分分布情况

75.9%的同学满意身边大学生群体的"文明礼貌";73.8%的学生满意身边大学生群体的"诚信意识";72.0%的同学满意身边大学生群体的"责任意识";71.9%的同学满意身边大学生群体的"团结协作";71.6%的同学满意身边大学生群体的"自立能力";70.2%的同学满意身边大学生群体的"人文素养";67.1%的同学满意身边大学生群体的"创新精神";65.0%的学生满意身边大学生群体的"集体精神";64.6%的同学满意身边大学生群体的"勤俭节约";64.5%的同学满意身边大学生群体的"维权意识";61.1%的同学满意身边大学生群体的"纪律观念";59.7%的同学满意身边大学生群体的"奉献精神"(见表4-4-1)。

表4-4-1 对大学思想政治素质的评价

(%)

	①非常满意	②比较满意	③一般	④不太满意	⑤不满意
33. 身边大学生群体的"奉献精神"	19.2	40.5	29.3	7.5	3.5
34. 身边大学生群体的"集体精神"	21.2	43.8	26.8	6.0	2.2
35. 身边大学生群体的"纪律观念"	20.1	41.0	28.8	7.9	2.2
36. 身边大学生群体的"诚信意识"	25.0	48.8	21.3	3.9	1.1
37. 身边大学生群体的"人文素养"	23.6	46.6	23.8	4.8	1.2
38. 身边大学生群体的"维权意识"	22.9	41.6	26.9	6.5	2.0
39. 身边大学生群体的"创新精神"	23.8	43.3	26.4	5.0	1.5
40. 身边大学生群体的"勤俭节约"	22.7	41.9	28.0	6.0	1.4
41. 身边大学生群体的"文明礼貌"	27.5	48.4	19.7	3.3	1.1
42. 身边大学生群体的"自立能力"	25.2	46.4	23.5	4.0	0.9
43. 身边大学生群体的"责任意识"	25.8	46.2	22.5	4.3	1.2
44. 身边大学生群体的"团结协作"	27.2	47.7	21.2	3.1	0.8

二、性别差异

以性别(男生、女生)为自变量,以对重大理论问题的认识的各项目内容得分为因变量,进行独立样本 t 检验,性别在33题(身边大学生群体的"奉献精神")、34 题(身边大学生群体的"集体精神")、35 题(身边大学生群体的"纪律观念")、36 题(身边大学生群体的"诚信意识")、37 题(身边大学生群体的"人文素养")、38 题(身边大学生群体的"维权意识")、39 题(身边大学生群体的"创新精神")、41 题(身边大学生群体的"文明礼貌")、42 题(身边大学生群体的"自立能力")、43 题(身边大学生群体的"责任意识")、44 题(身边大学生群体的"团结协作")上有显著差异,在 33 题、34 题、35 题、38 题、39 题、40 题、41 题、42 题、43 题、44 题上男生得分高于女生。在 36 题、37 题上,男生和女生得分相同;在 40 题(身边大学生群体的"勤俭节约")上没有显著差异。

调查结果表明,在对大学思想政治素质的评价中,对于奉献精神、集体精神、纪律观念、维权意识、创新精神、文明礼貌、自立能力、责任意识、团结协作的评价,男生满意度高于女生(见表 4-4-2)。

表 4-4-2　性别维度各因子差异检验结果

变量	男		女		t 值	P 值
	平均数	标准差	平均数	标准差		
33 题	3.65	1.016	3.63	0.933	11.952	0.001
34 题	3.76	0.960	3.75	0.874	13.490	0.000
35 题	3.70	0.978	3.67	0.905	10.060	0.002
36 题	3.93	0.862	3.93	0.805	9.855	0.002
37 题	3.87	0.908	3.87	0.804	25.881	0.000
38 题	3.78	0.974	3.75	0.885	12.916	0.000
39 题	3.84	0.932	3.82	0.839	20.444	0.000
40 题	3.82	0.924	3.73	0.877	1.174	0.279
41 题	3.97	0.872	4.00	0.773	40.410	0.000
42 题	3.90	0.880	3.92	0.794	19.579	0.000
43 题	3.92	0.806	3.92	0.806	28.332	0.000
44 题	3.97	0.853	3.98	0.776	16.669	0.000

三、民族差异

以民族(汉族、少数民族)为自变量,以对重大理论问题的认识的各项目内容得分为因变量,进行独立样本 t 检验,结果发现在 44 题(身边大学生群体的"团结协作")上汉族和少数民族得分存在显著差异,汉族学生的得分高于少数民族学生;在33题(身边大学生群体的"奉献精神")、34题(身边大学生群体的"集体精神")、35题(身边大学生群体的"纪律观念")、36题(身边大学生群体的"诚信意识")、37题(身边大学生群体的"人文素养")、38题(身边大学生群体的"维权意识")、39题(身边大学生群体的"创新精神")、40题(身边大学生群体的"勤俭节约")、41题(身边大学生群体的"文明礼貌")、42题(身边大学生群体的"自立能力")、43题(身边大学生群体的"责任意识")得分没有显著差异。

调查结果表明,在对大学思想政治素质的评价中,对于团结协作的评价,少数民族学生满意度高于汉族学生(见表4-4-3)。

表4-4-3 民族维度各因子差异检验结果

变量	汉族		少数民族		t 值	P 值
	平均数	标准差	平均数	标准差		
33 题	3.64	0.987	3.65	0.936	0.457	0.499
34 题	3.76	0.930	3.75	0.896	0.457	0.499
35 题	3.69	0.953	3.69	0.895	0.863	0.353
36 题	3.93	0.842	3.82	0.793	0.367	0.545
37 题	3.87	0.872	3.86	0.824	0.395	0.530
38 题	3.77	0.942	3.71	0.941	0.012	0.913
39 题	3.83	0.898	3.87	0.924	0.034	0.853
40 题	3.79	0.907	3.78	0.947	0.453	0.501
41 题	3.98	0.837	3.98	0.836	0.222	0.638
42 题	3.91	0.848	3.92	0.885	0.473	0.492
43 题	3.91	0.868	3.98	0.854	0.715	0.398
44 题	3.98	0.821	3.87	0.969	8.719	0.003

四、学历差异

以学历(本科生、硕士研究生)为自变量,以对重大理论问题的认识的各项目内容得分为因变量,进行独立样本 t 检验,结果发现在33题(身边大学生群体的"奉献精神")、34题(身边大学生群体的"集体精神")、35题(身边大学生群体的"纪律观念")、36题(身边大学生群体的"诚信意识")、37题

（身边大学生群体的"人文素养"）、38题（身边大学生群体的"维权意识"）、39题（身边大学生群体的"创新精神"）、40题（身边大学生群体的"勤俭节约"）、41题（身边大学生群体的"文明礼貌"）、42题（身边大学生群体的"自立能力"）、43题（身边大学生群体的"责任意识"）、44题（身边大学生群体的"团结协作"）上本科生和硕士研究生得分没有显著差异（见表4-4-4）。

表 4-4-4　学历维度各因子差异检验结果

变量	本科		硕士研究生		t 值	P 值
	平均数	标准差	平均数	标准差		
33 题	3.64	0.985	3.65	0.984	0.517	0.597
34 题	3.76	0.934	3.75	0.897	0.392	0.676
35 题	3.68	0.962	3.75	0.891	2.520	0.081
36 题	3.92	0.843	3.94	0.824	1.022	0.360
37 题	3.86	0.876	3.91	0.839	2.403	0.091
38 题	3.77	0.946	3.78	0.911	0.764	0.466
39 题	3.83	0.900	3.80	0.889	1.608	0.200
40 题	3.78	0.913	3.77	0.887	1.988	0.137
41 题	3.98	0.841	3.99	0.806	0.226	0.798
42 题	3.90	0.857	3.93	0.806	1.755	0.173
43 题	3.91	0.871	3.93	0.846	0.237	0.789
44 题	3.97	0.828	3.96	0.807	1.053	0.349

五、年级差异

以年级（一年级、毕业班、其他年级）为因子对各项目分别进行单因素方差分析,年级在33题（身边大学生群体的"奉献精神"）、34题（身边大学生群体的"集体精神"）、35题（身边大学生群体的"纪律观念"）、36题（身边大学生群体的"诚信意识"）、37题（身边大学生群体的"人文素养"）、38题（身边大学生群体的"维权意识"）、39题（身边大学生群体的"创新精神"）、40题（身边大学生群体的"勤俭节约"）、41题（身边大学生群体的"文明礼貌"）、42题（身边大学生群体的"自立能力"）、43题（身边大学生群体的"责任意识"）、44题（身边大学生群体的"团结协作"）上存在显著差异。

经过比较分析,在第 33、34、35、36、37、38、39、40、41、42、43、44 题上,一年级得分均高于其他年级和毕业班,其他年级和毕业班得分没有差异。

调查结果表明,在对大学思想政治素质的评价中,对于奉献精神、集体精神、纪律观念、诚信意识、人文素养、维权意识、创新精神、勤俭节约、文明礼貌、自立能力、责任意识、团结协作的评价,一年级满意度高于其他年级和毕业班(见表4-4-5)。

表 4-4-5　年级维度各因子差异检验结果

题目	学历	平均数 M	标准差 SD	F 值	P 值
33 题	一年级	3.81	1.013	40.592	0.000***
	毕业班	3.50	0.944		
	其他年级	3.58	0.967		
34 题	一年级	3.95	0.924	56.131	0.000***
	毕业班	3.61	0.910		
	其他年级	3.68	0.919		
35 题	一年级	3.88	0.938	53.585	0.000***
	毕业班	3.55	0.920		
	其他年级	3.61	0.953		
36 题	一年级	4.07	0.847	39.458	0.000***
	毕业班	3.82	0.826		
	其他年级	3.87	0.830		
37 题	一年级	4.03	0.874	46.113	0.000***
	毕业班	3.76	0.865		
	其他年级	3.79	0.853		
38 题	一年级	3.94	0.941	44.061	0.000***
	毕业班	3.64	0.932		
	其他年级	3.70	0.930		
39 题	一年级	4.00	0.907	48.106	0.000***
	毕业班	3.73	0.871		
	其他年级	3.75	0.886		

题目	学历	平均数 M	标准差 SD	F 值	P 值
40 题	一年级	3.94	0.921	37.632	0.000***
	毕业班	3.69	0.884		
	其他年级	3.71	0.894		
41 题	一年级	4.12	0.837	35.936	0.000***
	毕业班	3.92	0.822		
	其他年级	3.90	0.830		
42 题	一年级	4.06	0.865	40.386	0.000***
	毕业班	3.83	0.827		
	其他年级	3.84	0.832		
43 题	一年级	4.07	0.885	41.762	0.000***
	毕业班	3.83	0.829		
	其他年级	3.84	0.857		
44 题	一年级	4.12	0.838	39.505	0.000***
	毕业班	3.91	0.790		
	其他年级	3.90	0.818		

六、学科差异

以学科(文科、工科、理科)为自变量,对各项目进行单因素方差分析,结果发现学科在 38 题(身边大学生群体的"维权意识")上存在显著差异;在 33 题(身边大学生群体的"奉献精神")、34 题(身边大学生群体的"集体精神")、35 题(身边大学生群体的"纪律观念")、36 题(身边大学生群体的"诚信意识")、37 题(身边大学生群体的"人文素养")、39 题(身边大学生群体的"创新精神")、40 题(身边大学生群体的"勤俭节约")、41 题(身边大学生群体的"文明礼貌")、42 题(身边大学生群体的"自立能力")、43 题(身边大学生群体的"责任意识")、44 题(身边大学生群体的"团结协作")上不存在显著差异。

经过比较分析,在第 38 题上,文科生、理科生、工科生之间得分均没有显著差异(见表 4-4-6)。

表 4-4-6　学科维度各因子差异检验结果

题目	学科	平均数 M	标准差 SD	F 值	P 值
33 题	文科	3.68	0.986	0.752	0.471
	工科	3.64	0.989		
	理科	3.64	0.967		
34 题	文科	3.79	0.916	0.657	0.518
	工科	3.75	0.937		
	理科	3.75	0.901		
35 题	文科	3.71	0.950	1.207	0.299
	工科	3.68	0.959		
	理科	3.73	0.902		
36 题	文科	3.95	0.855	0.755	0.470
	工科	3.92	0.840		
	理科	3.95	0.819		
37 题	文科	3.89	0.876	0.456	0.634
	工科	3.86	0.868		
	理科	3.87	0.872		
38 题	文科	3.83	0.924	3.119	0.044*
	工科	3.75	0.955		
	理科	3.81	0.880		
39 题	文科	3.89	0.885	2.850	0.058
	工科	3.81	0.906		
	理科	3.85	0.866		
40 题	文科	3.77	0.917	0.384	0.681
	工科	3.78	0.906		
	理科	3.82	0.900		
41 题	文科	3.96	0.850	0.533	0.587
	工科	3.98	0.837		
	理科	4.00	0.809		
42 题	文科	3.91	0.846	0.063	0.939
	工科	3.91	0.844		
	理科	3.92	0.889		

题目	学科	平均数 M	标准差 SD	F 值	P 值
43 题	文科	3.93	0.871	0.374	0.688
	工科	3.91	0.864		
	理科	3.92	0.891		
44 题	文科	4.00	0.819	0.655	0.520
	工科	3.97	0.825		
	理科	3.96	0.842		

七、城乡差异分析

将城镇和农村的各项目进行独立样本 t 检验,结果发现,城镇和农村在项目 34 题(身边大学生群体的"集体精神")、35 题(身边大学生群体的"纪律观念")、37 题(身边大学生群体的"人文素养")、38 题(身边大学生群体的"维权意识")、39 题(身边大学生群体的"创新精神")、40 题(身边大学生群体的"勤俭节约")、41 题(身边大学生群体的"文明礼貌")、43 题(身边大学生群体的"责任意识")、44 题(身边大学生群体的"团结协作")中存在显著差异,城镇学生在题目 34、35、37、38、39、40、41、43、44 上得分均高于农村学生;在 36 题(身边大学生群体的"诚信意识")、42 题(身边大学生群体的"自立能力")上,不存在显著差异。

调查结果表明,在对大学思想政治素质的评价中,对于奉献精神、集体精神、纪律观念、人文素养、维权意识、创新精神、勤俭节约、文明礼貌、责任意识、团结协作,城镇学生满意度高于农村学生(见表 4-4-7)。

表 4-4-7　城乡维度各因子差异检验结果

变量	城镇		农村		t 值	P 值
	平均数	标准差	平均数	标准差		
33 题	3.70	1.020	3.61	0.966	3.559	0.059
34 题	3.80	0.971	3.73	0.906	4.689	0.030*
35 题	3.75	0.993	3.66	0.927	5.849	0.016*
36 题	3.98	0.872	3.90	0.823	0.311	0.577
37 题	3.91	0.924	3.84	0.840	7.556	0.006**

变量	城镇		农村		*t* 值	*P* 值
	平均数	标准差	平均数	标准差		
38 题	3.82	0.995	3.74	0.912	10.006	0.002**
39 题	3.87	0.938	3.81	0.876	5.885	0.015*
40 题	3.88	0.908	3.74	0.904	4.459	0.035*
41 题	4.03	0.868	3.95	0.818	4.874	0.027*
42 题	3.97	0.865	3.88	0.838	0.406	0.524
43 题	3.95	0.917	3.89	0.840	8.740	0.003**
44 题	4.01	0.853	3.95	0.810	3.839	0.050*

八、政治面貌差异

以政治面貌(群众、共青团员、中共党员)为因子对各项目分别进行单因素方差分析,政治面貌在 33 题(身边大学生群体的"奉献精神")、34 题(身边大学生群体的"集体精神")、38 题(身边大学生群体的"维权意识")、39 题(身边大学生群体的"创新精神")、42 题(身边大学生群体的"自立能力")、43 题(身边大学生群体的"责任意识")、44 题(身边大学生群体的"团结协作")上存在显著差异,在 35 题(身边大学生群体的"纪律观念")、36 题(身边大学生群体的"诚信意识")、37 题(身边大学生群体的"人文素养")、40 题(身边大学生群体的"勤俭节约")、41 题(身边大学生群体的"文明礼貌")上没有显著差异。

经过比较分析,在 34 题上,共青团员的得分高于中共党员;在其他题上,群众、共青团员、中共党员之间得分没有显著差异。

调查结果表明,在对大学思想政治素质的评价中,对于集体精神,共青团员的满意度高于中共党员(见表 4-4-8)。

表 4-4-8　政治面貌维度各因子差异检验结果

题目	学历	平均数 *M*	标准差 *SD*	*F* 值	*P* 值
33 题	群众	3.60	1.031	2.737	0.042
	共青团员	3.66	0.988		
	中共党员	3.54	0.943		

题目	学历	平均数 M	标准差 SD	F 值	P 值
34 题	群众	3.70	1.003	5.060	0.002
	共青团员	3.77	0.922		
	中共党员	3.62	0.970		
35 题	群众	3.67	0.998	2.470	0.060
	共青团员	3.70	0.949		
	中共党员	3.60	0.955		
36 题	群众	3.90	0.816	2.525	0.056
	共青团员	3.93	0.839		
	中共党员	3.88	0.862		
37 题	群众	3.83	0.889	5.115	0.002
	共青团员	3.88	0.865		
	中共党员	3.77	0.904		
38 题	群众	3.69	1.006	4.439	0.004
	共青团员	3.78	0.935		
	中共党员	3.67	0.983		
39 题	群众	3.73	0.936	3.384	0.017
	共青团员	3.84	0.894		
	中共党员	3.74	0.919		
40 题	群众	3.77	0.986	2.392	0.067
	共青团员	3.80	0.906		
	中共党员	3.69	0.898		
41 题	群众	3.94	0.855	3.153	0.024
	共青团员	3.99	0.831		
	中共党员	3.91	0.879		
42 题	群众	3.80	0.941	4.465	0.004
	共青团员	3.92	0.845		
	中共党员	3.86	0.854		
43 题	群众	3.92	0.984	2.936	0.032
	共青团员	3.92	0.862		
	中共党员	3.81	0.886		

接受视域下大学生全面发展的理论与实证研究

题目	学历	平均数 M	标准差 SD	F 值	P 值
44题	群众	3.80	0.979		
	共青团员	3.98	0.820	4.432	0.004
	中共党员	3.91	0.836		

第五节 大学生对社会思潮的接受程度

一、学生得分分布情况

调查表明,大多数学生对社会思潮的了解程度较高。对民主社会主义、新左派、新自由主义、民族主义、文化保守主义、后现代主义、历史虚无主义、普世价值的了解程度如下:66.0%的学生了解民族主义;63.2%的同学比较了解民主社会主义;53.8%的同学了解文化保守主义;51.0%的同学了解历史虚无主义;48.1%的同学了解后现代主义;45.1%的同学了解普世价值;43.7%的同学了解新自由主义;36.7%的学生了解新左派。大部分同学对新左派、新自由主义的了解程度较低(见表4-5-1)。

表 4-5-1 对社会思潮的了解

(%)

	①非常了解	②比较了解	③一般	④不太了解	⑤不了解
45. 您对于"民主社会主义"了解吗?	14.7	48.5	29.7	6.1	1.0
46. 您对于"新左派"了解吗?	11.2	25.5	36.2	22.7	4.3
47. 您对于"新自由主义"了解吗?	13.4	30.3	34.7	18.7	2.9
48. 您对于"民族主义"了解吗?	22.7	43.3	25.6	7.3	1.1
49. 您对于"文化保守主义"了解吗?	15.9	37.9	33.0	11.9	1.3
50. 您对于"后现代主义"了解吗?	14.9	33.2	34.8	15.1	2.0
51. 您对于"历史虚无主义"了解吗?	17.0	34.0	32.4	14.5	2.1
52. 您对于"普世价值"了解吗?	15.0	30.1	35.3	16.2	3.4

二、性别差异

以性别(男生、女生)为自变量,以对社会思潮了解程度的各项目内容得分为因变量,进行独立样本 t 检验,性别在 45 题(民主社会主义)、46 题(新左派)、47 题(新自由主义)、48 题(民族主义)、49 题(文化保守主义)、50 题(后现代主义)、52 题(普世价值)上有显著差异,在 51 题(历史虚无主义)上没有显著差异,男生在 45 题、46 题、47 题、48 题、49 题、50 题、52 题上得分低于女生。

调查结果表明,在对社会思潮的了解上,男生比女生的了解程度高(见表 4-5-2)。

表 4-5-2　性别维度各因子差异检验结果

变量	男		女		t 值	P 值
	平均数	标准差	平均数	标准差		
45 题	3.70	0.857	3.70	0.777	15.833	0.000
46 题	3.23	1.055	3.05	0.999	32.513	0.000
47 题	3.37	1.037	3.24	0.982	17.145	0.000
48 题	3.81	0.933	3.76	0.875	6.265	0.012
49 题	3.56	0.958	3.53	0.906	9.193	0.002
50 题	3.47	0.998	3.38	0.954	8.669	0.003
51 题	3.49	1.016	3.50	0.978	3.615	0.057
52 题	3.43	1.035	3.27	1.016	4.860	0.028

三、民族差异

以民族(汉族、少数民族)为自变量,以对社会思潮了解程度的各项目内容得分为因变量,进行独立样本 t 检验,结果发现:汉族和少数民族学生在 45 题(民主社会主义)、46 题(新左派)、47 题(新自由主义)、48 题(民族主义)、49 题(文化保守主义)、50 题(后现代主义)、51 题(历史虚无主义)、52 题(普世价值)上没有显著差异。

调查结果表明,在对社会思潮的了解上,汉族与少数民族学生之间没有显著差异(见表 4-5-3)。

表 4-5-3　民族维度各因子差异检验结果

变量	汉族		少数民族		t 值	P 值
	平均数	标准差	平均数	标准差		
45 题	3.70	0.826	3.52	0.882	2.861	0.091

变量	汉族		少数民族		t 值	P 值
	平均数	标准差	平均数	标准差		
46 题	3.17	1.038	3.07	1.052	0.029	0.852
47 题	3.33	1.018	3.20	1.053	0.221	0.638
48 题	3.79	0.911	3.66	0.941	1.956	0.162
49 题	3.55	0.940	3.51	0.924	0.045	0.833
50 题	3.44	0.983	3.40	0.996	0.016	0.899
51 题	3.50	1.001	3.39	1.025	0.110	0.740
52 题	3.37	1.030	3.32	1.038	0.057	0.812

四、学历差异

以学历(本科生、硕士研究生)为自变量,以对社会思潮了解程度的各项目内容得分为因变量,进行独立样本 t 检验,不同学历学生在 45 题(民主社会主义)、46 题(新左派)、47 题(新自由主义)、48 题(民族主义)、49 题(文化保守主义)、50 题(后现代主义)、51 题(历史虚无主义)、52 题(普世价值)上有显著差异,本科生在 45 题、46 题、47 题、48 题、49 题、50 题、51 题、52 题上得分均低于硕士研究生。

调查结果表明,在对社会思潮的了解上,硕士研究生比本科生了解程度高(见表 4-5-4)。

表 4-5-4　学历维度各因子差异检验结果

变量	本科生		硕士研究生		t 值	P 值
	平均数	标准差	平均数	标准差		
45 题	3.66	0.833	3.90	0.770	28.316	0.000
46 题	3.13	1.038	3.31	1.013	11.491	0.000
47 题	3.29	1.019	3.47	0.993	12.613	0.000
48 题	3.76	0.912	3.95	0.883	14.181	0.000
49 题	3.52	0.939	3.70	0.911	12.361	0.000
50 题	3.42	0.983	3.54	0.962	6.492	0.002
51 题	3.46	1.006	3.52	0.954	10.684	0.000
52 题	3.33	1.031	3.58	0.996	19.965	0.000

五、年级差异

以年级(一年级、毕业班、其他年级)为因子对各项目分别进行单因素方差分析,不同年级学生在45题(民主社会主义)、46题(新左派)、47题(新自由主义)、48题(民族主义)、49题(文化保守主义)、50题(后现代主义)、51题(历史虚无主义)、52题(普世价值)上存在显著差异。

经过比较分析,在45题上,一年级和毕业班没有显著差异,一年级和毕业班的得分均高于其他年级;在46题、47题、48题、49题、50题、51题、52题上,一年级的得分均大于毕业班和其他年级,毕业班和其他年级得分没有显著差异。

调查结果表明,在对社会思潮的了解上,一年级和毕业班学生对民主社会主义的了解程度高于其他年级;一年级对新左派、新自由主义、民族主义、文化保守主义、后现代主义、历史虚无主义、普世价值的了解程度高于毕业班和其他年级(见表4-5-5)。

表 4-5-5　年级维度各因子差异检验结果

题目	年级	平均数 M	标准差 SD	F 值	P 值
45 题	一年级	3.80	0.872	22.680	0.000
	毕业班	3.72	0.794		
	其他年级	3.62	0.801		
46 题	一年级	3.28	1.110	16.799	0.000
	毕业班	3.10	0.973		
	其他年级	3.11	1.003		
59 题	一年级	3.44	1.076	16.306	0.000
	毕业班	3.29	0.982		
	其他年级	3.26	0.985		
60 题	一年级	3.87	0.967	11.217	0.000
	毕业班	3.78	0.861		
	其他年级	3.73	0.888		
49 题	一年级	3.66	1.004	19.261	0.000
	毕业班	3.53	0.859		
	其他年级	3.48	0.916		

题目	年级	平均数 M	标准差 SD	F 值	P 值
50 题	一年级	3.52	1.051		
	毕业班	3.40	0.948	8.433	0.000
	其他年级	3.40	0.943		
51 题	一年级	3.63	1.056		
	毕业班	3.39	0.971	24.880	0.000
	其他年级	3.44	0.963		
52 题	一年级	1692	3.48		
	毕业班	1015	3.35	15.812	0.000
	其他年级	2318	3.30		

六、学科差异

以学科(文科、工科、理科)为自变量,对各项目进行单因素方差分析,学科在 45 题(民主社会主义)、49 题(文化保守主义)、50 题(后现代主义)、51题(历史虚无主义)、52 题(普世价值)上存在显著差异,在 46 题(新左派)、47题(新自由主义)、48 题(民族主义)上没有显著差异。

经过比较分析,在 45 题、49 题、50 题、51 题、52 题上,文科生得分高于工科生和理科生,工科生和理科生得分没有显著差异。

调查结果表明,在对社会思潮的了解上,文科生对民主社会主义、文化保守主义、后现代主义、历史虚无主义、普世价值的了解程度高于工科生和理科生(见表 4-5-6)。

表 4-5-6 学科维度各因子差异检验结果

题目	学科	平均数 M	标准差 SD	F 值	P 值
45 题	文科	3.77	0.821		
	工科	3.68	0.826	5.462	0.004
	理科	3.66	0.847		
46 题	文科	3.21	1.057		
	工科	3.15	1.030	1.080	0.340
	理科	3.18	1.052		

题目	学科	平均数 M	标准差 SD	F 值	P 值
59 题	文科	3.36	1.028	0.893	0.409
	工科	3.32	1.016		
	理科	3.31	1.019		
60 题	文科	3.83	0.888	1.452	0.234
	工科	3.79	0.914		
	理科	3.75	0.944		
49 题	文科	3.68	0.929	13.147	0.000
	工科	3.52	0.937		
	理科	3.47	0.954		
50 题	文科	3.51	0.987	4.425	0.012
	工科	3.43	0.976		
	理科	3.37	1.011		
51 题	文科	3.74	0.952	41.507	0.000
	工科	3.44	0.996		
	理科	3.38	1.037		
52 题	文科	3.48	1.005	8.843	0.000
	工科	3.35	1.028		
	理科	3.27	1.082		

七、城乡差异分析

以城乡差异(城镇、农村)为自变量,以对社会思潮了解程度的各项目内容得分为因变量,进行独立样本 t 检验,结果发现,城镇和农村学生在 46 题(新左派)、47 题(新自由主义)、49 题(文化保守主义)、50 题(后现代主义)、51 题(历史虚无主义)、52 题(普世价值)上存在显著差异,城镇得分在在 46 题、47 题、49 题、50 题、51 题、52 题上高于农村。在 45 题(民主社会主义)、48 题(民族主义)上没有显著差异。

调查结果表明,在对社会思潮的了解上,城镇学生对于新左派、新自由主义、文化保守主义、后现代主义、历史虚无主义、普世价值的了解程度高于农村学生(见表 4-5-7)。

表 4-5-7　城乡维度各因子差异检验结果

变量	城镇		农村		t 值	P 值
	平均数	标准差	平均数	标准差		
45 题	3.73	0.850	3.68	0.815	1.976	0.160
46 题	3.29	1.069	3.10	1.016	33.005	0.000
47 题	3.41	1.055	3.28	0.996	20.251	0.000
48 题	3.84	0.932	3.77	0.901	0.153	0.696
49 题	3.63	0.966	3.51	0.922	4.728	0.030
50 题	3.55	1.022	3.38	0.957	14.941	0.000
51 题	3.62	1.024	3.43	0.984	4.667	0.031
52 题	3.49	1.057	3.31	1.011	13.943	0.000

八、政治面貌差异

以政治面貌(群众、共青团员、中共党员)为因子对各项目分别进行单因素方差分析,以政治面貌(群众、共青团员、中共党员)为因子对各项目分别进行单因素方差分析,政治面貌在 45 题(民主社会主义)、48 题(民族主义)、52 题(普世价值)上存在显著差异,在 46 题(新左派)、47 题(新自由主义)、49 题(文化保守主义)、50 题(后现代主义)、51 题(历史虚无主义)上没有显著差异。

经过比较分析,在 45 题上,中共党员得分高于群众和共青团员,群众和共青团员得分没有显著差异;在 48 题、52 题上,群众、共青团员、中共党员之间没有显著差异。

调查结果表明,在对社会思潮的了解上,中共党员对于民主社会主义的了解程度高于群众和共青团员(见表 4-5-8)。

表 4-5-8　政治面貌维度各因子差异检验结果

题目	政治面貌	平均数 M	标准差 SD	F 值	P 值
45 题	群众	3.54	0.987	7.502	0.000
	共青团员	3.69	0.831		
	中共党员	3.86	0.728		
46 题	群众	3.19	1.081	1.386	0.245
	共青团员	3.16	1.045		
	中共党员	3.26	0.949		

题目	政治面貌	平均数 M	标准差 SD	F 值	P 值
59 题	群众	3.26	0.995	2.184	0.088
	共青团员	3.32	1.024		
	中共党员	3.43	0.958		
60 题	群众	3.77	0.936	3.440	0.016
	共青团员	3.78	0.915		
	中共党员	3.89	0.863		
49 题	群众	3.57	0.948	2.386	0.067
	共青团员	3.54	0.945		
	中共党员	3.52	0.869		
50 题	群众	3.54	1.058	0.870	0.400
	共青团员	3.43	0.985		
	中共党员	3.50	0.951		
51 题	群众	3.44	0.998	1.397	0.242
	共青团员	3.49	1.005		
	中共党员	3.58	0.971		
52 题	群众	3.60	0.995	3.905	0.008
	共青团员	3.36	1.032		
	中共党员	3.48	1.011		

第六节　大学生思想状况调查研究结论

一、大学生对国内外重大事件的接受程度

在性别差异方面,男生对"纪念中国人民抗日战争暨世界反法西斯战争胜利 70 周年大会在京隆重举行""欧洲爆发'第二次世界大战'以来最大规模难民潮"等关注程度普遍高于女生。

在民族差异方面,在政治思想状况上,汉族与少数民族学生之间几乎不存在明显差异。

在学历差异方面,对国内外重大事件,硕士研究生的关注程度均高于本科生。

在年级差异方面,在对"纪念中国人民抗日战争暨世界反法西斯战争胜

利 70 周年大会在京隆重举行""多国正式签署《亚洲基础设施投资银行协定》,全国人大审议并通过""习近平总书记赴美、英等多国进行国事访问,开启中国大外交时代""美国同 11 个亚太国家就'跨太平洋战略经济伙伴关系协定'(TPP)协议达成一致""南海仲裁案""习近平总书记《在庆祝中国共产党成立 95 周年大会上的讲话》"的关注程度上,一年级学生显著高于毕业班与其他年级,毕业班显著高于其他年级。

在学科差异方面,在"多国正式签署《亚洲基础设施投资银行协定》,全国人大审议并通过""全球金融市场动荡,国内 A 股市大幅调整""十八届五中全会做出决定,全面实施一对夫妻可生育两个孩子政策""美国同 11 个亚太国家就'跨太平洋战略经济伙伴关系协定'(TPP)协议达成一致""美国军舰进入我国南沙群岛近岸水域,我海军对其进行了必要、合法、专业的跟踪、监视和警告"上,工科与理科生的政治认知程度高于文科生。在"中国科学家屠呦呦获 2015 年诺贝尔生理学医学奖"上,理科生的关注程度最高,工科生次之,文科生最低。

在城乡差异方面,城镇学生与农村学生在"纪念中国人民抗日战争暨世界反法西斯战争胜利 70 周年大会在京隆重举行""全球金融市场动荡,国内 A 股市大幅调整""十八届五中全会做出决定,全面实施一对夫妻可生育两个孩子政策""法国巴黎发生恐怖袭击事件"上认知程度有所差异,城镇学生对这些方面的关注程度高于农村学生。

在政治面貌差异方面,中共党员对"纪念中国人民抗日战争暨世界反法西斯战争胜利 70 周年大会在京隆重举行""习近平总书记赴美、英等多国进行国事访问,开启中国大外交时代""北京成功申获 2022 年冬奥会举办权""中国科学家屠呦呦获 2015 年诺贝尔生理学医学奖""十八届五中全会做出决定,全面实施一对夫妻可生育两个孩子政策""南海仲裁案""习近平总书记《在庆祝中国共产党成立 95 周年大会上的讲话》"的关注度比共青团员和群众高,中共党员对"多国正式签署《亚洲基础设施投资银行协定》,全国人大审议并通过""全球金融市场动荡,国内 A 股市大幅调整""美国同 11 个亚太国家就'跨太平洋战略经济伙伴关系协定'(TPP)协议达成一致""美国军舰进入我国南沙群岛近岸水域,我海军对其进行了必要、合法、专业的跟踪、监视和警告"的关注程度高于共青团员。

二、大学生对正确价值观的接受特征

在性别差异方面,对正确价值观的态度上,女生比男生的赞同度更高。

在民族差异方面,对正确价值观"人世间的一切幸福都要靠辛勤的劳动来创造"和"个人只有在集体中才能更好地得到发展,在考虑利益问题时,应首先考虑国家利益和集体利益"说法的态度上,汉族学生的赞同度比少数民族学生高。

在学历差异方面,对正确人生价值观的态度上,硕士研究生的赞同度比本科生更高。

在年级差异方面,对正确价值观的态度上,毕业班学生的赞同度比一年级高,其他年级的赞同度高于一年级、毕业班。

在学科差异方面,对正确价值观"人民是历史的创造者,群众是真正的英雄"的态度上,文科生的赞同度高于工科生和理科生;在对正确价值观"诚信是做人之本"和"人世间的一切幸福都要靠辛勤的劳动来创造"的态度上,文科生和工科生的赞同度高于理科生;在对正确价值观"人生的价值在于奉献"的态度上,文科生的赞同度高于工科生和理科生,工科生的赞同度高于理科生。

在城乡差异方面,对正确价值观"人民是历史的创造者,群众是真正的英雄""诚信是做人之本""人世间的一切幸福都要靠辛勤的劳动来创造""个人只有在集体中才能更好地得到发展。再考虑利益问题时,应首先考虑国家利益和集体利益""人生的价值在于奉献""大学生应成为社会主义核心价值观的积极传播者和践行者""没有理想信念,理想信念不坚定,精神上就会'缺钙'""没有稳定,什么事情也办不成,已经取得的成果也会失去"的态度上,城镇学生的赞同度高于农村学生。

在政治面貌差异方面,对正确人生价值"人民是历史的创造者,群众是真正的英雄""诚信是做人之本"的态度上,共青团员和中共党员的赞同度高于群众;在对正确人生价值"人世间的一切幸福都要靠辛勤的劳动来创造""个人只有在集体中才能更好地得到发展,在考虑利益问题时,应首先考虑国家利益和集体利益"的态度上,"人生的价值在于奉献""大学生应成为社会主义核心价值观的积极传播者和践行者""没有理想信念,理想信念不坚定,精神上就会'缺钙'"的态度上,共青团员和中共党员的赞同度均高于群众,中共党员赞同度高于共青团员。

三、大学生对校园中的不和谐现象的接受特征

在性别差异方面，对于校园中存在的不和谐现象，男生认为存在的普遍程度高于女生。

在民族差异方面，对于校园中存在的不和谐现象，男生认为存在的普遍程度高于女生。

在学历差异方面，对于校园中存在的"追求消费档次，盲目攀比"和"把'无知'当作个性，将'卖萌'视为童真"的不和谐现象，本科生认为存在的普遍程度高于硕士研究生。

在年级差异方面，对校园中"规划很宏伟，行动很苍白"的不和谐现象，毕业班、其他年级认为存在的普遍程度均高于一年级；对校园中的"考试作弊、抄袭剽窃等情况""上课手机不离手，下课网络不离线""文娱活动受追捧，学术讲堂受冷落""追求消费档次，盲目攀比""夸大贫困程度，骗取更多资助"的不和谐现象，其他年级认为存在的普遍程度高于毕业班、一年级；对校园中的"必修课选逃，选修课必逃""事不关己，高高挂起""把'无知'当作个性，将'卖萌'视为童真"的不和谐现象，其他年级认为存在的普遍程度高于一年级。

在学科差异方面，对于校园中"规划很宏伟，行动很苍白"的不和谐现象，工科学生认为存在的普遍程度显著高于理科学生。

在城乡差异方面，对于校园中的不和谐现象，城镇学生认为存在的普遍程度高于农村学生。

四、大学生对思想政治素质的评价

在性别差异方面，对大学思想政治素质的评价中，对于奉献精神、集体精神、纪律观念、维权意识、创新精神、文明礼貌、自立能力、责任意识、团结协作的评价，男生满意度高于女生。

在民族差异方面，对大学思想政治素质的评价中，对于团结协作的评价，少数民族满意度高于汉族。

在学历差异方面，对大学思想政治素质的评价中，我校区硕士研究生和本科生之间没有显著差异。

在年级差异方面,对大学思想政治素质的评价中,对于奉献精神、集体精神、纪律观念、诚信意识、人文素养、维权意识、创新精神、勤俭节约、文明礼貌、自立能力、责任意识、团结协作的评价,一年级学生满意度高于其他年级和毕业班。

在学科差异方面,对大学思想政治素质的评价中,我校区文科生、工科生、理科生之间没有显著差异。

在城乡差异方面,对大学思想政治素质的评价中,对于奉献精神、集体精神、纪律观念、人文素养、维权意识、创新精神、勤俭节约、文明礼貌、责任意识、团结协作,城镇学生满意度高于农村学生。

在政治面貌差异方面,对大学思想政治素质的评价中,对于集体精神,共青团员满意度高于中共党员。

五、大学生对社会思潮的接受特征

在性别差异方面,对社会思潮的了解上,男生比女生的了解程度高。

在民族差异方面,对社会思潮的了解上,汉族与少数民族学生之间没有显著差异。

在学历差异方面,对社会思潮的了解上,硕士研究生比本科生了解程度高。

在年级差异方面,对社会思潮的了解上,一年级和毕业班对民主社会主义的了解程度高于其他年级;一年级对新左派、新自由主义、民族主义、文化保守主义、后现代主义、历史虚无主义、普世价值的了解程度高于毕业班和其他年级。

在学科差异方面,对社会思潮的了解上,文科生对民主社会主义、文化保守主义、后现代主义、历史虚无主义、普世价值上的了解程度高于工科生和理科生。

在城乡差异方面,对社会思潮的了解上,城镇学生对于新左派、新自由主义、文化保守主义、后现代主义、历史虚无主义、普世价值的了解程度高于入学农村学生。

在政治面貌差异方面,对社会思潮的了解上,中共党员对于民主社会主义的了解程度高于群众和共青团员。

第五章

接受视域下基于实证分析的大学生思想政治教育的
有效途径

　　基于大学生思想状况调查的实证研究,分析大学生思想政治教育存在的问题以及研究现状、网络思想政治教育存在的问题以及研究现状。依据目的性与科学性的融合、系统性与客观性的整合、静态性与动态性的统一原则建构和运行的大学生思想状态动态机制是由组织制度和物质保障体系、信息收集体系、研判预测和反馈调节体系组构而成的一个系统体系。这个机制内体系要素间相辅相成、互为补充,共同构筑起大学生思想状况动态掌控机制的理论和实践的模型范式。立德树人运行机制是由构成立德树人运行机制的基本要素之间,由于某种机理形成的因果联系和运转方式。构建立德树人的运行机制必须遵循导向性、整合性和动态性的原则。在理论的基础上,从实践出发建构起全员立德树人的主导机制、全过程立德树人的整合机制、全方位育人的保障机制。

第一节　大学生思想政治教育存在的问题及研究现状

　　思想政治教育这一概念是在漫长的实践中最终提炼而成的,经历了从政治工作、思想工作、思想政治工作到政治思想工作等相近术语的演变过程。20世纪50年代,"政治工作""思想工作""思想政治工作""政治思想工作"经常交错使用;直到十一届三中全会之前,"政治思想工作"成为思想政治工作领域较为统一的概念。随着思想政治教育研究领域的发展,"思想政治工作"或"思想政治教育"才成为比较统一的术语。

一、思想政治教育的含义

当今关于思想政治教育的概念比较有代表性的观点,主要有两种。一种是认为"思想政治教育是指一定的阶级、政党、社会群体遵循人们思想品德形成发展规律,用一定的思想观念、政治观念、道德规范对其成员施加有目的、有计划、有组织的影响,使他们形成符合一定社会、一定阶级所需要的思想品德的社会实践活动"[①]。在这一概念里体现了三点内容:一是思想政治教育是一项社会实践活动;二是思想政治教育具有鲜明的阶级性,代表着一定的阶级意志,并且与社会主导的意识形态相一致;三是思想政治教育以教育为中心的社会实践活动。另一种观点是认为"所谓思想政治教育,就是一定阶级或政治集团,为了实现其政治目标和任务而进行的,以政治思想教育为核心与重点的,思想、道德和心理综合教育实践"[②]。在这一概念里同样也体现了三点内容:一是强调思想政治教育不仅是思想品德的培养,还包括心理素质的培养;二是思想政治教育的核心是"政治思想"的传递与生成;三是思想政治教育一种教育实践。

两种观点各有侧重,但对思想政治教育整体的认识是相通的,首先,思想政治教育就是"政治思想"的外在传递和道德品质的内在形成;其次,思想政治教育都是实践性的,通过实践活动来达到思想政治教育的效果;再次,思想政治教育包括心理素质的培养是必然的趋势。心理教育与思想教育相结合才能有效促进思想政治教育的发展。

二、大学生思想政治教育存在的问题

要想增强思想政治教育效果,必须重视研究受教育者在社会环境和教育控制下自觉而有效地接受思想政治教育信息的规律,只有将网络思想政治教育接受过程规律深刻地揭示出来,才能使之立于科学的基础之上,达到思

---

① 张耀灿,郑永廷,吴潜涛,骆玉廷. 现代思想政治教育学 [M]. 北京:人民教育出版社,2007:50.

② 陈秉公. 思想政治教育学原理 [M]. 沈阳:辽宁人民出版社,2001:3.

政治教育的目的。网络给高校思想政治教育工作带来了新的机遇,也带来了新的挑战。网络思想政治教育取得了初步成效,然而当前网络思想政治教育中仍然存在内容结构滞后、话语传播滞后、教育模式陈旧、现行载体乏力等问题,网络思想政治教育有待进一步完善和提高。

(一)教育内容结构滞后,思想政治教育实效性不强

随着网络的迅速发展,信息传播内容的多元化和复杂性、资源的共享性与开放性相互交织在一起,对高校思想政治教育内容结构优化提出了迫切要求。思想政治教育内容包括世界观教育、政治观教育、人生观教育、法制观教育、道德观教育五个方面。[①]但思想政治教育所包含的内容不是一成不变的,随着时代发展,思想政治教育这五个方面的内容也会不断丰富和完善,才能解答时代课题,体现时代精神。针对经济全球化、文化多元化和网络普及化的实际,需要有计划地拓展新的教育内容,才能与时代发展保持一致性。网络思想政治教育的内容形式日渐丰富多样,但仍存在滞后于现实的不足。高校思想政治教育工作者应当注意到:强调了内容的政治主导,但不能以德性塑造等同于政治生活,不能与现实生活相脱节、背离了大学生的生活实际;强调了内容以知识为本,但不能偏离了对人的全面发展的终极关怀;强调了内容的统一性和规范性,不能忽略思想政治教育对象的层次性和差异性,更不能忽视思想政治教育内容的丰富多彩和生动形象。高校思想政治教育内容结构的优化或创新,并不意味着否定过往,标新立异,而是在继承传统的基础上,紧密结合网络媒体的时代特征,为教育内容注入新的血液,使思想政治教育内容更为大学生所喜爱和接受。

(二)话语传播滞后,思想政治教育话语失效

一是由于信息传播速度快、范围广,高校思想政治教育内容有时难以与社会发展同步,造成了思想政治教育话语滞后于社会发展,致使教育者和受教育者之间难以使用思想政治教育话语进行有效沟通。二是由于信息的传递过程是双向的,信息的发送者既是发送者也可以成为接收者,因而大大改

---

① 陈万柏,张耀灿. 思想政治教育学原理 [M]. 武汉:华中师范大学出版社,2009:142.

善了传统媒体传播信息过程中受众的被动地位,往往受教育者与教育者在相同时间获得信息,甚至比教育者更先获取信息,因而产生了思想政治教育话语传播的不对称。三是在虚拟空间里每个主体都是平等的、双方都拥有平等的话语权,因而控制式或劝导式的话语传播方式失效。

(三)教育模式陈旧,思想政治教育教学效果不佳

新媒体时代,传统高校思想政治教育模式正面临着严峻的挑战:一方面传统模式在没有新模式取代的情况下,仍在顽强地履行着自己的职责,发挥着应有的作用,但同时其作用也正在日益锐减,力不从心;另一方面,新媒体发展势头强劲,它所呈现的覆盖广泛、快捷高效的形式,使它成为思想文化信息的集散地和社会舆论的放大器以及意识形态较量的重要战场,对大学生的影响越来越大;但同时由于传统教育模式在对抗中不具引导力,泥沙俱下的多元文化信息使涉世不深的大学生思想混乱,导致他们的价值观出现偏差,个别人甚至误入歧途。这一情况说明,传统教育模式陈旧是导致教学效果不佳的主要原因。在这一背景下,传统思想政治教育模式所产生的消极影响,使得构建适应新媒体时代高校思想政治教育发展需要的新模式不仅是完全必要的,也是非常迫切的。高校思想政治教育工作者应顺应时代发展需要,更新思想政治教育观念,在把握多元化沟通交流需求的基础上,学习和熟练运用新媒体技术,积极探求新的教育模式,努力发挥思想政治教育的应有功能,以适应新媒体时代高校思想政治教育发展的新需要。

(四)现行载体乏力,思想政治教育整体效应难以发挥

随着网络新媒体的发展和运用,传统高校思想教育载体形式日显滞后和低效,导致了消极因素发生:一方面由于网络新媒体的信息渠道多、覆盖面广,使课堂教育中教育者和受教育者在很大程度上处于同一个"信息平台",大大降低了教育者的权威性和影响力;另一方面,由于网络新媒体所带来的载体样式的多样化,对载体选择的空间大大增加,使得单一的以课堂教育为主要载体的形式已显落伍。这种现状说明,当前高校思想政治教育效用难以发挥的原因就在于现行载体乏力,不能适应网络时代高校思想政治教育的运行需要。高校思想政治教育现行载体的整合势在必行,它要求思想政治教育

工作者应针对新媒体给大学生思想带来的独立性、选择性、多变性、差异性的实际情况,既要根据思想政治教育诸要素的特点选择合适的载体,更要注重综合运用多种载体,通过优化组合、相互交叉,相互配合,相互补充、协调作用,共同形成全方位的思想政治教育合力与态势。

(五)教育主体的思维单一封闭,思想政治教育出现实践性障碍

在传统思想政治教育的环境中,高校思想政治教育工作者的逻辑思维往往是单向的甚至是封闭的。在社会相对不够开放的年代,尽管这种思维存在诸种弊端,但不容否定,它对培养和教育那个年代的年轻人也发挥过重要影响和作用。新媒体时代,由于新媒体技术的广泛运用,它不仅给人们创造了一个全新的世界——网络世界,而且已经和正在促使人们的思维方式发生深刻的变化。在这种大的社会背景之下,一些高校思想政治教育工作者仍然固守传统的思维,习惯于用传统思维来分析和解决新媒体环境下所出现的各种思想认识方面的问题,尽管费力不少,也倾注了很多心血,但往往事与愿违,成为高校思想政治教育取得实效性的思维障碍。由于新媒体具有极大的融合性,它能够促进多种媒体形态和不同形态内容的融合,对当代人单一封闭的思维产生了巨大的冲击,带来了思维的空前变革。随着网络的迅速发展,高校思想政治教育工作者开始认识到,分析和研究大学生群体出现的各种思想道德方面问题,尤其是面对新媒体所产生的种种消极影响,不能仅仅从一个角度去分析研究,也不能再沿用过去单打独斗的办法去解决,而必须多角度地、多学科地进行跨界思维,只有这样才能打通思想政治教育的通道,实现思想政治教育的目的和要求。

三、国外研究现状

国外没有明确的"思想政治教育"的概念,这一概念通常被融合在公民教育、历史教育、道德教育等名义之下。探讨和研究国外教育思想史的发展,可以帮助我们更好地了解国外思想政治教育史的发展历程。国外关于思想政治教育目标的说法也各有千秋,如美国思想政治教育的培养目标是:培养有道德的公民和民主公民;英国思想政治教育培养的目标是实现"公民教育";日本思想政治教育培养的目标是"做具有完美人格的人";新加坡思想

政治教育培养的目标是"做新加坡人",等等。[1] 西方思想政治教育的内容主要包括公民宗教教育、政治观教育、道德教育、社会规范性教育等等。

(一)欧美国家的教育思想

1. 要素主义教育思想

20世纪30年代,美国产生了要素主义思想,以巴格莱、科南特、贝斯特和里科弗等为代表。要素主义教育思想主张严格的智力训练以及"英才教育",教师是教育体系的中心。在20世纪50～60年代,美国教育中占统治地位的教育哲学。[2] 要素主义强调发扬智力训练的教育传统,并且要严格按照系统性、逻辑性和学术性等要求安排教学计划,并且强调教师在教育教学过程中的主体地位,反对以学生为中心,鼓励学生智力上的竞争。

2. 存在主义教育思想

存在主义教育思想起源于美国20世纪50年代,以存在主义作为其哲学基础。存在主义教育家认为人的存在是世界万物存在的唯一基础,所以存在主义教育思想是以"人的存在"为研究对象的,人的问题是出发点和归属点。存在主义教育强调品格教育,不否定知识教育的重要性,但品格教育是学校教育的核心,强调学校教学计划需要与人格发展和培养的需要相符合。存在主义教育思想反对团体教学方法,认为这种方法会阻碍学生自我个性的发展,在教学方法上重视因材施教的个人教学。存在主义教育在西方国家曾经广为流行,在70年代走向衰落。

3. 终身教育思想

20世纪50年代,在法国以朗格朗为代表的教育家提出了终身教育思想。终身教育强调人的一生都应该贯穿着教育,注重教育的形式、内容和手段的多样性,注重教育的整体和民主性。[3] 终身教育意味着终身学习,并将学习和各种教育机会以及学习条件联系起来,发挥对个体的综合效益。其倡导者认

---

① 汪晓菲. 国外思想政治教育的借鉴研究 [D]. 太原:山西大学,2009:16.

② 〔美〕理查德·D·范斯科德,等. 美国教育基础——社会展望 [M]. 北京师范大学外国教育研究所,译,北京教育科学出版社 1984:52.

③ 单中惠. 西方教育思想史 [M]. 北京:教育科学出版社,2007:671.

为,终身教育应该包括正规和非正规教育,是个体终其一生所接受的各种教育的总和。终身教育思想突破了传统僵化刻板的制度和规定,教学内容和形式可以多样化,使个体拥有广泛的学习领域。终身教育现在已经发展成为国际上获得认可的教育思想,在许多国家,终身教育思想至今依然是教育发展的重要指导思想。

(二)苏联时期的教育思想

1.个性全面和谐发展的思想

20世纪中期,苏联教育家苏霍姆林斯基等提出了"个性全面和谐发展"的教育思想。它强调"德、智、体、美、劳"的全面协调发展。按照苏霍姆林斯基的意见,学生的体格、思想品德、知识本领、智慧能力、审美情操、劳动本领等方面都应该得到健康的发展,在个性、天资、兴趣、爱好以及特长等方面部应该得到充分的发挥,成为一个真正完善的人。[①]"个性全面和谐发展"强调自我教育,即教会学生自我尊重、自我克制和自我完善。从接受角度来讲,如果学生没有自我教育的主动愿望,这种教育思想是难以实现的。

2."一般发展"的教育思想

苏联教育学家赞科夫在实验研究的基础上提出了"一般发展"的教育思想。教学论者教学的目的是为了让学生掌握知识和熟练掌握知识的技巧,掌握知识的效果就是学生智力的发展,但忽略了学生其他方面的均衡发展。"一般发展"的教育思想认为教学的主要目的是为了学生的全面均衡发展,除了智力外还包括情感、意志和体力等方面。学生德、情、智、体得到全面发展,才能更好地掌握知识,并且形成技巧,从而有效地提高教学质量。其次,"一般发展"的教育思想重视理论知识的学习。理论知识是指实践经验的高度概括和总结,赞科夫认为"确立理性知识的主导作用,并不贬低知识和机能以及学龄初期儿童获得知识和技巧的意义"[②]。

[①] 单中惠.西方教育思想史[M].北京:教育科学出版社,2007:64.
[②] 〔苏〕赞科夫.教学与发展[M].杜殿坤,张世臣,俞翔辉,等,译.北京:人民教育出版社,1985:52.

3. "教学教育过程最优化"教育思想

20 世纪 60 年代苏联出现了"教学教育过程最优化"教育思想,它强调以科学的方法论指导教育研究,提倡学生个性的全面发展,主张教学教育应该能够达到在一定条件下可能取得的最优效果和最高水平。[①] "教学教育过程最优化"教育思想强调以辩证法、系统论等科学的方法指导教育教学研究,坚持个性全面发展是教学教育工作的根本方向,注重教学理论的实践价值。

四、国内研究现状

(一)关于思想政治教育的接受的探讨研究

国内外不同学者从不同的学科和角度对接受现象进行了不同的研究。从传播学角度来看,梅尔文·德弗勒在《大众传播理论》中指出,受众包括社会分类、社会关系、文化规范和个人差异四种类型,提出了接受主体的心理因素、社会因素和个体需要对接受状态的影响,对思想政治教育的接受研究有重要的启示。从接受美学的角度来看,姚斯认为接受应该以"读者的文学接受为宗旨,研究读者对作品接受过程中的因素和规律"[②]。确切地说,读者有审美接受才有美的价值存在。从哲学认识论的角度来看,接受是"人们对以语言象征符号表征出来的思想文化客体信息的择取、解释、理解和整合,以及运用的认识论关系和实践关系"[③]。这种理论初步揭示了"接受"的本质,并强调了接受主体的主观能动性。

从思想政治教育的角度,邱柏生在《思想政治教育接受学》中认为,接受是"主体(即受教育者)在外界环境的影响下,尤其是在教育的控制下,选择和摄取思想教育信息的一种能动活动",是"对社会有控制影响的积极反应"[④]。这一概念强调了接受的内化过程,但忽略了外化践行的重要性。王敏在《思想政治教育接受论》中指出:"思想政治教育接受特指发生在思想政

---

① 单中惠. 西方教育思想史 [M]. 北京:教育科学出版社,2007:643.

② 〔德〕姚斯. 接受没学与接受理论 [M]. 周宁,金元浦,译. 沈阳:辽宁人民出版社,1987:24.

③ 胡贵木,郑雪辉. 接受学导论 [M]. 沈阳:辽宁人民出版社,1989:1.

④ 邱柏生. 思想政治教育接受学 [M]. 太原:山西人民出版社,1992:3.

治教育领域内的接受活动,它反映了思想政治教育接受主体与思想政治教育接受客体之间的相互关系,是接受主体出于自身的需要,在环境的作用下通过某些中介对接受客体进行反应、选择、整合、内化、外化行为,是多环节构成的、连续的、完整的活动过程。接受的结果是形成人的内化的精神和外化的行为。"[①] 刘丽琼在《思想政治理论课教学接受论》中指出,接受应该是"指接受主体出自于某种需要而对接受客体的反映、择取、理解、解释、整合、内化以及外化践行的过程"[②]。

在深入研究有关"接受"的各种理论的基础上,本书认为要从静态、动态和系统的角度来理解接受的含义。"接受"一词,在汉语字典中通常被解释为接纳、承受。英文中是 acception,表示采用、受理、接待、接收的意思。从字面上看,接受含有主动积极、自觉自愿的意味。作为一个名词,接受表示一种状态和结果。

从对接受概念的分析中可看出,"接受"体现了人与自然、社会、他人、自己的种种错综复杂的物质关系、文化关系、心理关系、实践关系等。所谓接受应该是指接受主体出于自身需要通过某些中介对接受客体进行反映、择取、理解、解释、整合、内化、外化、践行的活动过程。这个过程是接受主体和接受客体之间在一定的接受环境中,通过一定的中介和媒介,进行双向互动、双向发展的过程,既是一个内化整合的过程,又是一个外化践行的过程。接受作为一个活动过程,它是一个包括多要素的系统。

(二)关于主体接受过程的探讨思考

在本书中,对主体的接受过程的探讨指接受主体对思想政治教育内容(接受客体)进行整合和外化践行的过程,即探讨主体对思想政治教育内容的认知过程。

1. 认知结构转换与建构及其同化的基本内容

对于认知和学习的规律,人类一直在进行探索,现代认知学派的一个共有的显著特征是对认知结构的关注和研究,奥苏贝尔认为,影响学习的最重

---

① 王敏. 思想教育接受学 [M]. 武汉:湖北人民出版社,2002:33.
② 刘丽琼. 思想政治理论课教学接受论 [M]. 北京:人民出版社,2009:6.

要因素是学生已有的认知结构,他强调学生的学习应该是有意义的接受学习,这种学习是通过新知识与学生认知结构中的有关观念相互作用而进行的,其结果是新旧知识意义的同化。有意义学习理论强调在新知识的学习中,认知结构中的原有适当观念起决定作用,这种原有的适当观念对新知识起固定作用。有意义的学习需要具备两个条件:学生要具备有意义学习的意向,即把新知识与认知结构中原有的适当观念关联起来的意向;学习材料对学习具有潜在意义,即学习材料具有逻辑意义并可以和学生认知结构中的有关观念相联系。这两个条件缺一不可,否则会导致机械学习。这些观点,对于目前以计算机多媒体技术和网络通信为教学载体和工具的"思政课"教学来说,具有重要的指导意义。为此,提高"思政课"教学的吸引力和感染力,必须要增强学生认知结构中与教学媒体(网络媒体)和教学内容等相关联的观念。

2.认知结构转换与建构及其同化的技术路径

当前,高校思想政治教育运用网络媒体进行教学的作用,可以体现在两个方面:一是实现教材体系向教学体系的转换;二是实现教材语言向教学语言的转化。具体来说,探讨如何利用网络媒体,把"一纲一本"中规范性、逻辑性、理论性较强的文本语言,转换和转化为学生已有的认知结构中的各种媒体语言及表达形式,即通过媒体语言激活教材的文本语言来表达教材内容,从而使思想政治教育内容同化和内化为学生认知结构建构中的组成部分。从认知结构同化理论视角看,网络思想政治教育能够实现通过抽象概念的具体化、逻辑命题的情景化和理论阐述的形象化等方式实现从文本语言配置向学生有意义接受学习的转换和同化,即学生通过利用认知结构中已经具有的概念、命题、理论等表达形式和内容,去同化教师所传授的马克思主义的立场、观点和方法,通过这种转换和同化去理解思想政治教育的观念及其意义。当大学生原有的认知结构不能同化教师传授的内容时,就会影响接受心理,造成接受障碍。[①] 因为,学习的直接性心理机制是学习者的认知结构,学

---

① 周文俊.高校马克思主义理论课教学接受障碍成因分析与对策[J].浙江中医药大学学报,1997(5):384-386.

生学习就是一个同化和发展自身认知结构的过程。[①] 从教育技术学角度理解，认知结构转换与建构及其同化的技术路径是教师对媒体的选择及使用的合适性。媒体一般是灵活的和可替换的，焦点在于在给定的条件下何种媒体最合适。[②] 美国视听传播学者爱德加·戴尔认为，"教学中所采用的媒体越是多样化，所形成的概念就越丰富越牢固"[③]。对于以互联网为代表的新兴媒体时代的大学生来说，运用网络媒体思想政治教育，可以使逻辑性、理论性较强的教学内容更直观、清晰、生动、形象，加深对课程内容的理解和记忆。

第二节　大学生网络思想政治教育存在的问题及研究现状

一、网络思想政治教育的概念

随着网络的迅速发展，"网络思想政治教育"的概念越来越被广泛地提及，网络思想政治教育的研究日益受到教育工作者的关注。关于网络思想政治教育的含义，许多学者也给出了不同的定义。2000年2月，刘梅提出"网络思想政治教育"的概念，认为"网络思想政治教育，是根据传播学和思想宣传的理论，利用计算机网络所进行的思想政治教育"[④]。这是国内最早给出的关于网络思想政治教育的定义。2001年，黄日干提出，"网络思想政治教育，就是根据现代传播学原理和思想政治的宣传教育理论，以互联网络为媒介来实施的思想政治教育活动"[⑤]。这是关于网络思想政治教育较早的概念，之后开始出现了大量的关于网络思想政治教育的著作，对网络思想政治教育进行了更深入的研究。2002年，曾令辉在《网络思想政治教育概论》中提出，网络思想政治教育要把握两点：一是要从网络本身的特点来理解网络思想政治教育的主客体关系、环境因素和实施途径；二是要从现代思想政治教育的本

---

① 李红. 论学习活动的本质 [J]. 心理学探新，1999（1）：37-43.

② 李运林，徐福荫. 教学媒体的理论与实践 [M]. 北京：北京师范大学出版社，2003：34.

③ 王以宁. 教学媒体理论与实践 [M]. 北京：高等教育出版社，2007：30.

④ 刘梅. 论思想政治教育的现代方式 [J]. 河南师范大学学报（哲学社会科学版），2000（2）：103-106.

⑤ 黄日干. 网络思想政治教育内容论 [J]. 广西师范学院学报（哲学社会科学版），2001（4）：79-85.

质、规律、内容来把握网络思想政治教育的本质。①2003年,杨立英在《高校网络思想政治教育》中指出,网络思想政治教育是运用思想宣传的理论和传播学的原理,以互联网为载体开展教育的各种现代思想政治教育方式。2007年,檀江林在《高校网络思想政治教育研究》中提出了狭义的思想政治教育概念,主要是指为了培养适应网络社会发展要求的具有良好思想观念、道德观念、政治观点、信息素养的社会主义新人,利用网络载体在虚拟的网络空间中进行的有计划、有组织的、双向互动的思想政治教育实践活动。②张耀灿、郑永廷等在《现代思想政治教育学》中指出,网络思想政治教育是在互联网和信息技术迅速发展的时空境遇下,以认清网络本质和影响为前提,利用网络促使思想政治教育运行的虚拟实践活动。③2008年,夏晓虹在《高校网络思想政治教育》提到,当今思想政治教育的开展,越来越依托于网络思想教育信息量、信息可以共享,借助网络平台可以平等、自由、全面、及时交流等特点,从而不断地创新教育工作模式,开发新的教育方法。④2009年,姜国峰在《网络思想政治教育理想模式的构建研究》中指出,网络思想政治教育是指与"网络"有关的思想政治教育,是以心理学、教育学、现代信息技术学、人际交往学等理论为基础,以传播学和思想宣传理论为指导,利用计算机网络和多媒体知识,通过制作、传播和控制网络信息,引导网民(或受众)在全面客观地接触信息的基础上,选择吸收正确的信息,对网民的人生观、世界观、价值观进行引导和规范,它以其平等、自主、交互性的社会性内涵推动思想政治教育理念的创新,从而达到思想政治教育的目的。⑤

综上所述,网络思想政治教育的概念可以概括为三个方面的内容:一是网络思想政治教育的媒介是计算机网络;二是网络思想政治教育依然是一种实践活动;三是网络思想政治教育和思想政治教育的内容本质是相同的,但

① 曾令辉. 网络思想政治教育概论 [M]. 南宁:广西民族出版社,2002:60-61

② 檀江林. 高校网络思想政治教育研究 [M]. 合肥:合肥工业大学出版社,2007:119-120.

③ 张耀灿,郑永廷,吴潜涛,骆玉廷. 现代思想政治教育学 [M]. 北京:人民教育出版社,2007:98.

④ 夏晓虹. 高校网络思想政治教育 [M]. 泰安:泰山出版社,2008:2.

⑤ 姜国峰. 网络思想政治教育理想模式的构建研究 [M]. 昆明:云南大学出版社,2009:25.

手段、方式和方法都发生了较大变化。

二、网络思想政治教育存在的问题

(一)主体的平等性和自由性带来的机遇和挑战

传统媒体(报刊、广播、电视等)所发布的信息一般由专业人员提供,其内容除了受到专业人士所代表的群体的价值影响之外,还需要经职能部门审核,在传播者和受众之间呈现出一定的不对等性。新媒体的广泛应用,除部分传播信息是由专业人士提供外,更多信息(短信、微博、论坛)都是由大众提供的,任何人都可以通过微博、QQ、飞信和微信等新媒体工具,自由地发表个人意见,表达自己的主张。

主体的平等性和自由性带来了发展的机遇。一是不同个体发布信息、发表观点、表达意见都是平等而且是具有个性的。每个人既是信息的发布者,又是信息的接收者。以此类推,这也意味着每个人既是施教者同时又是受教育者。微博、博客、QQ、论坛和电子邮件等增加了人们相互沟通的积极性和广泛性;网络视频、网络新闻等形式让人们更方便地去阅读和了解思想政治教育的内容,从而有效提高大众参与的积极性和主动性。二是新媒体的虚拟信息传播也指传播关系的虚拟性,在虚拟人际关系中,大家可以轻松隐匿自己的身份,只有运用专业工具或专业技术手段才能将这种隐匿有效破除。隐匿也增加了信息交流双方的安全感,能减少传统交流过程中各种可能的客观干扰因素,为交流双方自由发布或接受信息提供了条件。

主体的平等性和自由性面临的挑战主要有:一是网络环境下的道德缺失问题。网络活动是一种虚拟的活动,网络思想政治教育在约束网络活动遵从现实道德时往往力不从心,这是由于"网络环境中交互式的交流,彻底改变了传统思想政治教育的你讲我听的单向强制性模式"[1]。二是因为网络的虚拟性造成网络行为本身不能得到很好的制约和监督,网络主体在进行活动时自由度过大。

---

[1] 韦吉锋,徐细希,汪维. 网络思想政治教育面临的新课题 [J]. 扬州大学学报,2006(4):76-80.

（二）客体的即时性与海量性带来的机遇和挑战

客体的即时性与海量性带来的机遇。因信息的发送不受印刷、运输、发行等客观因素的限制，即时性和海量性成为新媒体传播过程的典型特点。如手机短信、微博、拍客等，其发送信息几乎可以与事件同步进行，并且呈非线性状态传播。网络信息的海量性是说网络使信息变得无限量丰富且无限量接近于每一个人，"所有种类的信息全都包藏于媒介之中，因为媒介变得十分全面、多样、富于延展性，使得媒介在同一个多媒体文本里吸收了所有人类过去、现在和未来的经验"[①]。人们面对海量信息可以自由地依据需要进行选择和判断，这种选择性活动是完全自由的，它分为理性和非理性两种具体选择。网络思想政治教育在此需要发挥作用，引导人们正确地在如大海般浩瀚的信息面前，理性地选择信息并远离有害垃圾信息。

客体的即时性与海量性带来的挑战。首先，浩瀚无边的网络提供了一个全新的开放的交流空间，内容变得丰富而全面。一个图书馆的藏书只用一张薄薄的光盘就可以装下。各民族多样的文化在网络中相互碰撞与融合，形成了一个巨大的思想文化宝库。但是这也导致了网络垃圾的泛滥成灾，许多低俗、不健康的内容泥沙俱下，导致难以分辨信息的真伪，许多正面的信息也有可能消失在茫茫的信息浪潮中，这使我们常常雅俗共赏、望洋兴叹。其次，"网络的存在和发展消除了文化传播和交流的地理与时空的障碍，促进了不同文化的交流和融合，同时也使相互的对抗与冲突更加激烈"[②]。这种对抗与冲突，突出表现在西方意识形态对我国社会主义主流意识形态的冲击，其形式主要是通过技术优势，以美国为首的西方国家大搞"信息霸权主义"，以入网准入技术、信息传播限制技术等专业计算机技术限制传播社会主义国家的正面消息，专门传播其负面消息，同时向社会主义国家大肆传播西方资本主义的各种思想观念，这限制了全世界人民思想文化的交流，对我国社会主义主

---

① 〔美〕曼纽尔·卡斯特.网络社会的崛起 [M].夏涛九,译.北京:社会科学文献出版社,2001:50.

② 晏婷婷.优化网络环境——提高网络思想政治教育实效 [J].中国集体经济,2007(11):176-177.

流意识形态也构成了严峻挑战。①

（三）形式的数字化与交互化带来的机遇和挑战

形式的数字化与交互化带来的机遇。网上的一切活动都需凭借符号传递信息，网络信息均是以数字信号 0 和 1 的二进制数字来计算、以"比特"（bit）的形式存在和被传输的。比特是数字化信息的最小度量单位，一切信息都是以比特为基本单位而存在的。形式的数字化与交互性拉近了思想政治教育与受众之间的距离，能够有效促进受众对思想政治教育内容的认同。网络的迅速发展增加了思想政治教育内容的开放性。比尔盖茨曾经提到："信息高速公路将在日后时间、日后地点，给我们提供一切途径，使我们得到看上去似乎无穷无尽的知识。"② 微博、博客、QQ、论坛和电子邮件等增加了人们相互沟通的积极性和广泛性；网络视频、网络新闻等形式让人们更方便去阅读和了解思想政治教育的内容，从而有效提高大众参与的积极性和主动性。

形式的数字化与交互化带来的挑战。以往思想政治教育的渠道主要是报纸、宣传栏、印刷宣传页、广播等传统媒介，是自上而下和单向的方式，这种教育方式往往使受众被动地去接受知识，缺乏自主性和积极性，教育形式单调。形式的数字化与交互性说明了在网络活动中的个体是绝对自由的，他们既能自由地选择和获得信息，又能自由地依据这些信息进行人的创造性劳动，这显然与思想政治教育的单向性和灌输性存在矛盾。因此，解决这一矛盾，使思想政治教育真正拥有实效是网络思想政治教育研究的"必修课"。

（四）语境的碎片化和虚拟化带来的机遇和挑战

碎片化是描述当前中国社会传播语境的一个形象性的说法。原意为完整的东西被破成诸多碎块，是指人们通过网络传媒了解和阅读非常多的信息，但却没有深刻的理解和记忆，让自己了解的东西成为过眼云烟。新媒体传播通路的激增、海量信息的堆积以及表达意见的自由性，使得原本依靠某

---

① 卢剑平，王丹丹．全球化背景下高校网络思想政治教育新体系的构建 [J]．学理论，2010（11）：166-167.

② 〔美〕比尔·盖茨．未来之路 [M]．辜正坤，译．北京：北京大学出版社，1996：232.

一个（类）媒体或文化的强势覆盖的时代已成为过去。网络空间是一个与物理空间相对立的新空间，虚拟性是网络社会最重要的特征。在网络中，每个场景、人物都是人构造的，不是现实的，但是虚拟并不等于虚假、虚幻、虚无，它具有客观的现实性，虚拟是真与假不可分割的统一体。网络空间里，传统的物理世界与心灵世界之间相互融合，界限已变得模糊不清，有时虚拟甚至比现实更加真实。网络的虚拟技术使得将图书馆、商城、电影院、游戏厅、交易所等搬到网上成为可能。人们可以去虚拟图书馆、博物馆、艺术馆，甚至可以去虚拟旅游。"没有人知晓你的性别和种族，这种性别盲和肤色盲在网络虚拟空间里对很多人具有积极的意义，因而大受欢迎。"[①]

网络信息真假难辨、虚实变幻。传统媒体环境中的传播关系，信息发送者和受众之间的角色是特定的，比如课程教材，我们会知道该教材的编写者是谁。新媒体传播中，在信息的交流和沟通中，传播者和受众的角色呈现出一定的虚拟性。人们可以重塑自我形象，可以自由选择和扮演自己的角色和身份，一个丑男可以美其名曰"美女"，一个现实社会中的温文尔雅的君子，在网上可以立刻变成粗俗卑鄙的流氓。比如在各大论坛、聊天工具或微博中，人们习惯用一个虚拟的 ID。这种身份的不确定性减弱了道德约束力。其次，语境碎片化使网络传播中信息的发布变得非常容易，任何一个受众通过简单的鼠标和键盘的操作瞬间即可变成一个传播者，根据自己的编辑思路，传播着个性化的内容。这就使得网络中对新闻事件的报道，在内容上既有对传统媒体的转载，又有网络媒体的独家策划，甚至还有草根博客的小道消息，形式上既有重量级的新闻专题，又有轻量级的多媒体报道单元。无论传播的内容和形式都呈现出一种碎片化现象，增加了网民进行正确辨别的难度，容易被负性信息污染。

三、国外研究现状

国外没有与我国"思想政治教育"相应的学科，因此也就没有完全实名的网络思想政治教育的专门研究。但在国外，学者们关于高校网络思想政

---

① Jordan, Tim. Cyberpower: The Culture and Politics of Cyberspace and the Internet, London & New York, Routledge, 1999: 66.

治教育的研究"无名有实",实际上,他们的网络思想政治教育做到了几乎"无时不有,无处不在",国外称之为信息伦理学或网络伦理学,例如美国杜克大学开设了"伦理学与国际互联网络"的课程。国外的研究其主要是"从技术层面或伦理学、心理学、经济学、社会学、教育学等的角度来进行研究与探索",研究的重心主要在高校大学生思想道德的形成及教育上。有许多关于对大学生思想产生重要影响的著作,如曼纽尔·卡斯特的信息三部曲之一《网络社会的崛起》,马克·波斯特的《第二媒介时代》和《信息方式》,埃瑟·戴森的《2.0版数字化时代的生活设计》,尼葛洛庞帝的《数字化生存》,丹·希勒的《数字资本主义》,托马斯·鲍德温等的《大汇流:整合媒介信息与传播》,王逢振的《网络幽灵》,戴维斯·莫谢拉的《权力的浪潮——全球信息技术的发展与前景1964～2010》等。20世纪80年代以来,经济全球化引发了大量的伦理冲突与道德困惑,西方国家开始重视利用网络来对学生进行道德教育,如美国计算机伦理学家摩尔的《什么是计算机伦理学》、罗格逊和拜努的《信息伦理学:第二代》等。黛博拉·约翰森和J·W·斯纳普于1985年合著了《计算机应用中的理论问题》,罗伯特·托弗,里根·瑞姆斯薇尔和斯图亚特·罗森鲍姆于2000年主编了《网络伦理学:计算机时代的社会、道德问题》,2001年斯皮内洛和泰万尼编写了《网络伦理学读本》。人格社会学习论创始人班杜拉在分析了青少年观察学习与模仿的方法之后,主张身教重于言教的方法。捷克教育家夸美纽斯在《大教学论》一文中指出,教育应当让学生自由生长,在道德教育方法上,主要的德行,如持重、节制、坚忍与正直应当首先培植。美国著名哲学家、教育家杜威提出"学校即社会""教育即生活""教育即生长""教育即经验之生长与重组""从做中学"等口号以及探究式讨论提高法、社会式学校育人法、活动式训练教学法和德育与各学科融合法等德育的方法。美国现代心理教育专家艾伦、Louis·P·Thorp等人从心理学、教育学角度探讨了青少年思想道德教育的方法。桑迪·布林顿、奥拉·里伯在《虚拟学习环境的教学评价框架》一文中提出,应提高高校网络思想教育工作者网络环境意识。日本人把"德育"课放在学校教育课的首位,近代日本著名学者芳贺矢一在1907年出版了《国民性十讲》一书;永进道雄在《现代化与教育》一书中提出要尊重人性的精神。美国R·布朗加特和M·布朗加特对大学生思想道德教育作了《80年代的青年问题与政治》的研究报告。此外还有 2000 年罗杰·菲德勒的《媒介形态变化认识新媒介》；2002 年戴维斯·莫谢拉的《权力的浪潮：全球信息技术的发展与前景 1964—2010》。2002 年美国著名教育学家阿瑟·W·库姆斯等人在《学校领导新概念——以人为本的挑战》一书中创造性地提出了学校领导如何才能成为优秀管理者的新理念、新思路、新方法。20 世纪 70 年代美国教育学家纽曼提出了"社会行动模式"，英国德育专家麦克菲尔提出了以道德情感为主的"体谅关心模式"，写了《生命线》和《起跑线》等道德理论教材。2000 年美国麦克尔·海姆在《从界面到网络空间》中认为："虚拟实在的本质最终也许不在技术而在最高层次的艺术。"2005 年哈斯·卡姆和 E·斯科恩菲尔德斯在《数字式学习环境下解决问题的模式》中认为，高校网络使思想教育具有更高的文化和科技含量，应当使学生在潜移默化中受到熏陶和感染。

四、国内研究现状

新媒体大致可以分为三类：网络媒体、手机新媒体和新型电视媒体。[①] 网络媒体影响比较大的有搜索引擎、电子邮箱、电子报纸和杂志、通讯、网络游戏、博客等内容。手机媒体随着互联网前端的延伸日益成为占据人们生活的重要部分。随着 3G 和 4G 技术的发展，手机将通信、网络、多媒体、娱乐等多种功能集于一身，随时随地传播信息。数字电视媒体传播全部采用数字信号，使大众的收看方式更加个性化和自主化。这些新媒体的特点是互动更为频繁、融合逐步加强，因而在大众生活中更加普及，也引起学术界对网络与思想政治教育研究的关注。

国内关于网络思想政治教育主要有两个角度：一是网络对思想政治教育的影响。关于信息社会、网络文化等方面的研究成果，广泛探讨了网络技术、网络文化对人们社会生活的影响，积累了网络社会和网络文化的特征及规律的研究成果，为更好地分析网络对思想政治教育的影响提供了丰富的资料来源。二是思想政治教育主动走进网络，利用网络平台加强思想政治教育。网络与思想政治教育的互动是双向的，现在人们越来越意识到网络平台对人们的深刻影响，所以我们应该更多地利用网络平台的正向作用，探讨如何发挥

---

① 季海菊. 新媒体时代高校思想政治教育研究 [D]. 南京：南京师范大学，2013：31.

网络的作用来更好地促进思想政治教育的发展。已有研究中关于网络心理特点、网络教育和网络传播等方面的内容,对于我们掌握网络思想政治教育的载体、对象、规律提供了重要的参考价值。

随着网络的迅速发展,网络思想政治教育出现了大量的研究成果。在关于网络思想政治教育的概念发展历程中,刘梅 2002 年第一次提出了网络思想政治教育的概念,即"利用计算机网络所进行的思想政治教育"[①]。2002 年,曾令辉在《网络思想政治教育概论》中从网络工具性角度对网络思想政治教育的概念进行了论述。[②] 2003 年,杨立英在《网络思想政治教育论》中研究了网络社会思想政治教育的新境遇、新内容、新原则、新主体、新方法和新发展等问题,系统地构建了网络社会思想政治教育的基本体系。[③]

在关于网络文化的研究中,鲍宗豪的《网络与当代社会文化》[④]、苏振芳的《网络文化研究:互联网与青年社会化》从网络文化的角度探讨了人们网络思想文化的发展,研究了人们网络思想和网络行为的特点。[⑤]

在网络思想政治教育实效性研究中,潘敏的《高校网络思想政治教育创新与实践》[⑥]、黄明伟的《大学生网络思想政治教育实施要素研究》[⑦]、徐绍华的《高校网络思想政治教育的实效性研究》[⑧]、王荣发的《网上德育:大学生网络思想政治教育的思考与实践》等[⑨],从实践的角度,探讨和分析了增强大学生思想政治教育有效性的新途径,充分体现了研究与工作、理论与实践、针对性与实效性紧密结合的特点,对于从事高校大学生思想政治教育工作的教师具有启迪和借鉴意义。

---

① 刘梅. 思想政治教育的现代方式——论网络思想政治教育建设 [J]. 河南师范大学学报,2000(2).

② 曾令辉. 网络思想政治教育概论 [M]. 南宁:广西民族出版社,2002.

③ 杨立英. 网络思想政治教育论 [M]. 北京:人民出版社,2003.

④ 鲍宗豪. 网络与当代社会文化 [M]. 上海:上海三联书店,2001.

⑤ 苏振芳. 网络文化研究:互联网与青年社会化 [M]. 北京:社会科学文献出版社,2007.

⑥ 潘敏. 高校网络思想政治教育创新与实践 [M]. 北京:中国言实出版社,2007.

⑦ 黄明伟. 大学生网络思想政治教育实施要素研究 [M]. 北京:新华出版社,2007.

⑧ 徐绍华. 高校网络思想政治教育的实效性研究 [M]. 北京:新华出版社,2007.

⑨ 王荣发. 网上德育:大学生网络思想政治教育的思考与实践 [M]. 上海:华东理工大学出版社,2009.

在关于思想政治教育研究方法的研究中,宋元林在《网络思想政治教育》中提出了网络思想政治教育的本质、特征、功能、价值等方面的内容,阐述了网络思想政治教育的基本概念、理论和方法。① 张瑜在《高校网络思想政治教育发展与创新研究》中结合理论与实践中的问题,探讨了网络技术、网络社区、网络文明、网络受众、网络参与以及校园网络环境等六个方面的内容。② 张再兴在《网络思想政治教育》中以网络社会的崛起为基点,以环境变迁为主线,围绕基础理论问题开展探讨,分析了网络思想政治教育的经验、对策和方法。③ 教育部思想政治工作司主编的《大学生网络思想政治教育》围绕大学生网络行为的特点,探讨了大学生网络思想政治教育的内容、方法和机制建设。④

第三节　构建大学生思想状况动态掌握机制

如何动态掌握大学生的思想状况似乎是一个老生常谈的话题。事实也的确如此,从最初的大学生思想动态预测的可行性分析、大学生思想动态预测的理论基础解读到现在的网络多媒体和大数据下学生思想行为趋势掌控体系建立的探究,众多学者和思想教育工作者对此问题的关注和探究从没有间断过。究其原因,除了人们认识到动态掌控大学生的思想动态可以增强思想政治教育的针对性、提高有效性外,更重要的因素还在于人们试图用不同的方法、从不同的视角来解决思想发展变化的复杂性和思想动态预测的准确性之间的矛盾。

特别是面对思想政治教育的新常态,如何拓展视域,寻求现代科技手段,进一步增强思想动态预测的准确性,成为众多学者和教育工作者孜孜不倦研究的动因。纵观对此问题的研究成果,尽管不乏立意深刻、视角独特的研究成果,但大多是立足于问题的可行性和必然性的理论层面的阐述,缺乏现实

① 宋元林. 网络思想政治教育 [M]. 北京:人民教育出版社,2012.
② 张瑜. 高校网络思想政治教育发展与创新研究 [M]. 北京:人民出版社,2014.
③ 张再兴. 网络思想政治教育 [M]. 北京:经济科学出版社地址,2009.
④ 教育部思想政治工作司. 大学生网络思想政治教育 [M.] 北京:高等教育出版社,2011.

的可操作性;大多立足于某一方面的线性视角,缺乏对此问题的立体网络和机制建构的研究。对此,本节拟从大学生思想状况动态掌控机制建立的基本原则入手,基于理论和实践结合的视域,对大学生思想状况的动态掌控机制(以下简称动态掌控机制)的范式模型进行探讨。

一、动态掌控机制构建的原则

所谓动态掌控机制构建的原则,就是为了保证动态掌控机制建立的全面客观性、运行的高效针对性,在动态掌控机制建立和整个运转过程中,必须要遵循的基本准则。

(一)目的性与科学性的融合

我们知道,思想政治教育本身就具有很强的目的性。动态掌控机制的建构就是为了进一步增强思想政治教育的针对性和实效性,进而达到思想政治教育的目的要求。动态掌控机制的建立和运行,是为思想政治教育的目的服务的,因此,动态掌控机制的构建必须要紧扣一定时期思想政治教育的目标和任务,服务和服从于立德树人的根本任务,这是目的性的要求。

坚持科学性原则包括两个要义:一是动态掌控机制的建构要符合大学生的思想发展规律,符合思想政治教育的运行规律。体现规律性是科学性的首先要求。二是动态掌控机制的建构和运行过程中要体现科学精神、运用科学的方法。特别是信息的收集和思想动态的预测,要体现实事求是的科学态度,不能主观臆断,人为推定。

目的性和科学性在动态掌控机制的构建和运行过程中,要做到相互融合。科学性必须围绕目的性,并以目的性为指导,脱离了目的性的科学性,就失去了方向;目的性必须以科学性作为支撑,离开了科学性的目的性就失去了坚实的基础。

(二)系统性与客观性的整合

思想政治教育的系统性在一定意义上也决定了动态掌控机制的系统性。动态掌控机制的系统性主要体现在:第一,动态掌控机制本身的系统性。也就是说我们建构的动态掌控机制是一个系统,各要素之间要相互协调、相互促进,成为一个具有严密逻辑结构的统一体。第二,动态掌控机制要体现闭合性。要求这一机制的起点和终点互为闭合,形成一个闭合环,在这个闭合环中,前一个要素体系是后一个要素体系的基础,后一个要素体系是前一要素体系的阶段性递进,前后之间相互验证,相互检测,当机制有效运转时,每一次过程的运转都是在前一过程运转基础上的逻辑上升。动态掌控机制的每一周期的不断运转,不是简单的重复,而是一个新的理论和实践升华。第三,动态掌控机制要体现相关性。众所周知,不仅思想政治教育是处在一个开放的系统中,学生的思想发展也是在开放的系统中不断演变的。对此,在动态掌控机制运行时,也必须要放在一个大系统中去审视,注重相关性。

动态掌控机制还必须要体现客观性。机制的建构要遵循客观规律,既要立足于高校的具体情况,又要充分遵循学生思想、心理和思想政治教育的内在规律,体现事物的本质属性,把动态掌控机制打牢在客观实际的磐石之上。

总之,系统性要体现客观性,客观性本身也是系统性的价值诉求。系统性与客观性的融合是动态掌控机制必须坚守的一个重要的原则。

(三)静态性与动态性的统一

所谓静态性就是在一定时间、一定空间和情境下,动态掌控机制处于相对稳定或者静止的平衡状态。在动态掌控机制的建构和运行过程中,保持其相对稳定的静态状态是十分必要的。特别是其机制内部各体系结构的相对稳定,对动态掌控机制的有序运行至关重要。在动态掌控机制中没有相对稳定的组织领导体系,没有相对稳定的制度保障,无论是思想预测、信息的收集优化研判,还是反馈调节,都会失去平衡,最终可能导致机制运行处于失衡的态势,偏离了方向目标。

此外,聚焦和关注以往同时期、同空间、同情境下大学生思想发展变化的经验和教训,也是静态性的要求。学生的思想状态受各种因素的影响处于不断的变化之中,思想变化的过程是动态的,但是,在变化的过程中,思想变化的运行轨迹和经验教训是清晰可见的,前车之辙是静态的,并可以被人们选择借鉴。

所谓动态性就是在一定时间、一定空间和情境下,动态掌控机制运行过程中,对大学生思想状态的发展和变化的趋势进行跟踪捕捉,并及时进行反馈调节。动态性把握是动态掌控机制建立的核心，也是关键的着力之处。

坚持静态性与动态性的统一，就是要求机制的内部结构要体现静态的稳定性。机制的运行过程中，应主动适应情形的变化，及时把握学生的思想脉搏，主动调节反馈。

二、动态掌控机制的基本内涵

我们认为，基于高校的实际，动态掌控机制应是由组织制度和物质保障体系、信息收集体系、研判预测和反馈调节体系构成的一个系统体系。

（一）组织制度和物质保障体系

这是动态掌控机制建构和有效运行的基础保障体系。这一体系主要通过建设一支队伍、完善一套制度、提供一系列物质保障的"三个一"构成其基本体系模式。

1. 建设一支队伍

这是动态掌控机制建构和有效运行的人的因素。动态掌控机制由谁来组构？由谁来组织运行？必须要依赖一支坚强的队伍。如何组建这支队伍？从目前各高校育人的实践来看，绝大多数高校都建立了由分管学生工作的校领导为组长，学校办公室、组织部、宣传部、研究生工作部、学生工作部、校团委、教务处、科研处、保卫处、后勤处等学校机关相关职能部门和由各学院学生工作负责同志组成的学生工作指导委员会。这当然是一支重要的骨干力量。但是，单纯依靠这支力量显然有些势单力薄。我们说的建设一支队伍，除了由上述力量参与外，还必须要调动全校全方位育人的积极性，把"教书育人、管理育人、服务育人"的"三育人"队伍纳入其中，同时，还要发挥学生组织"自我教育、自我管理、自我服务"的职能，把"三自"队伍同样要纳入其中。这就要求高等学校必须要给予顶层的设计，对这个队伍在动态掌控机制中的职能和作用进行明确的界定，使之职责分明，这样才能保障动态掌控机制的正常运行。

2. 完善一套制度

这是动态掌控机制建构和有效运行的规章制度的因素。制度是带有根本性的东西,整个动态掌控机制都必须要有一套严密的制度进行固化和保证。这同样需要学校顶层设计,无论是组织制度和物质保障体系、信息收集体系还是研判预测和反馈调节体系,都必须建立在科学规范的制度基础之上,动态掌控机制才能做到有章可循、有据可依。

3. 提供一系列物质保障

这是动态掌控机制建构和有效运行的重要因素。学校要给予相应的经费和场地设施的保障,特别是高科技时代各种先进技术手段所需要的设施设备要给予充分的保障,这样动态掌控机制才具有坚实的物质保障基础。

(二)信息收集体系

这一体系主要通过重点抓好信息收集的"三个结合",打造信息收集的一个网络系统的结构模式来体现。

1. 重点抓好信息收集的"三个结合"

一是信息的全面广泛收集和局部重点收集相结合。大学生生活和活动的空间分布十分宽泛,其思想信息涉及校园学习生活的方方面面,同时还受到社会环境和家庭教育的影响;其形成和发展在时间上也是先后交错,呈现序列性。此外,一些非思想信息在某种程度上也能折射出其思想和行为的动态。比如学生心理因素导致的不良情绪的外在表现,可能会导致一些思想问题的产生。因此,动态掌控机制信息的收集并不单纯是大学生思想信息的收集,也不单纯是大学生在校园内的信息的收集。换言之,既要收集大学生的思想信息,也要注重非思想信息的收集,既要关注校园内学生思想信息的收集,也要关注校园外各种信息的收集。一句话,大学生在不同场所、不同时期的一切信息都要纳入信息采集的范围之中。这是全面广泛收集的基本要求。

但同时必须看到,大学校园是学生生活的主要空间,影响学生思想行为的主要是思想变化引发的各种外在表现。因此,在信息的收集过程中,在全面广泛收集的基础上,还要做到重点突出,抓住主要矛盾,把校园内大学生思想信息的采集作为重要的内容。这是局部重点收集的要求。

总之,无论是全面广泛收集还是局部重点收集,最终的目的都是为了尽可能多地掌握大学生的各种思想信息。

二是定期收集和临时收集相结合。"人们的思想和行为的发展变化,是一个动态的复杂过程。在这个过程中,人们的思想状况呈现两种状态:一是相对稳定状态,一是显著变化状态。"根据人的思想状态所呈现的不同状态形式,在信息的采集过程中,要求做到定期收集与临时收集相结合。

基于相对稳定的思想状态,一般采用定期收集信息的途径和方法。比如,新学期开学阶段、专业实习阶段、就业择业阶段,针对校园不同阶段和不同时期,可以每年或者每一学期进行一次思想和心理状态的普查,开展定期的信息收集。定期收集学生的信息一般表现为学校制度化和程序化的信息收集。

基于显著变化的思想状态,一般采用临时收集信息的途径和方法。思想政治教育的发展规律研究表明,当客观条件和外界的环境发生了较大的变化,人们的思想和行为不能适应这些变化时,其思想和行为就会发现显著的变化。比如,大学生刚走进大学校园时,校园的新环境、校园内新的人际关系、校园内各种制度的规范和约束与中学时代会完全不同,此时就有一个适应环境的过程。在这个过程中,如果大学生不能尽快适应和转换角色,就有可能出现思想和心理的各种冲突。此外,校园内出现的各种突发事件,也可能引起群体性的学生思想和行为的变化。此时,如果采用定期收集信息的方法,显然是不能及时捕捉学生的思想和心理信息的,只能采用临时收集的方法。临时收集学生信息一般表现为重要阶段、重大突发事件发生后的快速和突击收集。

定期收集和临时收集相结合,可最大限度保证不同阶段、不同时期学生信息的准确采集,不会出现信息采集的盲区。

三是传统方法和现代方法相结合。在长期的思想政治教育实践中,人们逐渐积累了思想政治教育工作信息收集的一系列行之有效的方法。比如,融主题观察与转向观察、分析性观察与描述性观察、定量观察与定性观察、直接观察与间接观察为一体的系列观察方法;集询问调查、书面调查、典型调查、普遍调查、抽样调查、文献调查为一体的系列调查方法。这些传统的思想信息收集方法,是人们在思想政治教育实践中经验的概括和总结。这些方法,仍然是我们今天思想信息收集的主要方法。但同时也应该看到,随着社会的进步和科技的发展,特别是多媒体、网络和大数据时代的到来,不仅改变了人们的生活方式和思维方式,在给我们提供现代的最新技术手段的同时,也给大学生的思想政治教育带来了方法论的变革。因此,在学生信息的收集过程中,必须要做到传统方法和现代方法相结合,充分运用好现代科技资源,让传统的方法插上高科技的翅膀,以适应时代发展的要求,适应大学生思想发展变化的时代特征。

2. 打造一个信息收集的网络系统

主要是要建立起"学生信息—辅导员—学院—学校"的联动沟通信息收集的网络系统。其主要运行方向既可以自上而下,也可以自下而上运行。自下而上的运行路径是通过各种力量和渠道,收集的学生信息形成的信息流首先是在学生辅导员处汇集,经过辅导员的必要梳理,信息流反馈到学院,由学院进行简单分析处理,反馈到学校。最后,由学校进行分析、研判、预测、反馈、调节。自上而下的运行路径是:学校根据一定的任务和目的要求,需要收集学生的相关信息,布置给学院,学院安排到辅导员,辅导员将需要收集的信息分门别类安排给相关收集人员。一般而言,自下而上的运行路径是经常性的制度化的运行网络体系,自上而下有时是突击和临时性的。

(三)研判预测和反馈调节体系

这是动态掌控机制一个重要的环节,是对信息的加工分析,去伪存真、去粗存精,对各种信息进行优化,并利用这些信息对大学生思想状况进行预测研判,进而进行反馈调节的过程。这一过程应该重点把握好三个流程模式。

1. 分析判断流程

这一流程要求对占有的大量碎片信息进行归类整理,以区分出不同类型和不同时期的复杂信息,并对信息的真实性、准确性进行甄别研判,最终得出带有共性的思想信息。这些工作除了对思想政治工作者的实践经验和分析信息的能力、合理的知识结构、科学的思维方法以及分析问题和解决问题的能力提出要求外,对处理复杂多样的信息采用的方法手段也同样提出了要求。要求人们在运用传统分析思想信息方法时,更要注重现代方法和技术的运用。特别是大数据时代的到来,"教育者可以依托大数据平台的信息,对数据及其来源进行有效的鉴别,形成良好的信息资源观和信息价值观"。

2. 思想预测流程

这一流程重点是掌握和运用好思想预测的相关方法。我们知道,思想预测是必要的也是可能的。有关思想预测的方法有很多,比如,判断性预测法、因果预测法、规范性预测法、类推预测法、征候分析法。这些方法都是思想预测行之有效的方法。但是,思想预测又受到许多因素的制约和限制。特别是大学生"思想活跃,主动积极,并敢于创新和实践行动,因此,对其思想动态就更加难于把握,对其未来行为和言论更加难于预测"。网络和大数据时代给人们预测思想信息和大学生的思想政治工作提供了一个全新的视野。在思想预测的过程中,在运用传统的预测方法的基础上,要特别注重利用大数据的技术。"利用大数据技术,我们可以及时了解和掌握每个学生的具体细节,可以全面真实把握每一个学生的思想动态。"

3. 反馈调节流程

这一流程是对信息研判和思想预测结果的处置过程。对信息研判和思想预测的结果可能会出现两种情形:一种情形是积极向上的正能量状态;一种情形是消极悲观的负能量状态。此时,要求我们在建立健全反馈调节机构,完善反馈调节的制度基础上,必须要运用各种手段进一步强化正能量的正向影响力,在青年学生中扩大其正向作用力,让正能量进一步放大,使之巩固和发展;对消极悲观的负能量,要具体问题具体对待,采取有针对性的措施,纠正偏差,化解矛盾,进行正向调节,最终回归正向运行的方向中去。

三、结语

动态掌控机制的建构和运行,是确保大学生思想政治教育和德育活动有效性、增强高校在意识形态中话语权的重要举措,也是实现立德树人根本任务的一个有效的路径方法,其意义重大。依据动态掌控机制的基本原则,由组织制度和物质保障体系、信息收集体系、研判预测和反馈调节体系构筑而成的动态掌控机制,其结构本身也是一个系统的整体。"我们知道,机制是由不同层次的若干要素构成的,这些要素之间相互联系、相互制约的过程,决定了机制的整体功能。"组织制度和物质保障体系是动态掌握机制的基本保障,它是整个机制得以实现和运转的基础保障源;信息收集体系是动态掌握机制的关键环节,它是整个机制得以实现和运转的第一手材料支撑;研判预测和反馈调节体系是动态掌握机制的着力点,它是整个机制得以实现和运转的价值目标。三个体系要素间相辅相成、互为补充,共同构筑起大学生思想状况动态掌控机制的理论和实践的模型范式。

第四节　构建大学生立德树人的运行机制

立德树人是我国教育的根本任务。教育的实践表明,建立有效的运行机制,是体现立德树人价值、实现教育根本任务的关键。在立德树人的过程中,从理论的层面,研究立德树人运行机制的构成要件,厘清内涵实质,在实践的层面,建构立德树人的有效运行机制意义重大。

1. 立德树人运行机制的构成要素和内涵解析

机制是引发研究对象发生规律性变化,决定研究对象存在状态的作用原理和作用过程。我们知道,机制是由不同层次的若干要素构成的,这些要素之间相互联系、相互制约的过程决定了机制的整体功能。而在这里"引发研究对象发生规律性变化"的构成机制的要素应该是我们研究问题的一个逻辑的起点。

显而易见,在对立德树人运行机制进行理论探讨时,我们的立足点首先应该是把构成立德树人运行机制的构成要素作为一个逻辑的出发点。构成立德树人运行机制的基本要素应包括以下六个方面:第一,运行的主体。就是立德树人运行机制运行过程中,实施和启动机制的机构和人员,在立德树人的诸要素中是居主导作用的要素。第二,运行的客体。客体与主体是相对存在的范畴,在某种意义上审视,有时主客体之间地位也可能是交错存在的。第三,运行的环体。就是指立德树人运行机制在运行过程所处的物质和文化环境。环境本身的变更,会影响到立德树人机制的有效运行。按照不同的标准,对环境有不同的划分。不管是大环境,还是小环境,物质环境还是文化环境,立德树人机制的运行总是在一定的环境之中的,是离不开环境因素的制约的。第四,运行的动力。就是指推动立德树人机制自我运行,稳定前行的动力。动力源可以是多样的,无论是内在动力,还是外在的推力,动力因素是保证整个系统运行的关键要素。第五,运行的管控。在机制的运行过程中,可能由某种原因,导致运行的状态和目标的指向不一致,这就需要管控。管控是整个系统运行的一个关键要素,通过管控保证了机制运行与目标状态的一致性。第六,运行的保障。这是保证立德树人运行机制正常运行的内外部的条件。以上这些要素,构成了立德树人运行机制有机整体的主要要素,其中每个要素都是必不可少的。它们各自的状态、要素和要素之间的联系等都会对立德树人整个机制产生影响。

在此基础上,我们可以对立德树人运行机制做这样的界定。立德树人的运行机制就是指在教育根本任务践履的过程中,构成立德树人基本要素之间由某种机理形成的因果联系和运转方式。在这里"某种机理"是人们关注和研究的重点。正是因为"某种机理"的作用,其机制的运行价值才得到充分的显现。这一定义至少包含三层意义:其一,明确规定其运行机制是由构成立德树人运行机制基本要素的总和;其二,立德树人运行机制功能的发挥有赖于相关因素的结合,各构成要素间的相互衔接、协调运转,使得整体的功能得到发挥;其三,立德树人运行机制是一个不断运动变化的动态过程,在其运行过程中,在某种机理作用下,不断地修正和完善,围绕整体目标,按照一定的方式有规律性地运行。

必须指出,立德树人运行机制和思想政治教育工作过程的运行过程机制是既有区别又有联系的不同机制。"思想政治教育工作过程的机制,是指在思想政治教育工作矛盾转化过程中,其内在各构成要素(三体一要素)由某种机理的作用而产生的趋向教育工作目标的有效性因果联系或运作方式。"思想政治教育工作过程的运行机制的构建,依据的是思想政治教育的规律和运作方式,立德树人运行机制的建构依据是教育育人的实践规律,两者构建的依据基石不同。尽管如此,在中国特色社会主义教育实践中,两者的终极目标都是着力于人的发展,体现的是人才培养的价值追求。在一定层面上讲,思想政治教育工作过程的运行过程机制也是立德树人运行机制的一个有机组成部分。立德树人运行机制的有效运行,必然会影响和带动思想政治教育工作过程的运行机制,思想政治教育工作过程的运行机制的运行,同时又加快和推动了立德树人运行机制的速度,是其运行的推力和动力源。

二、立德树人运行机制建构的基本原则

（一）导向性

导向性原则,体现的是在立德树人运行机制的建构过程中,要充分体现立德树人的目标性和目的性。立德树人的运行机制是一个不断运动的系统体系,在运动的过程中,这一系统体系总是围绕着特定的目标,并协调各组成要素,推动构成要素实现符合目的性的整合与联系,从而推动过程的结果趋向实现目标。这一导向性,不仅规定了各构成要素的运行方位,也规定了立德树人的目标方位。导向性应该是立德树人运行机制运行的起点和出发点的指向,是运行过程中的目标方向,是结果效能的归宿。导向性原则要求,在立德树人运行机制的建构过程中,各构成要素的目标方向应该统一整个运行机制的大方向,并在运行的过程中不断修正,紧密围绕目标运行,其运行的方位应该始终与机制的总目标保持一致性。因此,在构建立德树人运行机制的过程中,目标的导向性是在建构运行机制时对各组成部分要素的总体方向要求,也是实现教育根本任务的前提和基础。任何偏离了方向、偏离了总目标的运行机制都是徒劳和无效的。这是在构建立德树人运行机制时,必须首先要考虑的前提条件。

（二）整合性

我们知道,立德树人运行机制是由各构成要素的结合组成的,如何将这些要素组成的系统的功能作用最大化地发挥,就需要对这些构成要素进行必要的整合。无论是立德树人运行机制的内部系统体系,还是立德树人的外部环境体系,都必须进行整体性的统一和协调,才能让整个运行机制处良性循环的运行状态。事实上,立德树人的内部系统体系是不可能脱离外部环境体系而存在的,只有通过整合达到融合性,才能内外协调,相互关联,相互促进,形成立德树人共同的着力点,实现目标的合力,推进立德树人运行机制的高效能的运转。因此,在构建立德树人运行机制时,一方面要注重方向目标的整合,因为无论是外部系统体系,还是内部的系统体系,其构成的要素都是自己运行的目标和方位,只有通过管控整合,才能形成一个有机的整体,才能形成作用点和方向性一致的有机体;另一方面,体现其内部构成要素的整合。

立德树人的内部构成要素一般体现的是资源、人员、制度体系等学校内的教育的系统体系。要通过整合将立德树人的目标任务与学校原有的系统和运转体系进行渗透和融合，形成一个共同的整体运行机制。此外，对立德树人的外部系统的构成要素以及外部与内部的结合要素也要在总目标方位的指导下进行整合，要通过这种整合，使得构建的立德树人的运行机制能够减少内耗，从而高效快速运转，并产生最大的效益。

（三）动态性

通过分析，我们知道，立德树人的运行机制不是一个孤立的封闭系统，它是一个不断与外界环境进行互动的能动系统，它是一个动态的系统体系。这种动态性源于立德树人机制在运行过程中局部目标的调整和变化，源于其运动过程中，周围环境条件的变化而引发的机制内部主体要求的变化，源于其运行过程中保障机制的不断优化而对整个运行机制产生的调整和整合等变化。这种动态性的特征，体现了立德树人运行机制的能动性和自觉性。因此，在构建立德树人的运行机制时，要充分认识到这一动态的特征和要求，根据不断变化的形势和任务的要求，根据内外部条件的变化的新情势，及时调整各构成要素，在运动中，构建立德树人的有效运行机制，并时刻保持立德树人运行机制的动态平衡和源源不断的活力，增强前进的动力，使立德树人的运行机制在从适应到不适应，从不适应到新的适应的过程中动态前行。

三、立德树人运行机制的实践构建

在对立德树人运行机制理论研究的基础上，依据其理论的基本要求，在教育的实践中构建全员立德树人的主导机制、全过程立德树人的整合机制、全方位立德树人的保障机制，是确保立德树人根本任务实现的重要保证，对推进立德树人的崇高事业具有方法论的意义。

（一）构建全员立德树人的主导机制

全员立德树人的主导机制主要是指在学校内部建立统一领导、齐抓共管、多位一体、专兼结合的立德树人的全员育人的机制。这一机制的确立是从立德树人的主客体要素出发，依据导向性和整合性原则审视和建构的。在立德树人的教育实践中,首先,要注重对立德树人骨干中坚力量的教育和培养培训。在高校,党政干部、辅导员、班主任是立德树人的中坚力量。特别是注重加强对辅导员队伍的建设,辅导员是学生健康成长的引路人和指导者,必须从辅导员的选拔、培养、使用、考核等方面建立起有利于辅导员健康成长的制度体系和运行机制,推进辅导员工作的专业化、职业化,这是学校立德树人根本任务实现的一支可以依靠的主体力量,必须给予特别关注。其次,要明确青年教师在立德树人中的重要作用,充分调动青年教师在立德树人中的骨干作用。目前在高校中青年教师占据了很大的比例,这是学校发展的希望,也是实现立德树人根本任务的重要依靠力量。要特别关注青年教师的健康成长,特别是加强其理想信念、学术道德的教育,通过加强师德评价体系建设,建立学生参与的师德考评制度,通过一系列激励机制,让教师树立起立德树人的使命感和责任感,在教育教学过程中,自觉践行立德树人的根本任务。再次,充分发挥学生参与的积极性。充分发挥学生各级组织在立德树人根本任务实践过程中的自我教育、自我管理、自我服务的重要作用,这不仅是立德树人全员机制建立的内在要求,也是以学生为中心、以学生为本的现代教育理念的具体体现。

全员立德树人的主导机制强调的是学校每个成员在立德树人中肩负的重要职能。尽管每个人所承担的任务和要求不一样,但其目标体系是一致的,围绕立德树人的整体目标,通过整合,上下一心,共同努力是形成这一机制的关键,任何一方的缺失和削弱都可能影响到主导机制的运行,从而阻碍教育根本任务的实现。

(二)构建全过程立德树人的整合机制

这是从立德树人的动力和管控要素出发,基于导向性、整合性的构建原则,确立的运行机制。在这一机制的建构过程中,第一,是对学校内部机制的整合。我们知道,高等学校肩负着人才培养、科学研究、服务社会、文化传承创新等功能,围绕这些功能形成了各成体系的运行机制。这就有必要对这些机制进行整合,最终目的和归宿是落实到立德树人的运行机制上来。而在这个过程中,最重要的整合是育人模式的整合。教书育人、管理育人、服务育人是我国高等教育实践中形成的一个行之有效的育人模式。在立德树人运行机制的建构过程中,要重点对"三育人"进行整合。对此,必须要贯彻立德树人、德育为先的理念。"三育人"都要体现和确立德育为先的理念,把育人工作融入学校的各项工作之中去,体现在为大学生解决实际问题上来。学校要建立健全"三育人"的组织领导、制度激励、过程管理、评估考核的体系。通过组织领导建立起全过程育人的领导体系,通过完善制度激励,建立健全制度的保障体系,通过过程管理,建立健全动态的监控体系,通过评估考核建立健全评价体系,在这些体系的建构过程中,有目的、有计划地把立德树人的根本任务渗透和分解到教育管理服务的部门和人员,在"三育人"整合机制建构的过程中,实施立德树人。第二,要整合起立德树人的外部协同机制。立德树人根本任务的实现,不仅是教育系统和教育工作者的责任,也是全社会的共同使命和责任。要整合学校、家庭、社会教育的运作体系,建立起学校、家庭、社会共同实施的立德树人的外部协作机制。在这一过程中,要特别注重目标导向的一致性,要注重双向或多向沟通,通过请进来或走出去等方式实现资源的共享共用。通过整合形成一个立德树人机制运行过程中的内外环境的连贯的教育链条,推动立德树人工作的进展。

(三)构建全方位育人的保障机制

这是从立德树人运行机制构成的动力等要素出发,依据其构建的基本原则而确立的又一机制。它立足调动多方积极因素,利用多方资源条件为立德树人根本任务的实现建立的保证机制。构建这一机制,重点应从建立组织领导、完善需要激励制度、打造环境育人机制入手。

组织领导就是要求高校通过合理的分工,明晰领导职责,建立健全立德树人根本任务实现的有效的领导方式。第一,学校要从办学的教育理念上确立起立德树人的中心地位,在高校的诸多职能中,要明确立德树人是根本,必须要把这一理念贯穿学校的发展规划,贯穿学校改革发展的全过程和各个环节中去,在校园的精神文化中体现这理念,并在全校达成共识。第二,要经常研究和分析影响学校立德树人运行机制运转的制约因素,有针对性地制定和完善相关的校园管理制度,把立德树人根本任务纳入学校制度运行的轨道。靠制度为立德树人目标的实现提供保证。第三,进一步明确职责分工,把立德树人的根本任务和阶段的目标进行细化和分解,并有机地渗透到学校管理、教学、科研、服务等各个方面,有布置、有检查、有落实,确保扎实有效。

需要激励制度是立德树人根本任务实现的又一基本保障。行为科学指出,积极源自需要,需要在人的心理活动中处核心地位,是人的心理和行为活动的内在驱动。需要激励就是从满足人的需要出发,通过制定和实现科学的激励制度,通过树立典型示范等来调动师生在立德树人过程中的积极性和主动性。首先,要从人的需要出发,分别教职上和学生的不同情况,建立起一系列的激励和奖励制度体系,如"三育人奖励办法'"优秀学生奖励办法"等激励师生;其次,在校园内大力弘扬立德树人的先进典型,用榜样的力量昭示和影响师生,激励起师生正确的道德认知、自觉的道德养成和积极的道德实践。

育人环境包括物质环境和文化环境。打造环境育人的机制就是要营造在立德树人过程中学生全面发展和成长的环境条件。首先,学校要加强育人所需要的物质条件改造和建设。通过不断加强投入,加强内涵建设,为师生提供一流的学习、工作、生活条件以及教学、科研、社会服务的平台,这是立德树人保障机制确立的物质基础。其次,优化校风、教风和学风这"三风"是校园精神的集中体现,学校要用健康向上的校园精神来凝聚师生的思想、意识、情感,让立德树人的根本任务在建设和实现校园精神的过程中得到强化。最后,学校要加强以公寓文化为重点的校园文化的建设。在打造校园文化环境建设的过程中,要特别注重公寓文化的作用,通过推行辅导员进公寓、党团组织进公寓、红色网络进公寓、学生资助进公寓、就业指导进公寓、心理咨询进公寓"六进"活动,充分运用公寓文化建设的载体,增加德育的渗透性,提升立德树人的能力。

第六章

接受视域下大学生思想教育与心理教育的有机结合

随着接受美学、传播学、心理学等学科的兴起,接受问题日益成为人们关注的话题和理论研究的新视角。关于接受的含义,国内学者从各自的角度进行了诠释。本章基于心理与思想教育融合的视角下提出接受的内涵,在理清接受视域下思想与心理教育相融合的研究现状的基础上,分析大学生心理健康教育与思想政治教育的区别与联系,并提出接受视域下基于心理疏导的大学生思想政治教育的有效途径。

第一节　心理与思想教育融合视角下接受的内涵

随着接受美学、传播学、心理学等学科的兴起,接受问题日益成为人们关注的话题和理论研究的新视角。关于接受的含义,国内学者以各自的角度进行了诠释,将研究进一步深化和延伸。综观以往研究,我们将国内学者对接受含义的理解分为以下两类。

一、知识性的接受

知识性的接受主要包括认知层面和行为层面的接受。在早期研究中,学者认为接受是接受主体对思想文化客体信息的择取、解释、理解和整合[1][2],这

① 胡木贵,郑雪辉. 接受学导论 [M]. 大连:辽宁教育出版社,1989:1.
② 邱柏生. 思想教育接受学 [M]. 太原:山西人民出版社,1992:3.

一概念主要是指认知层面的接受。随着研究的进展,有学者提出接受是接受主体对接受客体的反映、选择、理解、解释、整合、内化以及外化践行的过程,是接受主体出于自身需要通过某些中介对接受客体进行的实践活动过程。①②这一概念既有认知层面的接受,即反映、选择、理解、解释、整合、内化等阶段,将接受客体内化为自己的认知成分;又有行为层面的接受,即外化践行过程,将接受内容外化为自己的行为成分。笔者将认知层面和行为层面的接受理解为"知识性的接受"。心理学家加涅曾经在《学习的条件》一书中阐述了知识习得的整个加工阶段,包括注意、选择性知觉、短时记忆和复述、语义编码和长时记忆、搜寻和提取、反应组织、反馈和强化八个阶段。通过上述我们对接受概念的理解,接受的过程与知识习得的过程基本一致,都是包括反映、选择、理解、解释、整合、内化以及外化践行的过程。但接受的概念与知识的习得也不尽相同,在接受的概念中强调了主体性的作用,即知识性的接受是接受主体处于自身需要进行的知识习得过程。

二、态度性的接受

态度性的接受包括认知、情感、和行为三个层面的接受。有学者在阐释接受的概念时,将接受分为非理性维度和理性维度,在非理性维度的探讨中特别强调了情感等非理性成分对接受的重要作用,他认为:"对于马克思主义理论的接受,从本质规定性上来看,一定是理性的。但在这一过程中,非理性因素所起到的作用是巨大的,特别是非理性因素所带来的消极作用,更是显而易见的。……无论人们的接受状况如何,期间人们的情绪、想象、灵感、意志等非理性因素,也会深刻影响主体的接受。"这种理解与我们的观点是一致的,关于情感的成分在接受过程中起到的作用是非常重要的。尤其是在网络思想政治教育环境下,接受信息具有自由性、平等性和海量性等特点,在这种情境下,单一的知识传输对于接受主体而言不再具有明显的效果,接受者面对网络环境下传输的海量内容可以自由选择接受或者不接受,接受主体对接受内容的情感因素成为重要的影响要素,只有接受主体情感的认同和接纳

---

① 张耀灿,等. 现代思想政治教育学 [M]. 北京:人民出版社,2006:191.

② 王敏. 思想政治教育接受论 [M]. 武汉:湖北人民出版社,2002:31.

才能更容易去接受信息。社会心理学认为态度是一个人对事物的持久性评价，包括认知、情感和行为三种成分。① 而我们认为真正的接受包括认知、情感和行为三个层面，因而我们将这种接受称为态度性接受。在网络思想政治教育环境下，接受不再是单一的知识性的接受，更多的是态度性的接受。只有接受的认知、情感和行为三种成分相互统一，才能达到接受的效果。

综上所述，国内学者对接受的研究主要分为知识性接受和态度性接受两类。而国内学者的研究大部分集中在知识性接受的探讨和分析上，关于态度性接受的研究尚不多。而网络思想政治教育环境下，我们认为接受应该包括认知、情感和行为三种成分，三者在接受过程中起到同样重要的作用，因而本书更多探讨的是态度性接受。

三、接受的内涵

本书中的接受主要是指态度性接受，在网络环境下，思想政治教育面临着海量的信息、多样的传播者、丰富的载体和自由的选择，接受主体要想对传播内容产生真正的接受，必须对信息产生从陌生到熟悉、从不了解到完全接纳的态度转变过程，这一转变过程不仅是认知和行为层面的接受，也包括情感层面的接受。而这一过程就是我们想要探讨的态度性接受的机制。在了解接受机制之前，首先要了解接受的内涵。

（一）接受的共有内涵

关于知识性接受和态度性接受，都属于接受的范畴，具备接受的共同特征，具体如下。

1. 接受是一种实践认识活动

大部分学者认为"接受是一种实践认识活动"②。胡木贵等人提出"接受是一种特殊的认识活动"，通过这种认识活动使接受者认识和了解外部世界。

---

① Elliot Aronson, Tinothy D. Wilson, Robin M. Akert 著，侯玉波，等译. 社会心理学 [M]. 2005：208.

② 胡贵木，郑雪辉. 接受学导论 [M]. 沈阳：辽宁人民出版社，1989：1；吴刚. 接受认识论引论 [M]. 北京：北京大学出版社，1998：4；张琼，马尽举. 道德接受论 [M]. 北京：中国社会科学出版社，1994：58.

王敏认为"接受是人类的一种活动过程",并认为"接受既是一个内化整合过程,又是一个外化践行的过程",[①]接受的实践性体现在接受主体将理论内容进行整合运用并践行的过程,或者说从理论应用到实践的活动就是接受活动。

2. 接受强调人的主观能动性

接受活动主要是指对理论的应用并指导实践的过程,这说明了接受是一个积极能动的过程。邱柏生指出接受是"一种能动活动",是"对社会有控影响的积极反应"。[②]张耀灿、郑永廷等人指出"接受是接受主体出于自身需要通过某些中介对接受客体进行的实践活动过程"[③]。接受是主体和其他要素之间的双向互动和建构的过程,同时是在主体需要的条件下产生接受的动力,对接受内容进行整合内化和外化践行的过程。在接受过程中,接受主体是有主观能动性的,是根据自身需要进行有选择性、有目的性的接受活动。

3. 接受过程中包含多种因素的相互作用

胡木贵认为接受是"关于思想文化客体及接受主体之间相互关系的范畴,是接受主体对思想文化客体进行重新建构的认识活动,是对以语言符号为表征的思想文化客体信息的择取、解释、理解和整合,以及运用的认识论关系和实践关系"[④]。这一概念中接受主体代表接受者,思想文化客体代表接受内容,接受的概念反映了接受者与接受内容的关系以及接受的过程。许多学者提出接受活动中包含多种因素相互作用,其中传播者、接受者、传播内容、网络媒体是接受的主要因素,而传播者、传播内容、网络媒体是影响接受者接受的最核心的三个要素,接受机制则反映了接受系统各要素之间相互关系的运行过程。

(二)本研究中接受的独有内涵

1. 接受过程是对信息接收的态度转变过程

态度是对外界信息所持有的评价与行为倾向,即个体对外界信息的感受

---

① 王敏. 思想政治教育接受论 [M]. 武汉:湖北人民出版社,2002:31.

② 邱柏生. 思想政治教育学 [M]. 太原:山西人民出版社,1992:3.

③ 张耀灿,等. 现代思想政治教育学. 北京:人民出版社,2006:191.

④ 胡贵木,郑雪辉. 接受学导论 [M]. 沈阳:辽宁教育出版社,1989:1.

和看法。当个体对信息持有肯定态度时,就会产生需要状态的情感体验,进而产生积极接纳和习得的行为,其中的过程也体现了个体的主观能动性。我们将接受理解为对信息接收的态度转变过程,即对事物产生肯定态度的过程,既体现了接受者对信息的主动选择和择取过程,又体现了接受者接受信息过程中产生的对信息的从陌生到熟悉、从不了解或不认同到完全接纳的态度转变过程。态度的改变受到各种因素的影响,根据霍夫兰德的态度改变理论,态度改变的过程实际上是外部信息作用于个体的社会判断,进而对个体的态度产生影响的过程。在这一种过程中涉及传播者、传播内容、传播媒体等各种因素作用于个体并产生态度改变的过程。

2. 从外部过程而言,接受反映了传播者、网络媒体、传播内容各因素之间按照一定规律相互作用和联系的运行过程

霍夫兰德提出了基于信息传播的态度改变模型,该模型指出态度改变过程中的主要环节以及每个环节所关联的重要因素。该模型表明,态度改变的过程包括传播者、传播信息、接受者、传播情境四方面的因素。每一个因素都有影响态度改变的相关因素。在此模型中,外部刺激由传播者、传播信息和传播情境组成。在态度改变过程中,态度主体首先要学习信息的内容,在学习的基础上发生情感转移,把对一个事物的情感转移到与该事物有关的其他事物之上。按照认知反应论的观点,接受者在得到外部信息之后,会积极主动地去思考,这些思考决定个体对信息的反馈,态度的改变取决于这些信息的数量和性质等因素。另外,态度的改变也受到传播者的专业程度、吸引力和可靠性等影响,同样受到接受者的卷入程度和人格特征等因素影响。我们在此理论基础上,提出自己的接受机制。首先,影响接受者接受效果的因素包括传播者、传播媒体、传播内容三个主要因素,其次,接受过程是传播者、沟通信息、传播媒体和接受者双向互动的融合过程,在这一过程中,不是单向的流动过程,而是不断修正和反馈的互动过程。

3. 从内部过程而言,接受包括认知、情感和行为三个层面

接受包括认知、情感和行为三个层面的接受,认知成分指接受者对接受对象的想法和信念;情感成分指接受者对态度对象的情绪反应;行为成分指接受者对态度对象采取的行动或可观察的行为。当我们对事物的接受建立

在相关的事实基础上,比如10元钱的价值可以买多少东西?是否值得你花一个小时时间去挣10元钱?当人们的态度主要是根据事物的客观性质所持有的理解和认识,我们可以理解为这是以认知为基础的接受。根据感受和价值观等作为判断依据,而不是依据事物的客观性质而形成的接受,被称之为以情感为基础的接受。例如对候选人的选择,大部分人更在乎自己对候选人的感觉,而不是对候选人的具体政策的看法(Abelson, Kinder, Peters, & Fiske, 1982; Granberg & Brown, 1989)。以行为为基础的接受是人们根据对某一对象所表现出行为的观察而形成的态度。根据贝姆(Daryl Bem, 1972)的自我觉知理论,在某些情景下,人们要等到觉察到自己的行为之后才能知道自己的态度如何。例如,当问一个人是否喜欢运动时,他的回答是我想我喜欢,因为我经常运动或锻炼。这种接受是以行为为基础的接受,它更多的是基于对行为的观察,而不是认知和情感。而我们所理解的接受是在认知、情感、行为三者共同作用下对事物产生肯定态度的过程。

综上所述,我们认为接受是接受者主观能动地对思想文化进行认识、接纳和肯定的态度转变过程,从外部过程而言,接受受到传播者、网络媒体、传播内容三者双向互动的融合影响过程,从内部过程而言,接受是在认知、情感和行为层面的肯定和认同过程。

第二节 接受视域下大学生心理健康教育与思想政治教育的区别与联系

大学生心理健康教育与思想政治教育是高校素质教育的重要内容,培养全面发展的大学生是两者的根本目的。高校把心理科学运用于大学生思想政治教育工作,坚持心理健康教育与思想政治教育相结合,两者相互补充,相互渗透,使大学生思想政治教育更具科学性,是促进大学生全面发展的重要途径和手段。

一、大学生思想政治教育中渗透心理科学的必要性

大学生良好的心理素质是思想政治教育工作顺利开展的保证。大学生只有具有良好的心理状态,才能树立科学的人生观和世界观,具有较高的思

想觉悟。当前处在知识经济迅猛发展、多元文化日益交融的时代,大学生在成长过程中真切感受到科学与愚昧的冲突、现代与传统的矛盾,他们所面临的挑战更大,竞争更加激烈,从而背负的心理负担更重,大学生出现的心理问题越来越多。大学生心理健康问题已经引起人们的高度关注。在针对大学生开展思想政治教育的同时,应该引进心理科学的理论,运用心理学方法开展心理健康教育。在思想教育中渗透心理教育是大学生自身全面发展的需要,是保持和增强大学生思想政治教育生机和活力的基础。

二、心理健康教育与思想政治教育的区别与联系

1.心理健康教育与思想政治教育工作的区别

首先,思想政治教育与心理健康教育的目标不同。思想政治教育以社会认同的规范和社会利益为重点进行教育,帮助大学生树立正确的人生观、世界观和道德观;而心理健康教育则注重个体的感受,重视个体的自我和谐和身心健康。其次,两者教育内容不同。思想政治教育主要从爱国主义、道德品质和法制教育等方面进行言传身教;而心理学则是对个人的日常生活问题和困惑的心理调适,如人际关系、恋爱、职业规划和学业生涯等问题。再次,两者的理论方法不同。思想政治教育主要以个体谈话、讲座报告等形式进行说教;心理健康教育则运用心理科学方法进行心理咨询和团体辅导,以及使用心理测验和心理治疗的手段来解决心理困惑。

2.心理健康教育与思想政治教育工作的联系

唯物主义认为,心理和思想是一脉相承的。心理健康教育与思想政治教育工作的最终目标是统一的,即培养全面发展、身心和谐和适应社会发展需要的大学生。心理健康教育是思想政治教育工作的重要组成部分,应掌握大学生的心理状况,使大学生认识自我和调节自我。心理健康教育的基本任务是围绕着思想政治教育开展的,即提高大学生的心理素养,增强大学生的心理适应能力,从而促进大学生身心健康发展,为走向社会和适应社会打下良好的心理基础。

三、开展大学生思想政治教育的心理健康教育途径

实践中,大学生心理教育问题与思想教育问题往往交叉存在,有的是表面上的心理问题而实际上是思想问题,有的是表面上的思想问题而实际上是心理问题,有的既有思想问题又有心理问题等等,所以要通过综合地运用心理教育和思想教育方法,标本兼治,从而达到促进学生人格完善的目的。在思想政治教育工作中运用心理健康教育途径,渗透心理健康教育知识,有助于思想政治教育工作的开展,增强思想政治教育工作的预见性、有效性、科学性、规范性和专业性。

(一)开展大学生的心理健康主题教育,增强思想政治教育工作的预见性

大学生正处于人生发展的关键时期,促进个体的健康成长是预防性教育的最终目标,也是开展思想政治教育的根本目的。无论是思想的形成、思想的稳定还是思想向行动的转化,都离不开心理活动,都必须有心理因素的支持。同样,心理活动也离不开思想的主导,在正确思想支配下的心理活动,才具有方向性、自觉性和有效性。

针对大学生容易出现的心理困惑和问题,我们可以有针对性地进行心理健康主题教育,做好及时的引导、教育、预防和辅导,以促进大学生心理素质的提高,使思想政治教育工作更具有预见性和针对性。针对大学生的心理特点以及学习和成长规律,大学生的心理健康主题教育主要有:新生入学适应教育、恋爱观教育、挫折教育、网络成瘾的预防和干预、人际交往训练、职业规划教育、压力应对教育、人格教育等方面。

(二)构建大学生心理档案服务体系,增强思想政治教育工作的有效性

思想政治教育要结合大学生实际,才能有效地帮助大学生处理好学习成才和择业交友等具体问题。思想政治教育工作需要了解和把握学生的心理特点和成长规律,然后确定具体的教育内容和教育方法,帮助大学生树立正确的人生观和价值观。高校心理档案的建立可以使思想政治教育工作具有更加科学的参考依据,从而增强思想政治教育工作的有效性。大学生心理档

案服务体系的关键是建立心理档案、学生和心理健康教育专职工作人员之间的动态促进关系,充分了解学生的心理发展动态,为思想政治教育工作提供有效的参考和依据。

(三)将心理健康教育课程纳入高校教学体系,增强思想政治教育工作的规范性和专业性

随着我国大学教学结构体系逐步与市场经济体系改革相适应,课程内容突出素质教育和思想教育,并逐步健全和合理。思想政治理论课是大学生的必修课,是帮助大学生树立正确世界观、人生观、价值观的重要途径,体现了社会主义大学的本质要求。心理健康教育是素质教育的重要组成部分,将心理健康教育有关课程纳入高校教学体系,融入思想政治教育工作中是必然趋势。教育部《普通高等学校学生心理健康教育工作基本建设标准〔试行〕》的通知中已经明确指出:高校应充分发挥课堂教学在大学生心理健康教育工作中的主渠道作用,根据心理健康教育的需要建立或完善相应的课程体系,学校应开设必修课或必选课,给予相应学分,保证学生在校期间普遍接受心理健康课程教育。

思想教育与心理教育工作方法总是相形而在、相辅相成的。心理健康教育课程纳入高校教学体系,有效促进了思想政治教育工作朝着规范化和专业化的方向发展。心理健康教育在课程内容上要突出"大学生"和"思想教育"的特点,把心理学知识与这两个主体密切结合,使学生能利用所学知识自主地分析生活中遇到的难题,更好地塑造自我,不断提高自身心理健康水平和思想道德水平。

第三节 接受视域下基于心理疏导的大学生思想政治教育的有效途径

心理疏导是根据辩证唯物主义原则,从关心大学生、理解大学生出发,充分考虑大学生的内在需求,为促进大学生的健康成长而服务的。心理疏导体现了思想政治工作以人为本的价值取向,对于提高大学生的心理素养,增强大学生的社会适应能力,促进大学生思想道德素养与心理素质协调发展有重

要的推动作用。

一、大学生心理疏导与思想政治教育的内在联系

大学生思想政治教育是以形成大学生思想政治观念和心理健康为主要内容的教育,心理健康教育是大学生思想政治教育的重要组成部分,心理疏导是大学生思想政治教育实践开展的切入点。

(一)大学生心理疏导与思想政治教育具有相通性

大学生思想政治教育的根本目的是促进大学生的自由、健康、全面发展,提高大学生自身的思想道德素养,使大学生树立正确的世界观、人生观和价值观。在思想政治教育中,人格教育是思想政治教育的基础。没有这个基础,思想政治教育只能流于表面。人格是形成正确的世界观、人生观和价值观的心理依据,是心理疏导研究的重要内容。而大学生心理疏导的目的是帮助大学生自我领悟、自我认识和自我矫正,提高主动应付心理应激反应的能力,完善自己的性格和个性,促进大学生健康成长。帮助大学生培养完善的人格是心理疏导的根本目的。因而思想政治教育和心理疏导的内涵具有相通性,人格教育是两者的基础,目的都是为了促进大学生健康成长。

(二)大学生心理疏导与思想政治教育具有差异性

首先,心理疏导与思想政治教育的方法不同。心理疏导采取的方法专业性比较强,比较具有针对性,解决的问题比较具体化,不同的心理疏导方法可以解决不同的心理困惑和问题。例如,认知疗法可以有效解决来访者的不合理信念,森田疗法可以有效解决强迫意念和行为等等。思想政治教育主要从整体上去教育,并且在长期实践中借鉴了许多心理疏导的方法,并在此基础上进行改进,如榜样示范法、情感陶冶方法等。其次,心理疏导与思想政治教育对工作人员的要求不同。心理疏导要求工作人员必须具备心理学、教育学等专业背景,并且在专业背景的基础上,需要经过一定的培训和考核掌握丰富的心理治疗知识和技能,才可以做专业的心理疏导。而思想政治教育则要求工作人员必须时刻关注国家政治形势和精神思想,了解国家发展的大方向和动态,具备一定的政治敏锐性,提高自身的思想政治素养,不断完善自己的

知识结构,让大学生接受正确的思想政治的内涵教育。再次,心理疏导与思想政治教育的价值导向不同。心理疏导是以来访者为中心,从来访者的利益出发对其进行心理疏导,表现为价值中立。而思想政治教育以马克思主义为指导,需要坚决贯彻落实科学发展观,在开展大学生思想政治教育的时候,需要与集体利益、国家利益相结合,弘扬爱国主义和社会主义主旋律。

(三)大学生心理疏导与思想政治教育的互补性

首先,心理疏导促进思想政治教育内化。心理疏导就是通过心理学方法对人们出现的心理矛盾、困惑和问题进行疏通引导的过程。随着社会经济和文化的迅速发展,大学生对精神食粮的需求越来越高,借鉴心理学专业的理论和方法,使用心理疏导的方法提高大学生的心理素养,是开展思想政治教育工作的有效途径。心理疏导可以促进大学生的知、情、意全面发展,保障大学生形成健康的心理和完善的人格,促进思想政治教育的内化过程。其次,思想政治教育具备心理疏导的功能。思想政治教育也会起到解决大学生心理困惑的作用,发挥其心理疏导功能。高校思想政治教育中引入心理疏导是解决师生的心理困扰,是促进心理健康的基本方法,是高校思想政治教育工作以人为本的具体体现,是构建和谐校园的重要途径。在思想政治教育中,借鉴心理疏导的方法,在两者结合的基础上,不但可以提升大学生的思想道德素养,还可以很好地解决大学生的心理困惑,促进大学生的健康成长。

二、心理疏导对于大学生思想政治教育的意义

大学生具有智力水平较高、崇尚自由、独立性强、渴望关注、情绪多样化、性意识增强等特点,在这一阶段,大学生渴望得到公平的对待,受到关注和重视,大学生的情感丰富,比较容易出现情绪波动,需要引起我们的关注。大学生主要的心理问题表现为:环境和角度的变化引发心理冲突、学习压力造成的焦虑心理、人际关系不良导致情绪及人格障碍、爱情引起的情绪困扰、就业压力造成的心理压力和自身心理素质的不足等方面。为此,思想政治教育工作者需要关注入学新生、学习突出和学习困难学生、人际交往困难学生、情感问题学生等群体,及时给予关注和支持,防患于未然,避免出现严重的心理问题。

（一）有利于和谐校园的建设

和谐校园的宗旨是为大学生的健康成长提供最适宜的土壤,这里的健康成长是指心理的健康和思想的成熟。和谐校园的建设需要在友爱、和睦和充满活力的环境中,让每一位大学生在生活中有幸福,在学习中有充实,在交往中有归属。而心理疏导在思想政治教育的基础上,继续深入体现以学生为本的理念,有针对性和具体地解决每位大学生的心理困惑,普及心理健康知识,解决生活、学业和人际交往中的问题,让每一位大学生健康成长,让每一位大学生在校园里都能有幸福感和收获,在和谐的氛围中成长,体验生命的精彩。

（二）解决大学生的心理困扰,培养完善的个性

大学生在学习和生活会遇到各种心理困扰,心理疏导可以帮助大学生解决这些问题,促进自身的健康成长。例如,大学生在生理上已经发展到成熟状态,有了情感需要,但在恋爱交往中容易出现心理危机。近几年,大学生就业形势严峻,用人单位给学生设立的门槛越来越高,给大学生增加了心理负担,就业压力引起大学生的心理障碍;在学习的过程中,部分学生会产生心理困惑,在面对压力时产生焦虑心态,心态偏离正常轨道,造成学习障碍等等。这些问题都需要用心理疏导的方法解决,帮助大学生尽快走出心理困惑,有效促进大学生培养完善的个性。

（三）提高思想政治教育的科学性和针对性

心理疏导的基础来源于心理学,心理学是指研究心理现象发生、发展和活动规律的科学。心理现象包括心理过程和人格,其中心理过程包括认知、情绪情感和意志;需要和动机是指人格的倾向性,能力、气质和性格是人格的特征。心理学的研究致力于掌握这些心理规律怎样为人类的实践活动服务。首先,把心理疏导运用到思想政治教育中去,结合思想政治教育的基本规律和理论体系的探讨,运用心理学的科学方法,可以更好地提高大学生的心理素质和思想道德素养,使思想政治教育更具有科学性。另一方面,心理学的研究内容更加详细和具体,运用到思想政治教育中去,可以更好地掌握大学生的个性特征,了解他们的情绪变化,了解大学生的需要和动机,使我们能更深入地了解大学生整体的和共同的心理规律和个性特点,使思想政治教育的

内容更加具有针对性。

三、大学生思想政治教育中运用心理疏导的原则

（一）非指示性原则

非指示性原则是指对来访者的思想和行为不予以好与坏的评价，不替来访者做决定，而是鼓励大学生自己做出判断和选择。非指示性原则来源于美国人本主义心理学家罗杰斯。这种观点认为咨访关系应该是使用启发和引导的方式来促进大学生的成长，而不是以指导和灌输的方式。在思想政治教育中运用非指示性原则，体现对大学生人格的尊重和信任。大学生已经是成年人，对自己的行为方式已经具有自主选择的权利，教育者不能把自己的观点强加给大学生，因为每个人的经验有限，对大学生个体差异的了解也有限。我们应该让最了解自身情况的大学生去抉择，启发大学生挖掘自身潜能，鼓励和引导大学生自己主动去判断和解决问题，实现自我成长。

（二）尊重、理解和支持原则

在心理疏导中，咨询者一般保持价值中立，对来访者的观点与立场无条件接纳，给来访者予以充分的尊重，让来访者意识到咨询者接受的是他本人，而不是他的行为。在思想政治教育中运用理解和支持原则，要求教育者要做到爱心、诚心、耐心、细心和虚心，做到尊重、关心和理解，这是基本的工作态度。在与大学生的交流过程中，倾听是重要的步骤，耐心的倾听可以让大学生感到自己被关注和重视。通过交流，引导大学生进行自我调整和自我领悟，发挥自己的潜能，更好地去解决问题。

（三）学生主体性原则

思想政治教育和心理疏导都提倡以学生为本，共同体现了学生主体性原则。思想政治教育者要关注学生的日常生活，及时总结分析产生这种心理问题的各种原因，并针对产生的原因对心理障碍或困惑进行疏通和引导，达到心理疏导的目的，从而提高思想政治教育的实效性。以学生为主体，要求在教育过程中切实以大学生的需求为出发点，了解大学生的成长规律，在教育内容的设置上贴近学生的需求，制定适合大学生发展的目标和计划。另外，

在教育过程中要体现学生的主动性,鼓励学生自己去主动学习、探索和发表看法,用开放式的问题给大学生开拓思维的空间,发挥学生的主观能动性。

(四)普及性教育与个体心理咨询相结合

心理疏导不仅是针对个体咨询,更重要的是面向全体的普及性和发展性教育。在思想政治教育中融入心理疏导的方法,应该遵循发展性教育与预防性教育相结合、整体辅导与个体咨询相结合的原则。在思想政治教育过程中,要重视心理健康知识的普及,帮助大学生在成长过程中积极应对可能面临的思想问题和心理矛盾,培养积极向上的心态,形成健康的人格。大学生面临着价值取向多元化、就业压力、学业压力、竞争压力等各方面的问题,这些问题会冲击大学生的精神生活,只有开展面向全体大学生的普及性和发展性教育,才能真正让每位大学生受益,做到防患于未然。另一方面,对已经出现心理问题的学生,要及时进行心理咨询和危机干预,帮助他们走出心理困境,避免学生出现极端行为和严重心理问题。教育者要认真对待每一位有心理困惑的学生,真正做好每一次个体咨询,帮助他们走出心理困境。

(五)思想与心理相结合的原则

思想即观念,受社会存在的影响,是思维活动的结果。当思想符合社会客观现实时,会促进客观事物的发展,当思想不符合社会客观现实时,会阻碍客观事物的发展。心理是指生物对客观物质世界的主观反映。思想与心理相结合应该遵循灌输与启发相结合、民主与科学相结合的原则。首先,是灌输与启发原则。灌输来源于列宁的灌输理论,在社会主义历史条件下"灌输"的主要内容包括马克思主义理论,党的路线方针和政策,爱国主义、集体主义和社会主义。通过学习和掌握这些内容,提高大学生自身的政治素养和思想道德意识。心理疏导强调助人自助,更多地启发和引导大学生自己解决心理问题,实现自我调整和自我成长。在大学生思想政治教育中融入心理疏导,强调在灌输下进行启发,在启发下进行灌输,能够实现思想政治教育的最佳成效。其次,是民主与科学相结合的原则。民主是科学的保证,科学为民主提供了有利条件。教育者应该以平等的身份与大学生交流,坚持民主的原则,真正得到大学生的认可和信任,才能使思想政治教育具有实效性。在思想政治教育中,引入科学的心理疏导方法,每一个程序都做到严谨、科学、客观,符合大学生的心理发展规律,从而做到传授科学的知识和客观的理念。

四、大学生思想政治教育中运用心理疏导的实践形式

(一)个体访谈与辅导

个体访谈与辅导指干预者与求助者一对一地进行交流,更加关注个体的差异,尊重个体的感受,促进思想政治教育工作者更加关注学生的个体差异,有的放矢地开展思想教育工作。个体访谈与辅导有助于求助者信任感和安全感的建立。许多高校都设有专门的心理咨询室,为个体访谈与辅导创造良好的场所。当然,依据求助者的危机程度,个体访谈也可选在其他适宜的环境,如上门访谈等。

(二)团体心理辅导

在思想政治教育工作中贯穿团体心理辅导,将具有相同或相似求助原因的人聚集起来组成小组,同时给予干预,从而更加人性化地开展思想教育。在团体辅导过程中,以感情沟通促进理性交流,以理性思维驾驭感情流动。动之以情,晓之以理,情理相融,使受教育者在心理与思想上产生共鸣,达到理想的教育效果,使思想政治教育工作朝着人性化和共性化的方向发展。

心理危机干预中的团体心理辅导,尤其是在重大灾害事件、突发创伤事件面前,适宜于采用关键事件应激晤谈,简称为 CISD（Critical Incident Stress Debriefity）。CISD 模式对于减轻各类事故引起的心灵创伤具有重要意义。高校的团体心理辅导是依据学生的心理特点而定,例如新生适应的团体干预用来解决大学生适应问题,贫困生的团体干预用来解决贫困生的自卑和内向等心理问题,就业压力的团体干预用来缓解大学生的就业压力和解答就业困惑等。

(三)电话咨询

电话干预是比较常见的危机干预方式,是通过电话进行交流和疏导的心理咨询形式。电话干预对于干预者的要求较高,只能根据求助者的声音、音量和语气等信息来判断求助者的精神状态,没有其他非言语信息作为依据,

因此干预者需要具有较高的交谈技巧和判断能力。

（四）网络咨询

互联网的普及使网络咨询成为一种新兴的干预方式。在网上咨询主要依靠网上留言平台、电子邮件、聊天工具等来实现心理干预。网络咨询比较适用于大学生的危机干预，许多高校引进了心理测评软件。心理测评软件不仅能实现网络测评，还能较好地实现网络互动。在网络咨询平台上，大学生可以选择自己喜欢的心理咨询师，时间也比较自由，是个体咨询的一种有益补充。

第四节　接受视域下思想与心理教育相融合的研究趋势

20 世纪末，有大量的关于思想政治教育接受方面的著作出版，思想政治教育接受的问题开始日益受到关注。张耀灿、郑永廷的《现代思想政治教育学》[1]，张耀灿的《思想政治教育学原理》阐明了思想政治教育的主体、客体、环境和载体等内容，为思想政治教育的接受研究奠定了基础[2]；陈秉公的《21世纪思想政治教育工作创新理论体系》阐明了思想政治教育接受的规律[3]。现阶段，接受视域下思想与心理教育的融合研究成为新的研究趋势。

一、从心理学角度研究思想政治教育的接受性成为新的研究角度

从接受的角度探讨思想政治教育的内容，为心理学分析奠定了基础。李颖的《基于哲学揭示学视角的思想政治教育接受研究》从哲学视角探讨了思想政治教育接受的内容，并提出了"创造性接受"的观点[4]；刘丽琼的《思想政治理论课教学接受论》对接受内涵进行了梳理和界定，并提出了思想政治

---

① 张耀灿,郑永廷. 现代思想政治教育学 [M]. 北京：人民出版社,2006.

② 张耀灿. 思想政治教育学原理 [M]. 武汉：华中师范大学出版社,1988.

③ 陈秉公. 21 世纪思想政治教育工作创新理论体系 [M]. 长春：吉林教育出版社,2000.

④ 李颖. 基于哲学揭示学视角的思想政治教育接受研究 [M]. 杭州：浙江大学出版社,2013.

理论课教学的接受系统要素[①]；邱柏生的《思想政治教育接受学》对思想政治教育接受的概念进行了界定[②]；屈艳红、任晓勤的《接受视域下的大学生思想政治教育创新》从"接受"理论的研究视角和方法，对大学生思想政治教育接受现状的调查和分析，探讨和分析大学生思想政治教育接受效果的难点，阐述思想政治教育接受的基本特点和规律[③]。

从思想政治教育心理学的角度探讨心理学与思想政治教育的融合。徐园媛、周优文、蓝善康主编的《大学生思想政治教育心理接受机制构建》对大学生思想政治教育心理接受机制的构建依据、理论视域、构建原则、运行方式进行了总体阐述[④]；杨芷英、王希永的《思想政治教育心理学》对思想政治教育的活动、对象、环境等内容进行心理分析，并提出了思想政治教育心理学所面对的时代发展的社会课题[⑤]；张云的《思想政治教育心理学》探讨了心理的实质，并从态度心理、角色心理、个体心理等方面探讨思想政治教育的目的、对象和方针等内容[⑥]。

在 CNKI 学术文献总库中以主题"大学生思想政治教育 + 接受 + 心理"为关键词，进行精确匹配检索，检索到相关文献 199 篇，得到主要高频关键词30 个。

从研究内容来看，已有研究主要集中在思想政治教育、大学生、实效性、新媒体、接受等内容上。值得一提的是，在关于接受心理方面的研究中，新媒体依然成为研究中关注的内容。

从研究层次来看，已有研究主要集中在基础研究（119 篇）、社科的政策研究（22）、社科的行业指导（21 篇）、社科的职业指导（11 篇）、高等教育（9 篇）等方面。

---

① 刘丽琼. 思想政治理论课教学接受论 [M]. 北京：人民出版社，2009.

② 邱柏生. 思想政治教育接受学 [M]. 上海：复旦大学出版社，2012.

③ 屈艳红，任晓勤. 接受视域下的大学生思想政治教育创新 [M]. 北京：光明日报出版社，2011.

④ 徐园媛，周优文，蓝善康. 大学生思想政治教育心理接受机制构建 [M] 成都：西南交通大学出版社，2013.

⑤ 杨芷英，王希永. 思想政治教育心理学 [M] 北京：首都师范大学出版社，1999.

⑥ 张云. 思想政治教育心理学 [M]. 上海：上海人民出版社，2001.

从研究学科来看,已有研究主要集中在高等教育(172 篇)、教育理论与教育管理(11 篇)、职业教育(8 篇)、心理学(7 篇),新闻与传媒(6 篇)等方面。从当前分布来看,从心理学角度研究大学生思想政治教育接受的内容还不多,但以后可能会逐渐成为研究的新热点。

从发展阶段来看,关于大学生思想政治教育接受方面的研究呈现日益递增的趋势,从 2005 年的 5 篇到 2014 年的 34 篇,虽然递增幅度不大,但关于思想政治教育接受心理的研究会日益受到关注。

表 6-4-1　研究内容、研究类型、学科类别排名前 10 位的中文关键词统计表

序号	研究内容		研究层次		学科类别	
	内容	频次	内容	频次	内容	频次
1	思想政治教育	110	基础研究	119	高等教育	172
2	大学生	86	政策研究(社科)	22	教育理论与教育管理	11
3	对策	21	行业指导(社科)	21	职业教育	8
4	实效性	14	职业指导(社科)	11	心理学	7
5	接受心理	14	高等教育	9	新闻与传媒	6
6	高校	12	大众文化	3	社会学及统计学	2
7	逆反心理	9	工程技术(自科)	2	成人教育与特殊教育	2
8	大学生思想政治教育	9	文艺作品	2	伦理学	2
9	心理健康教育	9			政党及群众组织	2
10	新媒体	8			行政学及国家行政管理	1

二、心理学理论关于接受的概述

(一)操作行为强化说

斯金纳在华生行为主义的基础上,提出了自己的新行为主义理论。斯金纳认为,学习过程就是了解引起学习效果的条件,然后给予已知刺激,观察学习者的学习效果,从而探究接受的过程和规律。在斯金纳看来,学习的过程

有两种模式,一种是应答性条件作用,另一种是操作性条件作用。应答性条件作用是指有机体被动对环境做出反应,操作性条件作用是指有机体主动作用于环境。操作性行为更能代表人在实际生活中的学习情境,用公式表示即S-R-S,即对操作性行为来说,重要的是跟随反应之后的刺激(强化物)。行为科学的目的即通过操作强化物来达到促进或消退行为的作用。根据操作行为强化说的观点,我们也可以推断出,促进思想政治教育的接受效果的有效方法就是在接受过程中不断进行强化。

(二)社会学习理论

20 世纪 30 年代,米勒和多拉德开始研究模仿行为,认为学习即接受过程包括四种基本因素,即内驱力、线索、反应和奖赏,这四种基本因素构成模仿学习的基本框架。社会学习理论认为,人类可以通过观察学习而习得行为,不一定通过条件反射形成,而是以心理表象的形式储存在大脑中。班杜拉认为观察学习包括四个阶段:注意、保持、复制和动机。注意即对信息的关注;保持指将行为表征化进行存储;复制对所模仿的行为进行动作再现;动机指通过结果反馈形成自我评估的动机单位。班杜拉认为强化只是促进因素而不是诱发因素,认知因素在学习过程即接受过程中起到更重要的作用。

(三)认知结构学习理论

布鲁纳认为学习包括三个几乎同时发生的过程,即习得新信息、转换和评价。习得新信息是对已有信息的替代或者升华;转换即处理知识以便使其适应新任务的过程;评价即检查我们处理信息的方式是否适应于学习任务。布鲁纳认为学习在于主动地形成认知结构,我们所接受的知识都是按照编码系统排列和组织的,认知结构使我们掌握和接受知识的时候可以举一反三,触类旁通。布鲁纳认为认知发展的意义在于为个体提供一个认识世界的框架或模式,个体可以通过这种框架或模式解决生活中的一切问题。学生的认知发展是形成表征系统的过程,表征系统的发展包括直接感受表征、表象表征和符号表征三个阶段。教育工作者应该按照表征系统的发展顺序把知识转换成适用于学生学习的方式,帮助学生认知的成长。

（四）信息加工认知学习理论

加涅提出了信息加工认知学习理论,被认为是行为主义与认知派的折中主义者。加涅认为:"学习是指人的心理倾向和能力的变化,这种变化要能持续一段时间,而且不能把这种变化简单地归结于生长过程。"[1] 加涅认为学习活动包括学习者、刺激情境、已有的学习结果和反应四个构成要素。引起学习的条件有内部条件和外部条件两类,内部条件指学生已经具备的知识和能力,外部条件指学习环境,包括教学内容的安排、教学过程、教学反馈等内容。1977年,加涅在《学习的条件》一书中指出,学习结果分为五种,包括言语信息、智慧技能、认知策略、动作技能和态度。加涅详细分析了学习活动的整个加工阶段,包括注意、选择性知觉、短时记忆和复述、语义编码和长时记忆、搜寻和提取、反应组织、反馈和强化。这八个加工阶段对应学生的实际学习阶段和教学事件,即动机阶段、领会阶段、获得阶段、保持阶段、回忆阶段、概括阶段、操作阶段和反馈阶段。动机阶段对应的教学事件是激活动机和告知学习者目的;领会阶段对应的教学事件是指引学生的注意;获得阶段对应的教学事件是刺激回忆和提供学习指导;回忆阶段对应的教学事件是增强保持;概括阶段对应的教学事件是促使学学习的迁移;操作阶段对应的教学事件是促使学习的迁移;操作阶段和反馈阶段对应的教学事件是引出动作和提供反馈。加涅的学习不仅研究学生如何学、还研究教师如何教。他提出的学习分类及其学习的层次性和累积性模式已得到广泛的关注和认可。

三、从心理角度探讨思想政治教育接受主体认知特点的研究

为了避免概念混淆,在这里要区分对主客体观念的不同角度的理解。在传统的思想政治教育中,主客体都是指人,主体一般指教育者或传授者,而客体指受教育者,一般称为教育主体和教育客体(陈秉公,1992;张耀灿、郑永廷,2001;罗洪铁,2002;骆郁廷,2002;童颖颖,2003;等)。而在接受角度的思想政治教育学中,主体指受教育者,即接受主体;而客体指思想政治教育内

---

[1] 张承芬. 教育心理学 [M]. 济南:山东教育出版社,2000:86.

容,即接受客体(邱柏生,1992;王敏,2002;刘丽琼,2009;等)。在本书中,网络思想政治教育中的接受主体指被教育的对象即受教育者,主要指大学生;接受客体主要指网络思想政治教育内容,即通过网络载体包括微博、微信、红色网站等形式呈现的思想政治教育内容。

罗杰斯从求助者中心疗法出发,提出以学生为中心的非指导性的教育观,对教师与学生的地位进行了全新的界定,强调教师作为促进者应尊重学生,提出有意义学习的观点,有力地冲击了传统教育模式。由于传统教育的问题,教学的主体是教师而不是学生,学生处在学校及教师的管教之下,唯一能做的只是服从,对自己学什么、怎么学毫无主动权。知识信息的交流传递总是单向的,教师和学生间情感互动差,学生参与性不强,这在相当程度上违背了他们的兴趣与意愿,更抑制了学生内驱力的激发及创造力的发展。奥苏贝尔明确提出应关注学习者的主观能动性,学生要求施教者重视学生的学习动机及学习的主动性、积极性。关于教育方式,过去的传统做法是单向式的教育方式,具体而言,即以信息自上而下的单方面传播与灌输为主。信息流向的渠道是简单的教育者发布信息,被教育者接受信息其基本特征是教育者居高临下,信息单向流动,信息反馈很是欠缺[1]。

关于大学生在网络思想政治教育中主体性发挥存在的问题,研究成果甚少,目前学术界主要观点如下,第一种观点认为,大学生在网络思想政治教育中主体性缺失表现在四个方面:第一,对网络信息选择质量不高;第二,在网络实践活动中的创造力欠缺;第三,沉溺网络,缺乏自律意识;第四,网络道德和法制观念淡薄。[2]第二种观点认为,教育者权威地位遮掩受教育者的主体性,急功近利式的价值审视腐蚀受教育者的主体性,僵化的教学内容和方法冻结受教育者的主体性。[3]因而本书将对接受主体在网络思想政治教育中的认知特点和认知方式进行探讨。

---

[1] 潘文庆. 网络化对高校思想政治教育主体素质的新要求 [J]. 华南师范大学学报,2004(8):147-149.

[2] 欧甜,高校网络思想政治教育主体性探究 [D]. 长沙:中南大学,2010.

[3] 蒋明伟,思想政治教育中受教育者主体性作用的发挥 [J]. 宝鸡大学学报,2012(5):23-25.

四、接受视域下思想政治教育研究的心理学需求

(一)心理学理论可以为思想政治教育提供现实指导

思想政治教育除了要开展思想、政治和道德等方面的教育之外,还需要进行心理教育。《中国高等学校德育大纲》的德育目标里就包含着"健康的心理素质"这项内容。党的十八大报告明确指出:"加强和改进思想政治工作,注重人文关怀和心理疏导,培育自尊自信、理性平和、积极向上的社会心态。"当今世界,人们思想的自由度越来越大,不同地域和领域的文化交融越来越密切,随之而来也会带来一系列的文化冲突、思想冲突和情感冲突。尤其是当代大学生具有面临着就业、情感、学业等各方面的心理压力,更加容易出现身心健康问题。思想政治教育只有遵循人的心理和行为的活动规律,以心理学理论为指导,才能更好地提高对思想政治教育工作的现实指导作用,进而提高思想政治教育工作的实效性。

(二)心理学研究方法可以为思想政治教育提供科学的研究途径

思想政治教育学的研究方法通常会采用思辨、演绎等方法来探讨教育的过程和结果。例如文献法是思想政治教育学常用的研究方法之一,突破时间和空间的限制阅读已有文献,全面掌握所研究问题,综合分析,最终得出重要结论。但想了解和观察教育的动态过程的效果以及了解教育的量化效果,则需要借助心理学的研究方法。并且心理学研究中有许多科学化、标准化的量表,通过 SPSS、AMOS 等统计分析的软件,可以对研究结果进行量化的数据分析,使研究结果更加明确和具有科学性,弥补了传统的辩证法和文献法的不足。

(三)心理学已有研究结果可以为思想政治教育提供良好的实践依据

心理学中有许多已经比较成熟的研究结果可以直接应用与思想政治教育活动中,提高思想政治教育的实效性,为思想政治教育提供实践依据。例如心理学中的罗森塔尔效应,即皮格马利翁效应(Pygmalion Effect)。美国心理学家罗森塔尔在某所学校里随机抽取了一部分学生(每个班 3 名学生,抽取了 18 人),并将名单交给校长,同时告诉校长,"经过科学方法的测量,这

18 名学生是智商型人才"。事过半年,罗森塔尔再来到这所学校的时候,这部分在名单上的学生进步非常大,远远超过其他学生的进步速度,并且后来这部分学生在自己的工作岗位上都取得了卓越的成绩,这就是期望心理中的共鸣现象。例如关于成就动机的实验,研究一个班级中获得奖励的学生占多大的比例,最能激发班级的学习动机,实验分为 1/2、1/3、1/4、1/5 等几种条件,结果表明奖励班级 1/2 的学生,能最大程度激发全班同学的学习动机。心理学有许多这种科学的研究结果,可以为思想政治教育提供良好的科学依据,在思想政治教育的实施过程具有很好的指导性。

参考文献

[1] 列宁.哲学笔记 [M].中共中央马克思恩格斯刘宁斯大林著作编译局译.北京:中共中央党校出版社,1990.

[2] 马克思恩格斯选集.第 1-4 卷 [M].北京:人民出版社,2012.

[3] 列宁选集.第 1-3 卷 [M],北京:人民出版社,1995.

[4] 毛泽东选集.第 1 卷 [M].北京:人民出版社,1991.

[5] 鲍宗豪.网络与当代社会文化 [M].上海:上海三联书店,2001.

[6] 曾令辉.网络思想政治教育概论 [M].南宁:广西民族出版社,2002.

[7] 陈秉公.思想政治教育学原理 [M].沈阳:辽宁人民出版社,2001.

[8] 陈秉公.21 世纪思想政治教育工作创新理论体系 [M].长春:吉林教育出版社,2000.

[9] 陈万柏,张耀灿.思想政治教育学原理 [M].武汉:华中师范大学出版社,2009.

[10] 陈先达,等.马克思主义基础理论若干重大问题研究 [M].北京:经济科学出版社,2009.

[11] 〔德〕姚斯,等.接受美学与接受理论 [M].周宁,金元浦,译.沈阳:辽宁人民出版社,1987.

[12] 董奇,申继亮.心理与教育方法 [M].杭州:浙江教育出版社,2005.

[13] 高清海.哲学的创新 [M].长春:吉林人民出版社,1997.

[14] 高清海.哲学的奥秘 [M].长春:吉林人民出版社,1997.

[15] 胡木贵,郑雪辉.接受学导论 [M].沈阳:辽宁教育出版社,1989.

[16] 黄明伟.大学生网络思想政治教育实施要素研究 [M].北京:新华出版社,2007.

[17] 贾泽林.南斯拉夫当代哲学 [M].北京:中国社会科学出版社,1982.

[18] 姜国峰.网络思想政治教育理想模式的构建研究 [M].昆明:云南大学出版社,2009.

[19] 教育部思想政治工作司.大学生网络思想政治教育 [M.]北京:高等教育出版社,2011.

[20] 李君如.中国道路与中国梦 [M].北京:外文出版社,2014.

[21] 李颖.基于哲学揭示学视角的思想政治教育接受研究 [M].杭州:浙江大学出版社,2013.

[22] 刘丽琼.思想政治理论课教学接受论 [M].北京:人民出版社,2009.

[23] 刘文富.网络政治:网络社会与国家治理 [M].北京:商务印书馆,2002.

[24] 马斯洛.存在心理学探索 [M].李文湉,译.昆明:云南人民出版社,1987

[25] 〔美〕比尔·盖茨.未来之路 [M].辜正坤,译.北京:北京大学出版社,1996.

[26] 〔美〕泰普思科.泰普思科预言——21世纪人类生活新模式 [M].卓秀娟,等,译.北京:时事出版社,1998.

[27] 聂立清.我国当代主流意识形态认同研究 [M].北京:人民出版社,2010.

[28] 潘敏.高校网络思想政治教育创新与实践 [M].北京:言实出版社,2007.

[29] 乔建中.情绪研究:理论与方法 [M].南京:南京师范大学出版社,2003.

[30] 邱柏生.思想政治教育接受学 [M].太原:山西人民出版社,1992.

[31] 邱柏生.思想政治教育接受学 [M].上海:复旦大学出版社,2012

[32] 屈艳红,任晓勤.接受视域下的大学生思想政治教育创新 [M].北京:光明日报出版社,2011.

[33] 《十八大后中国共产党治国理政新方略》编写组.十八大后中国共产党治国理政新方略——深入学习习近平总书记系列重要讲话 [M].北

京：中共中央党校出版社，2013．

[34] 宋元林．网络思想政治教育［M］．北京：人民教育出版社，2012．

[35] 苏振芳．网络文化研究：互联网与青年社会化［M］．北京：社会科学文献出版社，2007．

[36] 檀江林．高校网络思想政治教育研究［M］．合肥：合肥工业大学出版社，2007．

[37] 王敏．思想教育接受学［M］．武汉：湖北人民出版社，2002．

[38] 王荣发．网上德育：大学生网络思想政治教育的思考与实践［M］．上海：华东理工大学出版社，2009．

[39] 《习近平总书记系列讲话精神学习读本》编写组．习近平总书记系列讲话精神学习读本［M］．北京：中共中央党校出版社，2013．

[40] 夏晓虹．高校网络思想政治教育［M］．泰安：泰山出版社，2008．

[41] 徐绍华．高校网络思想政治教育的实效性研究［M］．北京：新华出版社，2007．

[42] 徐园媛、周优文、蓝善康．大学生思想政治教育心理接受机制构建［M］成都：西南交通大学出版社，2013．

[43] 杨承芳．当代国外社会科学手册［M］．南京：江苏人民出版社，1985．

[44] 杨立英．网络思想政治教育论［M］．北京：人民出版社，2003．

[45] 杨芷英、王希永．思想政治教育心理学［M］北京：首都师范大学出版社，1999．

[46] 〔英〕约翰·汤姆森．意识形态与现代文化［M］．高铦，等，译．南京：译林出版社，2005．

[47] 〔美〕詹姆斯·O·卢格．人生发展心理学［M］．上海：学林出版社，1966．

[48] 张承芬．教育心理学［M］．济南：山东教育出版社，2000．

[49] 张耀灿，郑永廷，吴潜涛，骆玉廷．现代思想政治教育学［M］．北京：人民教育出版社，2007．

[50] 张耀灿．思想政治教育学原理［M］．武汉：华中师范大学出版社，1988．

[51] 张瑜．高校网络思想政治教育发展与创新研究［M］．北京：人民出版

社，2014.

[52] 张云.思想政治教育心理学［M］.上海：上海人民出版社，2001.

[53] 张再兴.网络思想政治教育［M］.北京：经济科学出版社，2009.

[54] 中共中央文献研究室.习近平关于实现中华民族伟大复兴的中国梦论述摘编［M］.北京：中央文献出版社，2013.

[55] 朱小曼.情感教育［M］.上海：上海教育出版社，1994.

[56] 陈晋.从中国道路到中国梦［N］.光明日报，2013-03-19（001）.

[57] 张颐武.民族之梦与个体之梦［N］.人民日报，2012-12-27（002）.

[58] 黄日干.网络思想政治教育内容论［J］.广西师范学院学报（哲学社会科学版），2001（4）.

[59] 康兰波，刘孟学.走出抽象化理想教育的误区［J］.西南师范大学学报，2001（02）：45-48.

[60] 刘梅.论思想政治教育的现代方式［J］.河南师范大学学报（哲学社会科学版），2000（2）.

[61] 叶政.略论网络化条件下的主流意识形态建设［J］.淮北煤炭师范学院学报（哲学社会科学版），2006（5）.

[62] 季海菊.新媒体时代高校思想政治教育研究［D］.南京：南京师范大学，2013.

[63] 汪晓菲.国外思想政治教育的借鉴研究［D］.太原：山西大学，2009.

[64] 乐国安.社会心理学理论［M］.兰州：兰州大学出版社，1997.

[65] 杨克立，杨青.临床医学心理学概论［M］.天津：天津社会科学院出版社，1998.

[66] 乐国安.中国社会心理学研究进展［M］.天津：天津人民出版社，2004.

[67] 杨国枢.中国人的心理与行为：本土化研究［M］.北京：中国人民大学出版社，2004.

[68] 杨德森.中国人的心理解读［M］.合肥：安徽科学技术出版社，2004.

[69] 杨国枢，黄光国.中国人的心理与行为［M］.台北：桂冠图书公司，1991.

[70] 〔美〕Phillip L.Rice.健康心理学 [M].胡佩诚,等,译.北京:中国轻工业出版社,2000.

[71] 杨国枢.社会及行为科学研究法 [M].台北:中华华书局股份有限公司,1978.

[72] 乐国安.应用社会心理学 [M].天津:南开大学出版社,2003.

[73] 杨治良.基础实验心理学 [M].兰州:甘肃人民出版社,1988.

[74] 杨治良.实验心理学 [M].杭州:浙江教育出版社,1998.